D1670265

Bernd Löbach / INDUSTRIAL DESIGN

INDUSTRIAL DESIGN

Grundlagen der
Industrieproduktgestaltung

Von Bernd Löbach

Verlag Karl Thiemig München

ISBN 3-521-04050-X

Graphic Design: Bernd Löbach.
Titelgestaltung unter Verwendung eines Fotos
der Firma B & B Mailand/Italien. »Sessel Mamma«.
Designer: Ceantano Pesce.
Gesamtherstellung Karl Thiemig,
Graphische Kunstanstalt und Buchdruckerei AG, München.
Printed in Germany.

In einer hochentwickelten Industriegesellschaft, die sich durch die permanente Ausweitung der Produktion von Gebrauchsgütern und bereichsweise durch Überproduktion auszeichnet, gewinnt Industrial Design als Mittel der Absatzsicherung für die Industrieunternehmen zunehmend an Bedeutung. Durch solche ökonomischen Zwänge wird aber der ursprüngliche Zweck des Industrial Designs, Gebrauchsprodukte den Bedürfnissen der Benutzer entsprechend zu gestalten, immer mehr in den Hintergrund gedrängt.
In dieser Schrift soll Industrial Design als Disziplin der Umweltgestaltung in seinen sozialen, psychischen, historischen, ökonomischen und ästhetischen Dimensionen überschaubar werden, um einerseits dem Produktbenutzer einen kritischeren Gebrauch von Industrieprodukten zu ermöglichen und andererseits den Industrial Designer anzuregen, seine berufliche Tätigkeit im Hinblick auf die Interessen der Produktbenutzer zu überprüfen.

Inhaltsübersicht

Seite

1.0 Einleitung

1.1 Design — die große Verwirrung

Über Design ist in den letzten Jahren viel gesprochen und noch mehr geschrieben worden. Industrieunternehmen werben immer häufiger mit dem Begriff Design (Wir haben eine Schwäche für gutes Design. Das ist unsere Stärke — COR Sitzkomfort.) oder beziehen ihn mit in ihre Firmenbezeichnung ein (designo-einrichtungsberatung).

Die Verleihung von Auszeichnungen für gutes Design wird in der Öffentlichkeit durch Tageszeitungen, Fernsehen und Fachzeitschriften bekanntgemacht. Fachmessen, auf denen u.a. die Leistungen der Unternehmen im Bereich Design herausgestellt werden, sind dem breiten Publikum zugängig. Auf diese Weise wird der Laie häufig mit dem Begriff Design konfrontiert, er ahnt, worum es sich dabei handelt, ohne die komplexen Zusammenhänge zu begreifen. Da ein spezielles Interesse daran selten besteht, bleibt auch die Aufmerksamkeit für Design und die damit verknüpfte Problematik oberflächlich. Seine private Umwelt stattet er intuitiv mit entsprechenden Produkten aus oder läßt sich dabei vom »Guten Design« leiten, wie es in Wohnzeitschriften als Norm durch bestimmte Interessengruppen propagiert wird.

In den Fachzeitschriften, die in den häufigsten Fällen von Experten gelesen werden, wird denn auch intensiver und auf mehr Wissen begründet über die vielfältigen Aspekte des Design diskutiert. Der Nachteil vieler Darstellungen ist jedoch, daß meist aus Mangel an redaktionellem Raum nur Teilaspekte des Designs angesprochen werden. Der Gesamtzusammenhang, innerhalb dessen der besprochene Teilaspekt zu sehen ist, bleibt unklar, oft wird nicht einmal geklärt, was der Autor unter Design versteht. Das ist aber besonders wichtig. Durch die Expansion des Begriffs Design und die unterschiedlichen Standpunkte der Autoren wird der Leser mit vielfältigen Auffassungen konfrontiert. Sie lösen in den meisten Fällen eher Verwirrung als Klärung aus, weil sich die verschiedenen Auffassungen teilweise widersprechen. Der erste Ansatz, diese Verwirrung abzubauen, ist die Frage nach der Betrachtungsebene dessen, der etwas über Design aussagt, weil dadurch alle Ausführungen beeinflußt sind.

Jemand, der etwas über Design sagt oder schreibt, kann dies aus wenigstens fünf verschiedenen Positionen heraus machen, die hier kurz betrachtet werden sollen:

• Da ist zunächst der Benutzer von künstlich erzeugter Umwelt, der diese gegenständliche Umwelt in Form von Gebäuden oder Industrieprodukten mit einer Selbstverständlichkeit für seine Bedürfnisse nutzt und sich weiter keine Gedanken darüber macht. Er würde vielleicht Design so definieren:

Design ist Desain.

Damit wird ausgedrückt: »Was inter-

1

(Foto: Manfred Deffner)

essiert mich Design, ich wähle aus dem mir erreichbaren Angebot die Dinge aus, die mir gefallen, die ich gebrauchen kann. Was ihr über Design redet, ist mir egal.«

• Die zweite Haltung ist die des Herstellers künstlicher Umwelt, des Unternehmers, der z.B. in seiner Firma Industrieprodukte herstellt. Ein Unternehmer könnte Design so definieren: Design ist der ökonomische Einsatz ästhetischer Mittel bei der Entwicklung von Produkten, um die Aufmerksamkeit der möglichen Käufer auf diese zu lenken und gleichzeitig den Gebrauchswert der Produkte wirtschaftlich vertretbar zu optimieren.

• Eine dritte Position, aus der heraus etwas über Design gesagt werden kann, ist die des marxistischen Kritikers, der

2

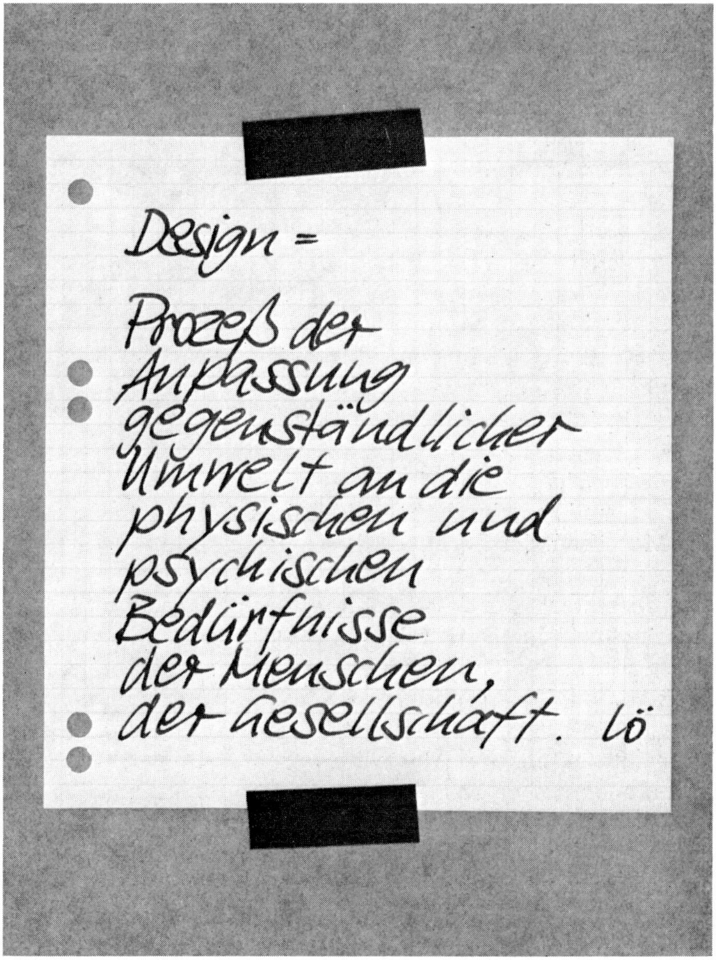

Design =

Prozeß der Anpassung gegenständlicher Umwelt an die physischen und psychischen Bedürfnisse der Menschen, der Gesellschaft. Lö

diesen Unternehmer als Ausbeuter seiner Lohnabhängigen betrachtet, die die Produkte ihrer eigenen Arbeit von ihm kaufen müssen. Seine Definition wird lauten:
Design ist eine Wunderdroge für Absatzsteigerung, ein Poliermittel für den Kapitalismus, ein schöner Schein, der den geringen Gebrauchswert der Ware verschleiert, um ihren Tauschwert zu erhöhen.

• Die vierte Haltung ist die des Designers, der z. B. innerhalb der industriellen Produktion künstlicher Umwelt zwischen den Interessen des Unternehmers und denen der Benutzer steht und seinem Auftraggeber gegenüber die Interessen des Benutzers vertreten sollte. Seine Definition von Design könnte lauten:
Design ist ein Prozeß der Problemlösung im Hinblick auf die Beziehungen

des Menschen zu seiner technischen Umwelt.

• Eine weitere mögliche Haltung ist die, sich zum Anwalt der Benutzer künstlicher Umwelt zu machen (z. B. der Bewohner von Stadtteilen, der Benutzer von Industrieprodukten), die in den meisten Fällen nicht ihre Interessen artikulieren können und selten am Planungsprozeß/Designprozeß beteiligt werden. Diese Position setzt Unabhängigkeit von allen Zwängen voraus. Design könnte dann so definiert werden: Design ist der Prozeß der Anpassung gegenständlicher Umwelt an die physischen und psychischen Bedürfnisse der Menschen, der Gesellschaft.
Diese Haltung wäre für den Designer erstrebenswert, die Abhängigkeit von seinem Auftraggeber hindert ihn aber meist daran, Design so konsequent zu praktizieren.
Wenn bei Aussagen über Design vom Leser nicht genau analysiert werden kann, aus welcher Position heraus die Aussagen gemacht werden, wird durch den Vergleich mit anderen Aussagen eine Verwirrung und Unsicherheit entstehen. Daher ist es wichtig, vorab die Absichten und Ziele zu nennen, die mit dieser Schrift verfolgt werden.

1.2 Ziele dieser Schrift und Inhaltsübersicht

Dieser Schrift liegt die letztbeschriebene Haltung zugrunde, eine weitgehend unabhängige Position, aus der heraus Industrial Design betrachtet werden soll. In bisher bekannten Schriften zum Thema Industrial Design sind vorwiegend spezielle Themenstellungen behandelt worden, betriebswirtschaftliche Aspekte, Designmethoden oder ästhetische Probleme der Industrieproduktgestaltung.
Hier soll versucht werden, weitgehend alle Dimensionen des Industrial Designs überschaubar darzustellen. Dies wird möglich, wenn Industrial Design als ein Kommunikationsprozeß verstanden wird, der in Abb. 3 dargestellt ist. Da ist zunächst die Beziehung zwischen dem Industrial Designer und seinem Auftraggeber, dem Unternehmer. Eine zweite Beziehung besteht zwischen dem Industrial Designer und dem Design-Objekt, dem zukünftigen Industrieprodukt. Diese Beziehung ist im Schaubild als Designprozeß bezeichnet, in dem die Idee für eine Bedürfnisbefriedigung in Form eines Industrieproduktes vergegenständlicht wird.
Es läge nahe, mit diesem Teil des Kommunikationsprozesses die Betrachtung zu beginnen. Dies kann aber erst geschehen, wenn die Bedeutung von Industrieprodukten prinzipiell geklärt ist, da das Industrieprodukt innerhalb des dargestellten Systems eine zentrale Stellung einnimmt. Das Thema, welches bevorzugt behandelt werden soll, ist die Bedeutung der Industrieprodukte für den Benutzer im Gebrauchsprozeß.
Ferner ist wichtig, zuvor die Entwicklung der Gestaltung von Industrieprodukten im historischen Ablauf zu betrachten, weil erst dadurch die Bedeutung des Industrial Designs für die heutigen Industrieunternehmen wie auch für die Benutzer bewußt wird.
Industrial Design im Industrieunternehmen und die absatzwirtschaftliche Bedeutung werden ebenso behandelt wie die Stellung des Industrial Desi-

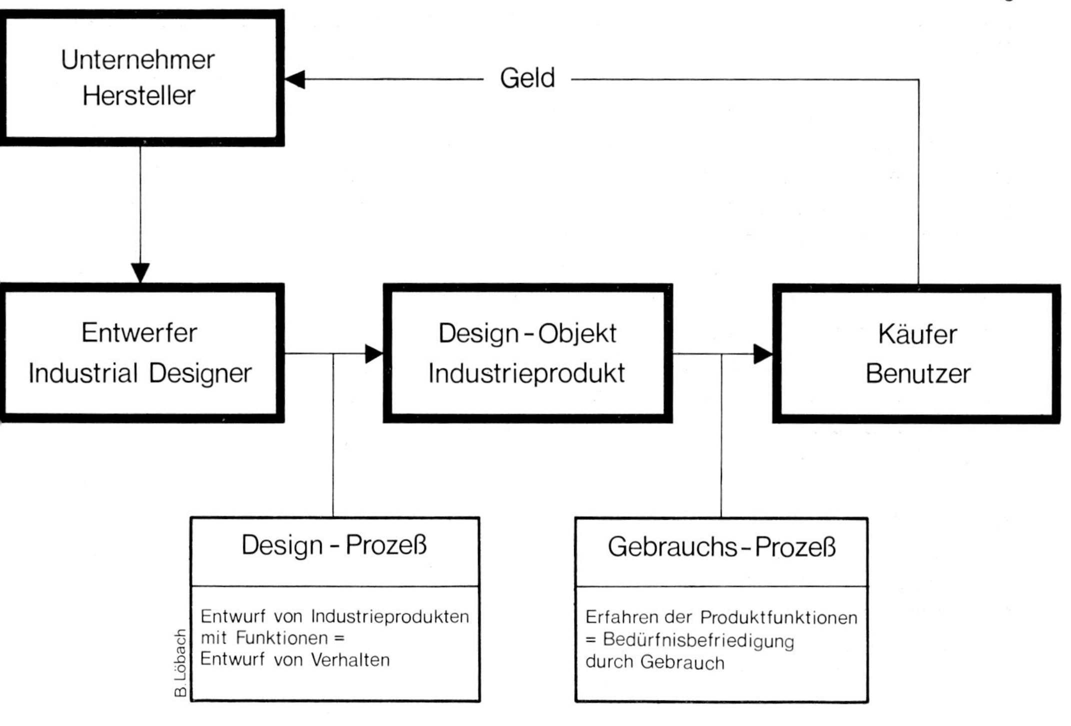

gners im Industrieunternehmen und designspezifische Themen wie Designprozeß und Ästhetik des Industrial Designs. Abschließend soll bei der Betrachtung möglicher Tätigkeitsfelder für Industrial Designer deutlich werden, daß der Industrial Designer nicht ausschließlich in Industrieunternehmen tätig werden kann, sondern daß sich in mehreren Bereichen unserer Gesellschaft Tätigkeitsfelder abzeichnen, die vom Industrial Designer in Zukunft »erobert« werden können. Die Befähigung dazu muß durch entsprechende Lehrangebote an den Designschulen entwickelt werden.
Vorab jedoch noch einige allgemein klärende Ausführungen.

1.3 Der Begriff Design

Daß der Begriff Design oft Verwirrung stiftet, liegt daran, daß nicht eindeutig festgelegt ist, was darunter zu verstehen ist. In einem Lexikon sind daher dem Begriff auch viele verschiedene Bedeutungen zugeordnet.

Design = Vorhaben, Plan.
Entwurf, Zeichnung, Skizze.
Konstruktion, Gestaltung,
Muster.

Aus diesen Aussagen kann entwickelt werden, daß Design einmal eine Idee, ein Vorhaben, ein Plan für die Lösung eines Problems sein kann. Dies ist ein gedanklicher Prozeß, ein geistiger Vorgang, der aber für Außenstehende nicht visuell erfahrbar ist.
Dann kann Design das Umsetzen einer solchen Vorstellung sein, um mit entsprechenden Hilfsmitteln andere an dieser Idee teilhaben zu lassen. Da unsere Sprache allein dazu meist nicht ausreicht, geschieht dies durch das Anfertigen von Skizzen, Entwürfen, Mustern, Modellen, durch die eine Lösung für ein Problem visualisiert werden kann.
Dann könnte unter Design das Konkretisieren solcher Entwürfe oder Modelle verstanden werden, indem z. B. durch Konstruktion und Gestaltung die Idee so weit konkretisiert wird, daß sie als Problemlösung in Form eines Produktes durch industrielle Herstellung vervielfältigt werden kann. Dabei stände Design für den Ablauf der Gestaltentwicklung.
Die einzelnen Phasen dieses Prozesses werden bei Teilbetrachtung ebenso als Design bezeichnet wie der gesamte Vorgang.
Wenn dann der Begriff noch dahingehend ausgeweitet wird, daß Design auch ist, ein Produkt oder Produktsystem zu verhindern, welches den Anforderungen an eine humane Umwelt nicht entspricht, wird die Unsicherheit noch größer.
Es kann hier festgehalten werden, daß der Begriff Design nur ein Oberbegriff ist, der für einen umfangreichen Prozeß steht. Er beginnt bei einer Ideenentwicklung, kann in einer Entwurfsphase konkretisiert werden und sollte in einer auf die Bedürfnisse der Menschen ausgerichteten Problemlösung enden.
Der Begriff Design wird bei uns im allgemeinen mit Gestaltung übersetzt. Auch Gestaltung kann als Oberbegriff für den soeben beschriebenen Prozeß der Vergegenständlichung einer Idee stehen. Beide Begriffe, Design wie Gestaltung, sind Oberbegriffe, bei denen der Gegenstand der Gestaltung noch offenbleibt. Konkreter wird eine Aussage, wenn dem Begriff Design ein weiterer zugeordnet ist, der etwas darüber aussagt, was der Gegenstand der Gestaltung ist.
Environmental Design ist ein Beispiel dafür. Environmental Design bedeutet bekanntlich Umweltgestaltung. Dem Begriff Design ist ein weiterer, nämlich Umwelt, hinzugefügt. Trotzdem bleibt dies aber noch ein Oberbegriff, weil bei jeder Gestaltung ein Teil der Umwelt gestaltet wird. Environmental Design ist, wie in Abbildung 4 dargestellt, der Oberbegriff für die einzelnen Fach-

4

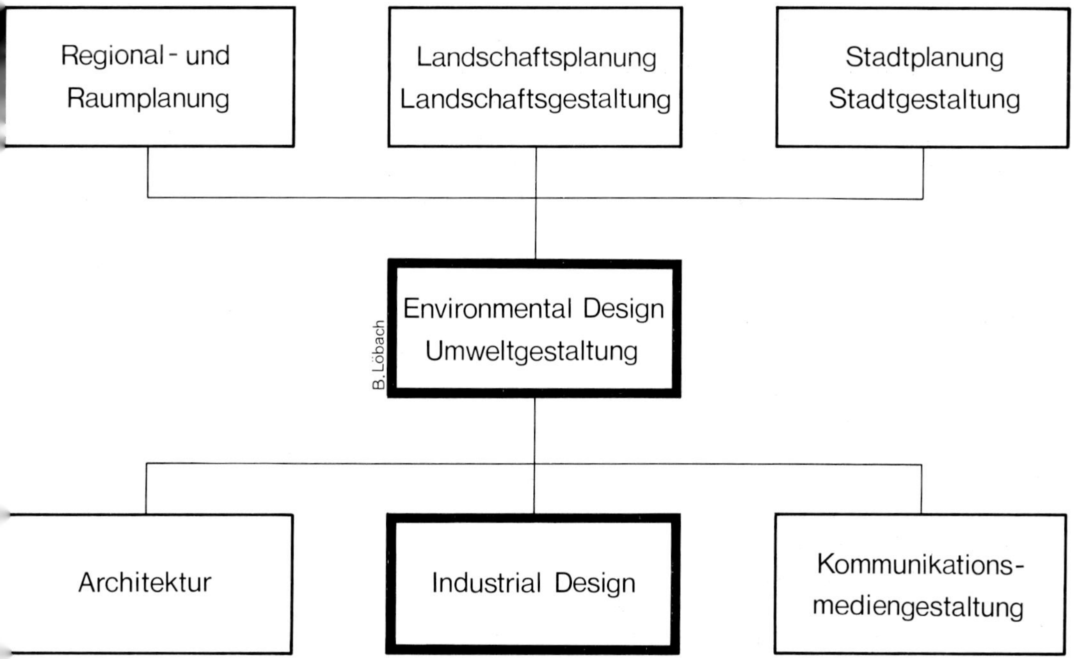

Regional- und Raumplanung

Landschaftsplanung Landschaftsgestaltung

Stadtplanung Stadtgestaltung

Environmental Design Umweltgestaltung

B. Löbach

Architektur

Industrial Design

Kommunikations-mediengestaltung

bereiche des Design, in denen Umwelt gestaltet wird. Industrial Design ist ein Fachbereich der Umweltgestaltung, worauf nun näher eingegangen werden soll.

1.4 Der Begriff Industrial Design

Es ist schon oft gefragt worden, weshalb wir in der Bundesrepublik Deutschland so eine Vorliebe für Fremdwörter haben, zu denen auch Industrial Design gehört. Mit Industrial Design kann jene Tätigkeit bezeichnet werden, bei der für bestimmte Bedürfnisse einer Gruppe die Idee für deren Befriedigung in ein industriell herstellbares Produkt umgesetzt wird.
Wenn wir den in Großbritannien und den USA dafür gebräuchlichen Begriff Industrial Design übersetzen, kommen wir zu vielen möglichen Lösungen, die mehr oder weniger genau aussagen, was damit gemeint ist. Hier sollen nur einige aufgezeigt werden.

- *Industrielle Formgebung* – dies bedeutet, daß mit industriellen Mitteln einem Material eine Form gegeben wird, wie dies bei der Verformung von Blechen unter einer Presse geschieht. Hier wird deutlich, daß damit der Begriff Industrial Design nicht richtig übersetzt ist.
- *Industrielle Ästhetik* – ist aus dem Grunde nicht geeignet, weil darunter schnell das nur Schönmachen eines Produktes verstanden wird, damit es gefällt.
- *Formgestaltung* – dieser Begriff ist zu wenig konkret, weil bei der Gestal-

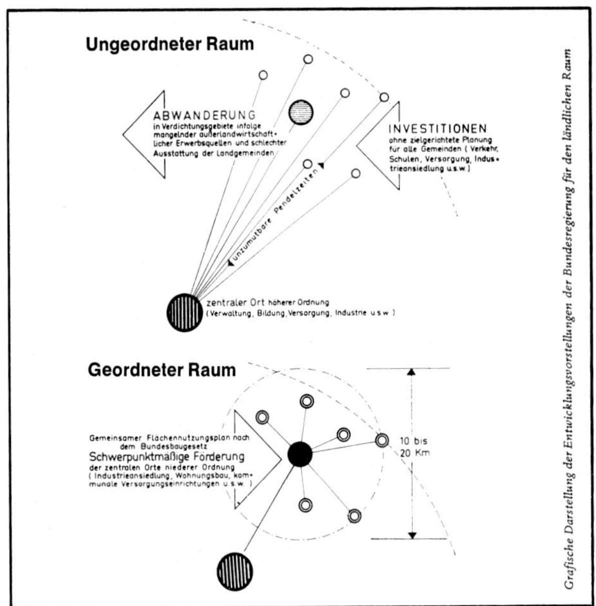

5

6

Ergebnisse aus verschiedenen Fachbereichen der Umweltgestaltung:

5 Regional- und Raumplanung. »Graphische Darstellung der Entwicklungsvorstellungen der Bundesregierung für den ländlichen Raum« aus K. Stahl/G. Curdes: »Umweltplanung in der Industriegesellschaft«, S. 35. Rowohlt Verlag, Reinbek 1970.

6 Landschaftsplanung, -gestaltung. »Autobahnkreuz Herne. Verknüpfung der Autobahn Recklinghausen–Wuppertal«. Freigabe-Nr. 19/52/9165, Reg.-Präs. Düsseldorf.

7

8

7 Stadtplanung, Stadtgestaltung.
»Märkisches Viertel Berlin«,
Foto: Klaus Lehnartz.
8 Architektur.
»Olivetti Hochhaus Frankfurt«,
Architekt: Egon Eiermann.

9

10

9 Industrial Design.
»Strahler für Preßglaslampen PAR 38«.
Designer: Roger Talon.
Hersteller: Erco-Leuchten KG, Lüdenscheid.
10 Kommunikationsmediengestaltung.
»Großplakat Reval«.
Designer: Gerd Grimm.

tung von Industrieprodukten mehr geschieht als nur die Bestimmung der Form.

- *Produktgestaltung* – diese Aussage ist zu ungenau. Auch ein Künstler gestaltet Produkte, z. B. Skulpturen. Auch Vögel gestalten Produkte, ihre Nester.
- *Industrieproduktgestaltung* – dies wäre eine geeignete Übersetzung von Industrial Design, weil darin alle wesentlichen Aspekte enthalten sind.
- *Industrie-Design* – diese Schreibweise mit Bindestrich ist ein Kompromiß für eine Übersetzung, die sich bei uns allerdings durchgesetzt hat, alleine schon deshalb, weil es einen Verband Deutscher Industrie-Designer (VDID) gibt, der diese Schreibweise seit Jahren benutzt. Industrie-Gestaltung ist aber ebenso unzutreffend für die anfangs beschriebene Tätigkeit wie die übrigen hier aufgeführten Begriffe.

In dieser Schrift wird der Begriff Industrial Design unübersetzt verwendet. *Industrial Design* soll hier definiert werden als *Prozeß der Anpassung industriell herstellbarer Gebrauchsprodukte an die physischen und psychischen Bedürfnisse der Benutzer und Benutzergruppen.*

1.5 Industrial Design – Disziplin der Umweltgestaltung

Unsere heutige Umwelt ist durch die Addition vieler Ergebnisse entstanden, die in unabhängig voneinander verlaufenden Planungs-, Gestaltungs- und Produktionsprozessen hergestellt wurden. Wir haben inzwischen erkannt, daß durch solche unkoordinierten Aktivitäten negative Nebeneffekte auftreten können, die in ihrer Auswirkung oft die Bedeutung der eigentlichen Problemlösung übertreffen. Diese negativen Aspekte wie Umweltverschmutzung, grenzenlose Rohstoffausbeutung, Umweltbelastung durch Überproduktion usw. können zum Teil nicht mehr aufgehoben werden. Wir haben daher einsehen müssen, daß in Zukunft die einzelnen Aktivitäten mehr aufeinander abgestimmt werden sollten, damit ein größeres Chaos vermieden wird. Bei jedem Vorhaben müßten zuerst die Fragen gestellt werden, welche Bedeutung das Ergebnis für die Gesellschaft hat, ob das Ergebnis des Planungs- und Gestaltungsprozesses sinnvoll ist, ob negative Auswirkungen damit verbunden sind. Es dürfte nicht mehr allein die Frage nach dem ökonomischen Vorteil im Vordergrund stehen, sondern die Frage, welche Qualität das Ergebnis für die Allgemeinheit hat. Dies kann nicht alleine vom Umweltgestalter geleistet werden, sondern primär von denjenigen, die den Umweltgestalter beauftragen.

Wie in der Abb. 4 gezeigt ist, wird die Planung und Gestaltung unserer Umwelt durch sechs verschiedene Gruppen von Umweltgestaltern *ausgeführt,* die nach Art ihrer Aufgabenstellung in verschiedene Fachbereiche gegliedert werden können. Eine weitere Unterteilung in spezielle Fachrichtungen wird praktiziert. Die Umweltgestalter, die in den Fachbereichen

- Regional- und Raumplanung,
- Landschaftsplanung und -gestaltung,
- Stadtplanung und -gestaltung

tätig sind, werden zum größten Teil von Bund, Ländern und Gemeinden beauftragt, woraus geschlossen werden

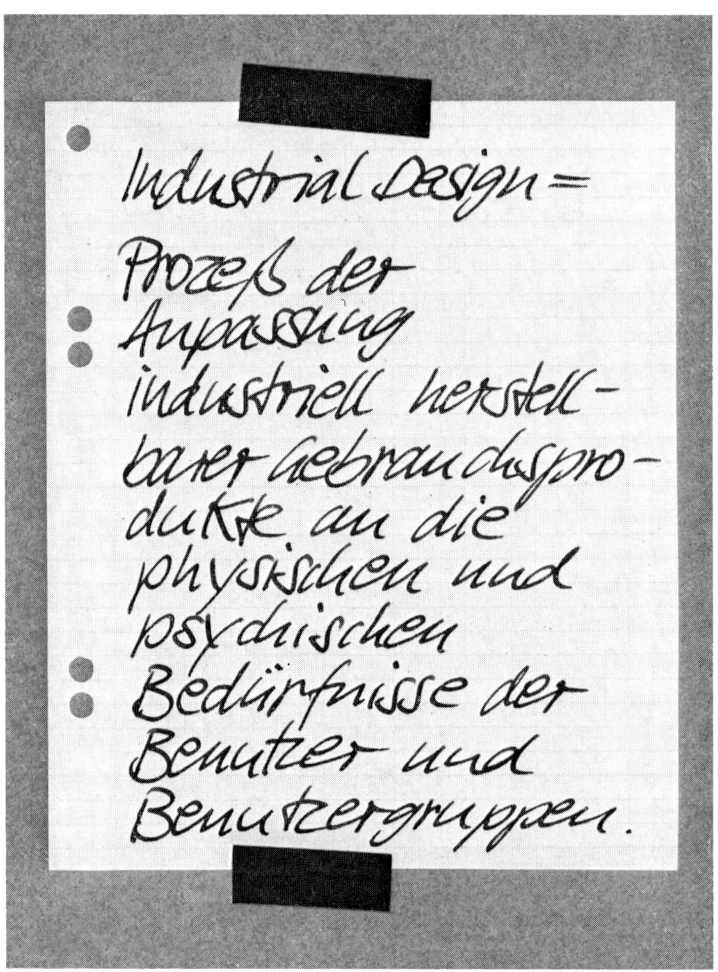

11

könnte, daß dadurch auch die Interessen der Allgemeinheit berücksichtigt werden. Da dies in vielen Fällen noch nicht zutrifft, sollten in größerem Umfang als bisher die von der Planung Betroffenen (z. B. Bewohner eines Stadtteils) vorher an der Problemlösung beteiligt werden.

Die Arbeit in den drei zuerst genannten Fachbereichen der Umweltgestaltung beeinflußt unsere Umwelt in sehr hohem Maße, weil es sich dabei um sehr umfangreiche Projekte handelt. Da aber Aktivitäten in diesen Bereichen durch Gesetze und Verordnungen beeinflußt werden können, dürfte in Zukunft die Koordination der Arbeit in der Regional- und Raumplanung, Landschaftsgestaltung und Stadtplanung mehr als bisher möglich werden.

- Architektur
- Industrial Design und
- Kommunikationsmediengestaltung

sind die weiteren Fachbereiche der Umweltgestaltung. Wer hier als Gestalter tätig ist, wird vorwiegend von privaten Geldgebern beauftragt, deren Interessen zwangsläufig vornehmlich ökonomischer Art sein müssen. Es wird also nicht so leicht möglich sein, die gestalterische Arbeit ausschließlich im Hinblick auf die Bedürfnisse der Benutzer oder Benutzergruppen auszurichten oder mit anderen Aktivitäten der Umweltgestaltung zu koordinieren. Darauf wird später noch näher einzugehen sein. Vorerst kann festgehalten werden, daß Industrial Design eine Disziplin der Umweltgestaltung mit einer eigenen Problematik ist.

2.0 Grundlagen der Gestaltung gegenständlicher Umwelt

Der Mensch als Individuum neigt dazu, primär die Probleme des Lebens zu sehen, mit denen er direkt konfrontiert wird, die ihn wahrnehmbar umgeben. Der einzelne mit seinen speziellen Problemen ist aber nur ein winziger Teil innerhalb eines großen Zusammenhangs, der Gesellschaft. Fast alles, was uns umgibt, hat gesellschaftliche Ursachen. Daher wird jede Teilbetrachtung, wie hier zum Thema Industrial Design, nur dann im Zusammenhang überschaubar, wenn sie aus den gesellschaftlichen Zusammenhängen heraus entwickelt wird.

Wir leben als Menschen in einem komplizierten gesellschaftlichen System, dessen Grundlage die Addition der einzelnen Menschen und deren Beziehungen zueinander ist (Abb. 12). Der einzelne Mensch ist ein handelndes Wesen, welches durch sein Handeln aktiv seine Umwelt beeinflußt bzw. verändert. Dieses Handeln der Menschen geschieht in den meisten Fällen aufgrund von Zielvorstellungen, die bewußt entwikkelt, aber auch durch unbewußte, triebhafte und emotionale Faktoren beeinflußt werden.

Der Mensch hat als Teil eines Systems gelernt, daß er nur durch die Kooperation mit seinen Artgenossen lebensfähig ist, daher sucht er den direkten oder indirekten Kontakt mit den Mitmenschen. Bei diesem sozialen Verhalten ergeben sich zwei verschiedene Ausprägungen der Beziehungen zwischen den Menschen:

- Zwischenmenschliche Beziehungen, die durch Verhalten – Sprache, Mimik, Gestik – entwickelt werden.
- Vergegenständlichte Beziehungen, die als Objekte erlebt werden.

Die direkten zwischenmenschlichen Beziehungen werden im Bereich der Soziologie und Psychologie erforscht. Information, Kommunikation, Interaktion oder soziale Wahrnehmung sind wichtige Teilaspekte, die innerhalb dieser Disziplinen betrachtet werden.

Die indirekten, vergegenständlichten Bezienungen der Menschen sind bisher nur teilweise erforscht worden. Ansätze gibt es in der Informationstheorie und Kybernetik, in den Wissensbereichen ästhetische Wahrnehmung und Gestaltpsychologie, der Semiotik als der Lehre von den Zeichen und der präsentativen Symbolik (präsentative Symbole = gegenwärtige Symbole). In der rechten Spalte von Abb. 14 wird deutlich, durch welche Thematik eine Theorie der gegenständlichen Umwelt und deren Wirkung auf den Menschen bestimmt werden kann. Hier sollen nur einige grundlegende Aspekte betrachtet werden, weil diese Problematik so vielschichtig ist, daß sie in einer gesonderten Schrift behandelt werden müßte.

2.1 Mensch – Bedürfnisse, Strebungen

Es wurde festgestellt, daß der Mensch durch aktives Handeln seine Umwelt beeinflußt bzw. verändert. Im Zusammenhang Umweltgestaltung/Industrial

12

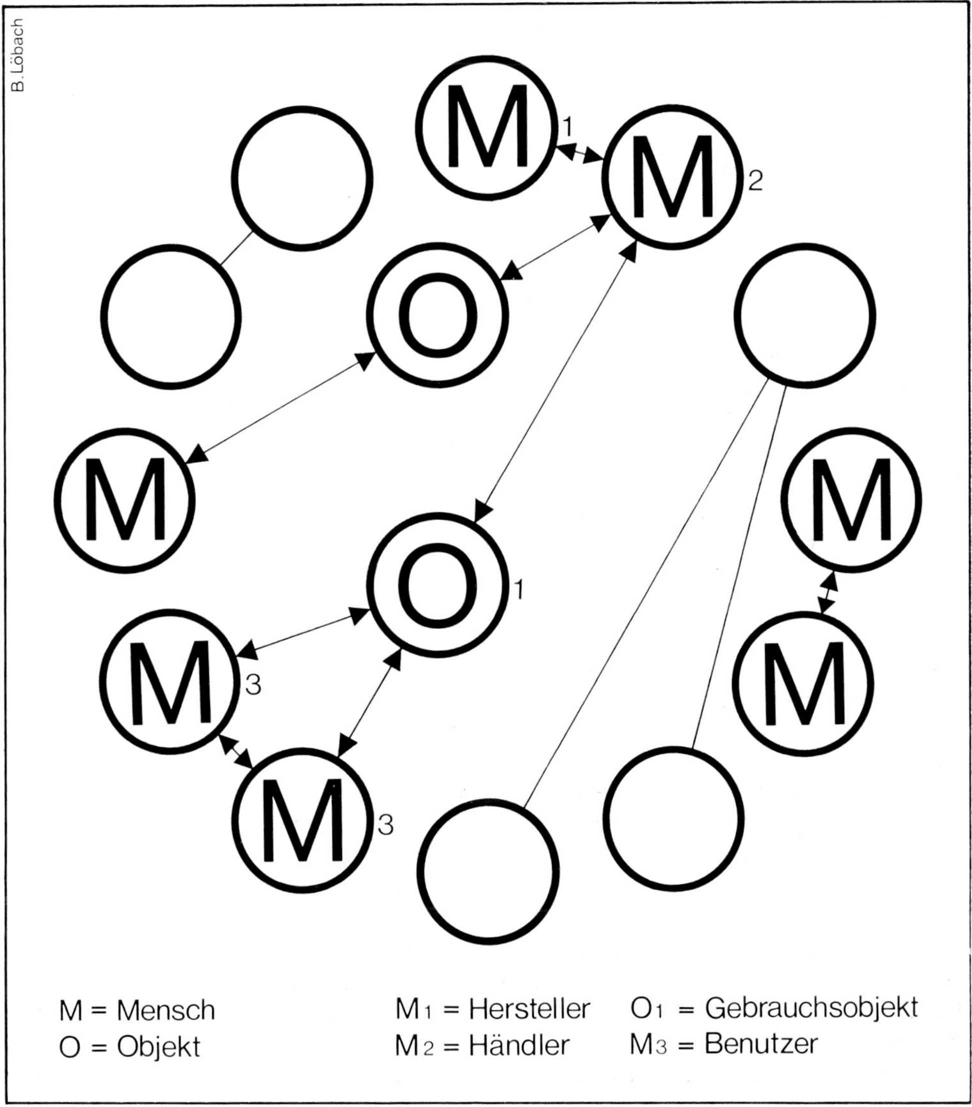

Design ist es nun wichtig zu klären, welches die Motivationen des Menschen sind, Umwelt zu beeinflussen, zu gestalten. Der große Zusammenhang ist in Abb. 17 dargestellt.

Alles was lebt und fortleben soll, ist mit artgebundenen Bedürfnissen ausgestattet. Bedürfnisse machen sich durch Spannungszustände bemerkbar, die das Lebewesen im zweckgerichteten

13

13 Beziehungen Mensch – Objekt – Mensch. Füllfederhalter als vergegenständlichte Idee für die Realisation zwischenmenschlicher Kommunikation, die durch Schrift vermittelt wird.
»Füllfederhalter Lamy 2000«.
Designer: Gerd A. Müller.
Hersteller: Josef Lamy GmbH, Heidelberg.

Verhalten steuern. Bedürfnisse werden erfahren als Gefühl eines Mangels, wobei der Wunsch oder die Notwendigkeit besteht, diesen Mangel abzustellen. Auch wir Menschen werden durch Bedürfnisse in unserem Verhalten gelenkt, sie sind vielfältig und wandelbar. Das Auftreten von Bedürfnissen erfolgt nicht immer zuverlässig, besonders dann nicht, wenn andere Tätigkeiten oder Vorgänge zeitweilig Vorrang haben. Wir kennen z. B. die Verdrängung des Bedürfnisses nach spielerischer Betätigung durch einen ausgedehnten Arbeitsprozeß.
Bedürfnisse als Erleben von Mängeln führen durch entsprechendes Verhalten zur Abstellung unerwünschter Zustände. Ziel ist also die Wiederherstellung eines Zustandes von Ruhe, Entspanntheit, Gleichgewicht, der eine zeitweilige Unterbrechung erfahren hatte. Unbefriedigte und ungelöste Spannungen verursachen Unlustgefühle. Werden Bedürfnisse befriedigt, erlebt der Mensch Genüsse, Lust, Wohl-

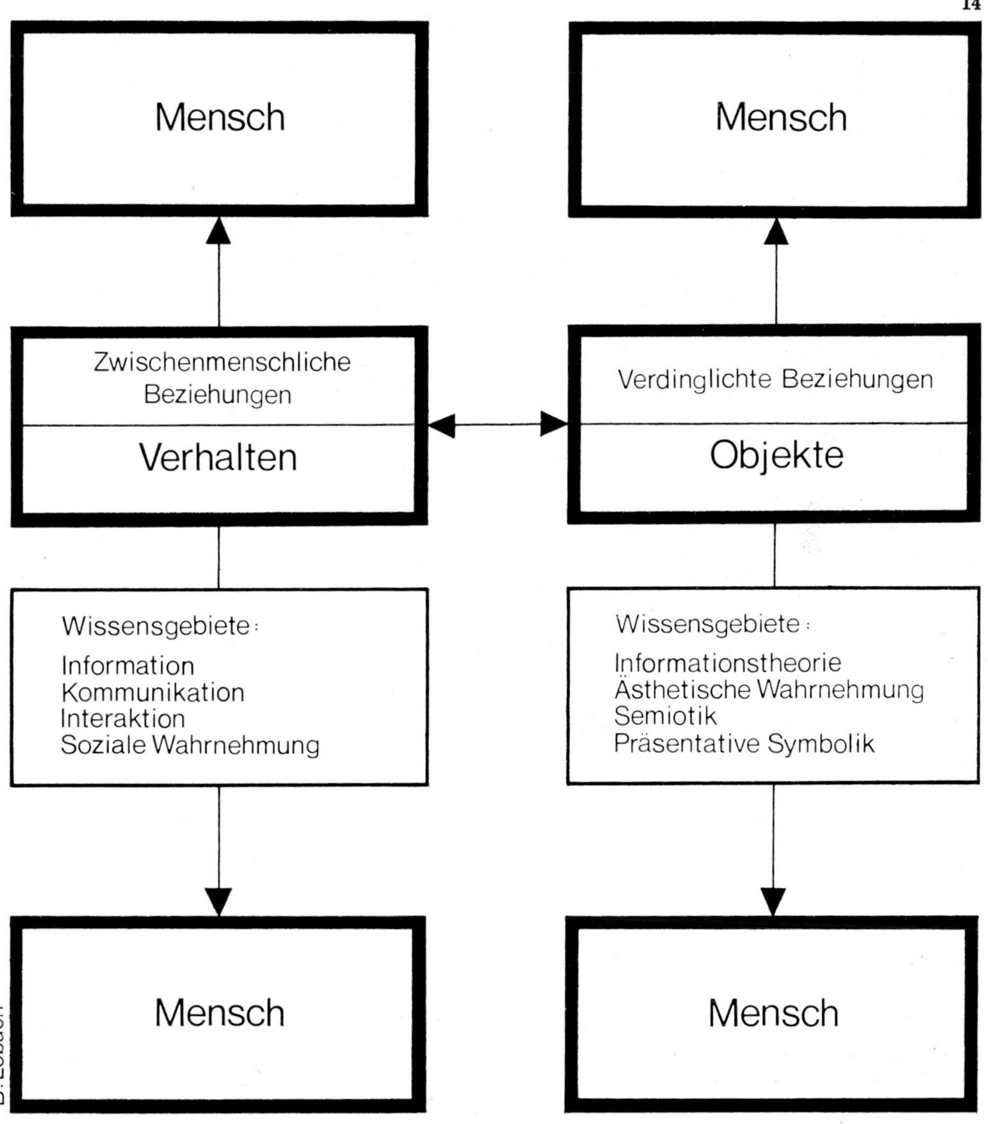

gefallen, Entspannung. Die Befriedigung von Bedürfnissen kann daher als primäre Motivation menschlichen Handelns vorausgesetzt werden. Synonym sprechen wir neben Bedürfnissen auch von Wünschen, Verlangen und Begehren der Menschen, die als Strebungen bezeichnet werden. Im Gegensatz zu Bedürfnissen werden Strebungen nicht auf Störzustände, Unterbrechungen

15

15+16 Beziehungen Mensch – Mensch. Feuerzeug als Kommunikationsobjekt. »Taschenfeuerzeug Braun F 1«. Hersteller: Braun AG, Kronberg/Taunus.

oder Mängel bezogen erlebt. Strebungen treten spontan auf, im Gefolge von Vorstellungsabläufen oder Wahrnehmungsvorgängen, die ein betreffendes Objekt zum Gegenstand haben, der Gegenstand wird dabei als solcher gegewünscht (1). Dabei wird klar, daß eine Art der Bedürfnisbefriedigung oder die Erfüllung von Strebungen durch den Gebrauch von Gegenständen erreicht wird. Der Mensch, der ein bestimmtes Bedürfnis erlebt, kann einmal durch eigene Aktivität in einem Machtprozeß und anschließend durch den Gebrauch des Ergebnisses dieses Bedürfnis befriedigen, wie dies früher z. B. durch die eigene Herstellung von Werkzeugen geschah.

16

Aus Mangel an spezialisierten Organen mußte der Mensch vorgefundene Naturumstände intelligent verändern um zu überleben. Er entwickelte Werkzeuge, welche die natürlichen Fähigkeiten verstärkten oder ergänzten, damit die Umwelt beherrscht werden konnte.

Die Herstellung von Objekten, durch deren Gebrauch bestimmte Bedürfnisse befriedigt werden können, wird heute mit industriellen Methoden durchgeführt. Diese Industrieprodukte sind in Massen hergestellte Bedürfnisbefriedigungsobjekte, an deren Entwicklung der Industrial Designer in hohem Maße beteiligt ist. Daher erscheint es wichtig, bevor seine Tätigkeit näher betrachtet wird, diese allgemeinen Voraussetzungen zu besprechen. In unseren hochentwickelten Industriegesellschaften, in denen Ziel fast aller Aktivitäten die

Steigerung des wirtschaftlichen Wachstums und des Lebensstandards ist, spielt die Befriedigung von Bedürfnissen und Strebungen eine wichtige Rolle, weil dies Grundvoraussetzung ist, diese Ziele zu erreichen. Dieser komplizierte Vorgang verläuft nach dem Modell des Regelkreises, der bei der Erforschung von Bedürfnissen und Strebungen beginnen kann, woraus dann Ideen für deren Befriedigung in Form von Industrieprodukten entwickelt werden (Produktplanung). Bei der Umsetzung dieser Ideen in Gebrauchsprodukte (Produktentwicklung) ist dann der Industrial Designer maßgeblich beteiligt. Die weiteren wesentlichen Stufen sind Produktherstellung, Produktvertrieb, Produktverkauf.

Da kein Industrieunternehmen auf die Dauer ohne Gewinn arbeitet, vermehrt sich beim Schließen des Kreises das Kapital durch den Rücklauf des Geldes und kann zum Teil für die Ausweitung der Produktion erneut eingesetzt werden. Dieser Regelkreis ist sehr anschaulich in der Studie »Die Grenzen des Wachstums« dargestellt, die von Dennis Meadows und seinen Mitarbeitern am Massachusetts Institute of Technology (MIT) durchgeführt wurde (2).

Ausweitung der industriellen Produktion bedingt aber bei der Produktion von Gebrauchsprodukten Deckung von vorhandenen Bedürfnissen durch diese Produkte, damit für den Hersteller der Verkauf gewährleistet ist. Tritt bei einem bestimmten Entwicklungsstand eine allgemeine Sättigung bei den Benutzern ein, müssen dem Ziel des wirtschaftlichen Wachstums entsprechend neue Bedürfnisse entdeckt oder geweckt werden. In diesen Ablauf ist der Industrial Designer integriert und hat in vielen Fällen die Aufgabe, durch Anwendung neuer Materialien oder durch Finden neuer Gebrauchseigenschaften der Produkte die Ausdehnung der Produktion mit zu ermöglichen.

Die Stellung des Industrial Designers bei der Herstellung von Bedürfnisdekkungsobjekten in Form von Industrieprodukten wird an anderer Stelle noch eingehender betrachtet. Nun soll der Prozeß der Vergegenständlichung einer Idee zur Befriedigung von Bedürfnissen, wie er in Abb. 17 dargestellt ist, weiter verfolgt werden, nachdem einige wesentliche Erkenntnisse der Psychologie zum Thema Bedürfnisse des Menschen als Ausgangspunkt referiert wurden.

2.2 Arbeit – Vergegenständlichung

Den Umsetzungsprozeß, in dem eine Idee für die Befriedigung von Bedürfnissen in ein Gebrauchsobjekt umgewandelt wird, bezeichnen wir als Arbeit. Der Mensch vergegenständlicht im Arbeitsvorgang seine Bedürfnisse und Strebungen in der Einwirkung auf die außer ihm existierende Natur und versucht dabei ideale Gegenstände zu schaffen, die in optimaler Weise seine Bedürfnisse durch den Gebrauch dieser geschaffenen Objekte befriedigen. Dazu schreibt Alfred Kurella:

»Durch die produktive Arbeit, in deren Verlauf der Mensch sich die Natur nicht nur nach und nach aneignet und unterwirft, sondern sie auch eben dadurch mehr und mehr erkennt, schafft der Mensch das Besondere, Neue, das ihn von der Natur und den übrigen Le-

bewesen unterscheidet: eine künstliche Umwelt, in der die Wesenskräfte des Menschen gegenständliche Gestalt annehmen« (3).
Solche Identität von Erkennen eines Bedürfnisses und Vergegenständlichung einer Idee im Arbeitsprozeß durch eine Person ist typisch für die Produktion zur Eigenbedarfsdeckung, wird in unserer Industriegesellschaft aber kaum mehr praktiziert.
Bedürfnisse von Gruppen der Gesellschaft werden im Auftrag eines Industrieunternehmens erforscht und entsprechende Problemlösungen in Warenform durch Massenproduktion hergestellt. Diese Produkte können bei Bedarf von Interessenten durch Aufwendung eines Gegenwertes in Geldform erworben werden. Er hat aber selten Beziehungen zum Entstehungsprozeß der Produkte. Auch der einzelne Arbeiter, der durch seine Aktivität an der Herstellung dieser Produkte beteiligt ist, hat wenig Beziehungen zu den Produkten seiner Arbeit, weil er aufgrund der Arbeitsteilung oft nur Teile des Produktionsprozesses kennt. Er ist verständlicherweise vorwiegend am Gegenwert seiner Arbeit in Geldform interessiert, wodurch ihm ermöglicht wird, Produkte entsprechend seinen persönlichen Bedürfnissen zu erstehen. Vergegenständlichung von Ideen zur Befriedigung von Bedürfnissen durch Arbeit ist ein Themenbereich, der von Philosophen wie Hegel, Marx, Marković oder Korsch ziemlich umfangreich dargestellt wurde. Daher ist hier nur soweit auf dieses Thema eingegangen worden, wie es dem Verständnis des Gesamtzusammenhangs entsprechend sinnvoll erscheint.

2.3 Objekte – Bedürfnisbefriedigung

Wie schon erwähnt, werden viele Bedürfnisse des Menschen durch den Gebrauch von Objekten befriedigt. Dies geschieht aufgrund der Funktionen der Produkte, die als Gebrauchswerte im Gebrauchsvorgang erlebt werden. Befriedigung bestimmter Bedürfnisse hat also die Entwicklung bestimmter Objekte bzw. Produkte zur Voraussetzung, woran der Industrial Designer beteiligt ist und die Interessen der Benutzer vertreten sollte.
Da es viele unterschiedliche, zum Teil sehr differenzierte Bedürfnisse gibt, stellt sich die Frage, ob diese alle durch entsprechende Produkte befriedigt werden können und sollten. Es muß erwähnt werden, daß nicht alle Bedürfnisse des Menschen durch Objekte zu befriedigen sind, gerade aber dieser Aspekt u. a. Gegenstand dieser Schrift ist.
Entsprechend den vielfältigen menschlichen Bedürfnissen führt auch die Vergegenständlichung von Ideen zur Bedürfnisbefriedigung zu unterschiedlichen Objekten, die wie in Abb. 17 gezeigt, in vier Kategorien eingeteilt werden können:

- Naturobjekte, die ohne menschliche Beeinflussung weitgehend vorhanden sind.
- Modifizierte Natur als Objekte.
- Kunstobjekte.
- Gebrauchsobjekte.

Diese vier Objektkategorien sollen nun näher betrachtet werden.

17 A
Naturobjekte
17 B
Modifizierte Natur als Objekte
Mensch
Bedürfnisse
Arbeit
Vergegenständlichung
Objekte
Bedürfnisbefriedigung
durch Gebrauch von Objekten

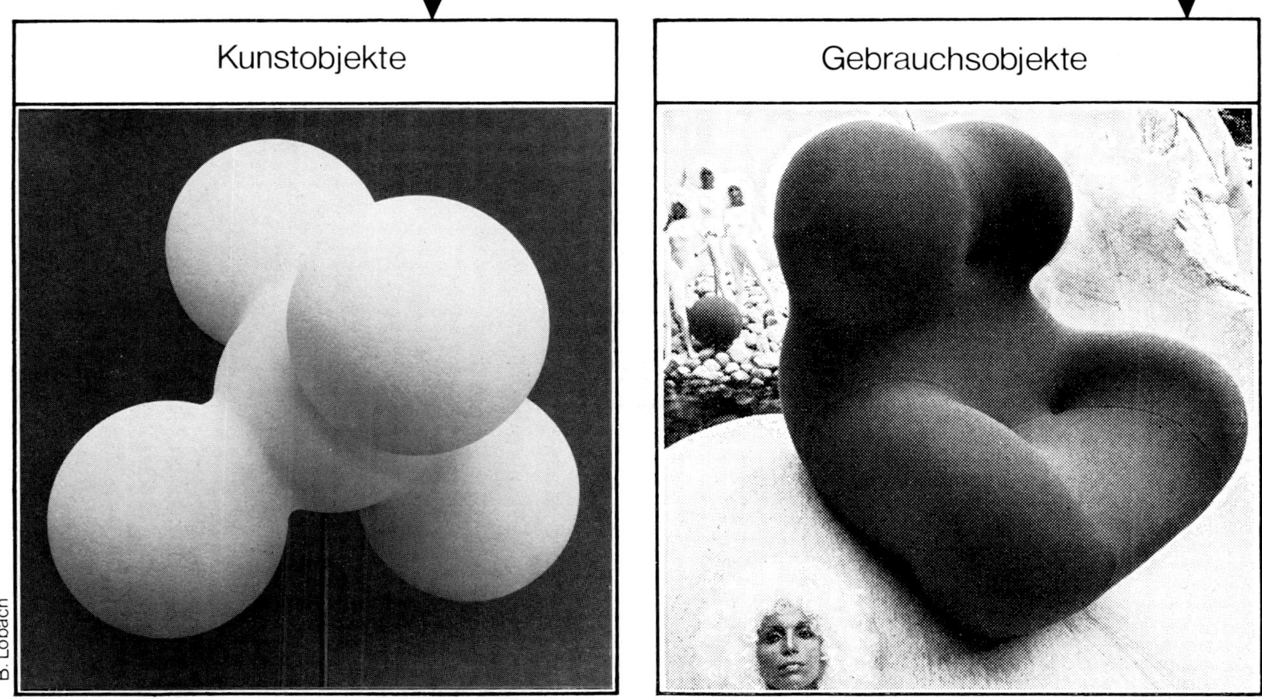

17C

17 D

17 A Naturobjekt. »Unreife Walnüsse«.
17 B Modifizierte Natur als Objekt.
»Heuhaufen bei San Sebastian/Spanien«.

17 C Kunstobjekt.
»Kugelobjekt nach biomorphem Gestaltungsprinzip«. Autor: Horst Retzlaff.

17 D Gebrauchsobjekt. »Sessel Mama«.
Designer: Ceantano Pesce
Hersteller: B & B Mailand/Italien

2.3.1 Naturobjekte

Georgi Borisowski spricht von der Natur als einer kosmischen Fabrik, in der ununterbrochen ohne eine menschliche Beeinflussung Erzeugnisse in Massenproduktion gefertigt werden: Vögel, Schmetterlinge, Bäume, Käfer usw. Der Natur liege, so schreibt er, das Prinzip der Massenproduktion zugrunde. Das Baumaterial dafür sind hauptsächlich 12 Elemente, aus denen die unendliche Vielfalt von Erzeugnissen der Natur entsteht (4).

Der Mensch ist selbst ein Teil der Natur und kann zu der ihn umgebenden Natur verschiedene Haltungen einnehmen. Die eine besteht darin, sich passiv der Natur gegenüber zu verhalten, diese nicht zu verändern oder zu beeinflussen. Es gibt heute noch Gesellschaften, die sich in ihre Umwelt einfügen.

Die zweite Möglichkeit menschlichen Verhaltens gegenüber der Natur wurde in der Vergangenheit primär praktiziert: das aktive Eingreifen, die Umformung der Natur entsprechend den Bedürfnissen und Vorstellungen der Menschen. Beide Formen des Verhaltens gegenüber der Natur sind wichtig für den Menschen, damit er physisch und psychisch existieren kann. Für die physische Existenz des Menschen ist von Wichtigkeit, daß die Natur in Gebrauchsobjekte umgewandelt wird, damit durch deren Gebrauch entsprechende Bedürfnisse befriedigt werden können. Für die psychische Gesundheit des Menschen ist von Bedeutung, daß er unberührte Natur im Wahrnehmungsprozeß erleben kann.

Entsprechend dem Ziel dieser Schrift ist es aber sinnvoll, der durch den Menschen beeinflußten Umwelt mehr Aufmerksamkeit zu schenken.

2.3.2 Modifizierte Natur als Objekte

Im Prozeß der Umwandlung von vorgefundener Natur zu Gebrauchsobjekten oder bei direkter Verwendung von Naturprodukten entstehen oft Objekte, deren Bedeutung dem Menschen meist nicht bewußt wird. Als Beispiele wären, wie in Abb. 17 B gezeigt, Heuhaufen zu nennen, die beim Vorgang der Umwandlung von Gras in Heu als Tierfutter durch die Aktivität des Landwirtes entstehen. Solche Heuhaufen sind, wie viele andere modifizierten Naturobjekte, Ergebnisse von menschlichen Schaffensprozessen, die als ästhetische Erscheinungen mehr oder weniger bewußt erlebt werden (5). Solche Objekte können, wie Naturobjekte, ästhetische Qualitäten besitzen und somit eine Bedeutung für unser psychisches Gleichgewicht haben.

2.3.3 Kunstobjekte

Kunstobjekte können als eine besondere Art von Informationsträger betrachtet werden. Das Besondere daran ist die Tatsache, daß die gesamte Information am Kunstwerk gleichzeitig wahrnehmbar ist.

Durch die Addition ästhetischer Elemente wie Form, Farbe, Material, Oberfläche usw. wird beim Kunstobjekt im Hinblick auf die Wahrnehmungsmöglichkeiten der Betrachter ein Inhalt vermittelt, der präsentativ, d. h. in seiner Gesamtheit gegenwärtig ist. Im Gegensatz dazu ist unsere Schrift und Sprache diskursiv, d. h. fortschreitend.

Die durch die Sprache übertragenen Informationen werden nacheinander verstanden und dann erst zu einem Ganzen zusammengefaßt.
Durch die Gegenwärtigkeit der Gesamtheit der Information im Kunstobjekt ist dieses in besonderer Weise geeignet, komplizierte Zusammenhänge in konzentrierter Form zu vermitteln. Ein weiterer Aspekt bei Kunstobjekten ist die Tatsache, daß die ästhetische Struktur des Kunstobjekts zur alleinigen Information werden kann. Der Inhalt ist dann die Art der Anordnung der ästhetischen Elemente, die eine bestimmte Wirkung auf den Betrachter haben und gefühlsmäßig erlebt werden. Solche Kunstobjekte haben durch die Optimierung der ästhetischen Information entsprechend der menschlichen Sinneswahrnehmung die Funktion, ästhetische Bedürfnisse des Menschen zu befriedigen, indem sie ästhetisches Erleben ermöglichen. Es gibt die unsinnige Einteilung von Kunstobjekten in »Gebrauchskunst« und »Freie Kunst«. Diese Einteilung ist deshalb unsinnig, weil jedes Kunstobjekt gleichzeitig ein Gebrauchsobjekt ist. Es wird zum Beispiel visuell gebraucht, um ästhetische Bedürfnisse zu befriedigen. Nur wird dieses Bedürfnis oft nicht als solches bewußt, weil es durch »lebensnotwendigere« verdrängt wird. Die Befriedigung des Bedürfnisses nach ästhetischem Erleben ist zwar nicht für unsere physische Existenz notwendig, wohl aber für unsere psychische Gesundheit.
Die verschiedenen Kategorien von Objekten unserer Umwelt können innerhalb dieser Schrift nur unvollkommen betrachtet werden, weil unsere Aufmerksamkeit vorwiegend solchen Objekten gilt, die wir als Gebrauchsobjekte zu bezeichnen pflegen.

2.3.4 Gebrauchsobjekte

Es kann definiert werden, daß Gebrauchsobjekte vergegenständlichte Ideen zur Beseitigung von Bedürfnisspannungen sind. Die Aufhebung der Bedürfnisspannungen geschieht im Gebrauchsvorgang, bei dem der Benutzer die Funktionen der Objekte erlebt. Da der Industrial Designer aktiv an der Vergegenständlichung solcher Ideen zur Beseitigung von Bedürfnisspannungen beteiligt ist, erscheint es besonders wichtig, dieser Kategorie der Umweltobjekte unsere Aufmerksamkeit zu schenken.
Gebrauchsprodukte sind immer auch Teil der ökonomischen Struktur einer Gesellschaft und entstehen in diesem Funktionszusammenhang real und unmittelbar im Produktionsprozeß. Dadurch sind Gebrauchsobjekte auch immer Spiegelbild von gesellschaftlichen Verhältnissen. Unsere heutigen Gebrauchsprodukte werden mit industriellen Mitteln als Massenprodukt für die Masse hergestellt. Massenproduktion von Gebrauchsprodukten provoziert Massenkonsum bzw. Massengebrauch. Daraus resultiert das Verhalten der Benutzer gegenüber den Produkten. Früher wurden Gebrauchsobjekte durch handwerkliche Produktion erzeugt. Die Einstellung der Benutzer diesen Produkten gegenüber war eine andere. Die beiden Aspekte der handwerklichen Produktion und der industriellen Produktion von Gebrauchsobjekten und die daraus resul-

18 Handwerksprodukt mit primär praktischer Funktion.
»Messingkanne, Lübeck um 1780«. Sammlung Dexel, Braunschweig.
19 Handwerksprodukt mit primär symbolischer Funktion. Symbolisierung von Status.
»Silberkanne, Augsburg um 1745«.

tierende Art der Beziehungen der Benutzer zu den Objekten soll nun abschließend betrachtet werden.

2.3.4.1 Handwerksprodukte

Bis zur Mitte des 19. Jahrhunderts wurden Gebrauchsobjekte vorwiegend handwerklich angefertigt. Dabei sind

19

zwei verschiedene Arten von Handwerkserzeugnissen bekannt.

Zum einen Produkte, die primär durch die praktische Funktion geprägt waren und eine Einheit aus praktischer Funktion, Material und Herstellungsverfahren bildeten. Solche Produkte sind oft als Zweckform bezeichnet worden, die nichts anderes bedeuteten als das, was sie waren (Abb. 18). Zum anderen sind Handwerksprodukte bekannt, die vorwiegend Symbolbedeutung hatten. Obwohl solche Produkte eine praktische Funktion besaßen, wurden sie doch primär als Objekte benutzt, die vor allem sozialen Status repräsentieren sollten (Abb. 19).

Mit handwerklicher Produktion war

20

verbunden, daß die Erzeugnisse für einen kleinen Kreis von Kunden hergestellt wurden und weitgehend Vorstellungen und Wünsche der Auftraggeber individuell berücksichtigt werden konnten. Der Handwerker stellte den gesamten Gegenstand her und behielt ihn während des ganzen Herstellungsvorganges im Auge. Daraus resultierte auch eine persönliche Beziehung zum Ergebnis seiner Arbeit. Der Tendenz auf Wirtschaftlichkeit, Leistungsfähigkeit und Brauchbarkeit der Produkte war ein Gegengewicht gesetzt durch die Möglichkeit, in den Produkten individuelle Ziele und Werte sowohl des Auftraggebers als auch des Handwerkers zu realisieren. Wesentlich war,

21

20 »Tiroler Schrank, Ende des 15. Jh.«. Bayerisches Nationalmuseum, München.
21 »Poggenpohl Küche 2000, Eiche massiv«. Hersteller: Poggenpohl KG, Herford.

daß der Handwerker seine Gebrauchsobjekte nicht immer bis ins kleinste Detail rational durchdachte. Dadurch blieb ihm ein Freiraum für Variantenbildung und Formerfindungen, ein Freiraum für emotionale Gestaltung. Bei der zehntausendfachen Reproduktion von Gebrauchsobjekten durch industrielle Produktion ist so etwas nicht mehr möglich. Das Produkt muß von den an der Produktentwicklung Beteiligten bis ins Detail rational durchdacht werden, die Ergebnisse gleichen sich alle, keins ist anders als der Prototyp.

Die Benutzer handwerklich gefertigter Gebrauchsobjekte hatten meist eine persönliche Beziehung zu den Gegenständen, da der Handwerker in hohem Maße persönliche Vorstellungen realisieren konnte. Die einzige Freiheit, die dem Benutzer von Industrieprodukten bleibt, ist die Auswahlmöglichkeit zwischen den Produkten verschiedener Hersteller und gegebenenfalls die individuelle Veränderung des Produktes mit Abziehbildern oder dergleichen.

2.3.4.2 Industrieprodukte

Industrieprodukte sind Bedürfnisdekkungsobjekte, die, einmal entworfen, für eine Vielzahl von Menschen in gleicher Form produziert werden. Die Dialektik der Industrieprodukte besteht darin, daß sie einmal hergestellt werden, weil durch ihren Verkauf ein Gewinn zu erlangen ist. Zum anderen muß durch die Art der Produkte gewährleistet sein, daß ihr Gebrauch die Bedürfnisse der Benutzer befriedigen kann, weil dies für sie erst der Anlaß ist, das Produkt durch die Abgabe des Gegenwertes in Geldform zu erstehen.
Je konsequenter Industrieprodukte unter dem Vorzeichen wirtschaftlicher Produktion vom Konstrukteur und Industrial Designer entwickelt werden, desto klarer tritt die von der Ökonomie bedingte Form hervor, soziale Aspekte der Produktgestaltung bleiben dadurch bedingt weitgehend unberücksichtigt.
Die unkomplizierte, dem Material und Herstellungsverfahren entsprechende Gestaltung ist Voraussetzung einer industriellen Produktion, die primär aus Gründen des wirtschaftlichen Wachstums betrieben wird. Die Ergebnisse solcher Produktion erzeugen in vielen Benutzern mehr oder weniger bewußt eine Abneigung, weil die zehntausendfach reproduzierten Objekte eine Uniformität besitzen und individuelle psychische Bedürfnisse meist nicht befriedigt werden. Im Gegensatz dazu waren Handwerksprodukte immer individuell. Interessant ist in dieser Hinsicht der Vergleich der beiden Abb. 20 und 21.
Bestimmend für die Eigenart der Industrieprodukte sind die vielfältigen Beeinflussungsfaktoren, die zu einem späteren Zeitpunkt näher betrachtet werden sollen. Im Gegensatz zum Handwerker kann der einzelne innerhalb der industriellen Produktion nicht mehr alleine verantwortlich sein für das Ergebnis. Alles, was entsteht, ist das Produkt der verschiedenen Beeinflussungsfaktoren, die primär aus den Bedürfnissen und Strebungen der Benutzer resultieren sollten, vorwiegend aber durch Material und Herstellungsverfahren, Aspekte der Vertriebs- und Verkaufsorganisation des Herstellers und das Konkurrenzverhalten seiner Mitbewerber bestimmt werden.
Innerhalb dieses komplizierten Organismus der industriellen Produktion steht auch der Industrial Designer, dessen Aktivität die besondere Aufmerksamkeit dieser Schrift gilt. Zuvor aber muß noch herausgearbeitet werden, welche Kategorien von Industrieprodukten es gibt und welche Bedeutung dabei die Beziehungen Benutzer — Produkt haben.

3.0 Kategorien von Industrieprodukten

Unsere heutige Umwelt ist die Ansammlung einer unüberschaubaren Menge von unabhängig voneinander entwickelten Gegenständen, die durch Addition und durch ihre funktionalen Wechselbeziehungen das visuelle Erscheinungsbild dieser künstlich erzeugten Umwelt prägen. Dadurch wird auch das Verhalten der Menschen,die in dieser Umwelt leben, in sehr hohem Maße beeinflußt. Entwurf von Industrieprodukten bedeutet daher immer auch Entwurf von Verhaltensweisen der Benutzer. Hier stellt sich sogleich die Frage, welche Kenntnisse und Fähigkeiten ein Entwerfer dieser künstlichen Umwelt beherrschen muß. Die Antwort ist vielfältig und verwirrend, weil eine Frage zu einem so komplexen Problem nur durch eine differenzierte Betrachtungsweise zu beantworten ist.

Die erste notwendige Einschränkung wurde bereits gemacht. Im gesamten Aktivitätsfeld des Entwerfens künstlicher Umwelt ist der Industrial Designer dafür zuständig, Gebrauchsprodukte zu gestalten, die durch industrielle Serienfertigung in Massen herstellbar sind. Selbst durch diese Einschränkung ist es noch nicht möglich, genau die Kenntnisse und Fähigkeiten aufzuzeigen, die ein Industrial Designer für seine Tätigkeit beherrschen sollte.

Ein weiterer Schritt in Richtung einer differenzierten Betrachtung ist die Einteilung der Industrieprodukte in Produktkategorien, da unterschiedliche Produktkategorien auch unterschiedliche Anforderungen beim Entwurf ergeben. Die Einteilung in Produktkategorien ist nicht ungewöhnlich, die Unterscheidung von Konsumgütern und Investitionsgütern allgemein geläufig. Nur ist die Einteilung nicht besonders glücklich getroffen.

Alle Industrieprodukte sind Konsumgüter, Verbrauchsgüter also, die zu einem bestimmten Zeitpunkt in den Besitz des Benutzers übergehen, gebraucht werden und zu einem späteren Zeitpunkt verbraucht sind, also aus dem Gebrauchsvorgang ausscheiden. Alle Industrieprodukte sind aber auch Investitionsgüter, weil bei jedem Produkt vom Besitzer eine bestimmte Summe Geld investiert wird, bevor er in den Besitz des Produktes gelangt. Diese übliche Einteilung, die aus der Position der Unternehmen heraus festgelegt wurde, ist für die Betrachtung der Problematik der Gestaltung solcher Produkte ungeeignet.

Ein zentraler Ansatzpunkt für die Einteilung der Industrieprodukte ist die Tatsache, daß diese Produkte Funktionen haben, die im Gebrauchsvorgang erfahrbar werden. Daher ist für die differenzierte Betrachtung die Intensität und Art der Beziehungen zwischen Benutzern und Industrieprodukten, vorwiegend beim Gebrauch, wichtig. Bedeutend ist

- wie der Gebrauchsvorgang erlebt wird,
- was das Produkt für den Benutzer bedeutet, welchen Wert es für ihn hat,

- von wie vielen unterschiedlichen Personen ein Produkt benutzt wird,
- ob das Produkt als Besitz erfahren wird (z. B. Haushaltsgeräte) oder der Mitbesitz unbewußt bleibt (z. B. öffentliche Einrichtungen).

Als Einteilung der Industrieprodukte unter Berücksichtigung der Beziehungen zwischen Benutzer und Produkt bieten sich folgende Kategorien an:

- Verbrauchsprodukte (die nach Gebrauch nicht mehr vorhanden sind).
- Gebrauchsprodukte I = Produkte für den individuellen Gebrauch.
- Gebrauchsprodukte II = Produkte für den Gebrauch durch bestimmte Gruppen.
- Gebrauchsprodukte III = Produkte, zu denen die Allgemeinheit kaum eine Beziehung hat.

Diese Kategorien sollen nun näher betrachtet und dabei festgehalten werden, worin die Unterschiede für die Entwurfstätigkeit des Industrial Designers liegen.

3.1 Verbrauchsprodukte

Die Begriffe Konsum und Verbrauch werden gleichbedeutend verwendet, daher wird hier in bezug auf Gebrauchsprodukte der Begriff Verbrauch bevorzugt. Der Verbrauch als Vorgang unterscheidet sich vom Gebrauch als Vorgang dadurch, daß das Produkt nachher nicht mehr existent ist, daß es verbraucht ist. Typische Verbrauchsprodukte sind Nahrungsmittel, mit denen ein Grundbedürfnis des Menschen befriedigt wird. Ein anderes Beispiel wären Reinigungsmittel wie Zahnpaste, Seife oder Autopoliermittel. Es wird bei diesen Produkten bewußt erlebt, daß sie nach dem Vorgang des Verbrauchs nicht mehr vorhanden sind. Aus der Kurzlebigkeit dieser Produkte kann allerdings nicht abgeleitet werden, daß der Gestaltung keine Aufmerksamkeit gewidmet wird.

Es kann davon ausgegangen werden, daß bestimmte Grundnahrungsmittel wie getrocknete Hülsenfrüchte, Salz oder Zucker eine natürliche Erscheinung haben und nicht vom Menschen gestaltet werden. Noch lange Zeit nach 1900 wurden diese Verbrauchsprodukte beim Kaufmann aus größeren Vorratsbehältern in Tüten abgepackt. Aus Gründen der Konkurrenz kamen aber die Hersteller bzw. Aufbereiter darauf, diese anonymen Produkte in kleinen verbrauchsgerechten Mengen zu verpacken und mit entsprechenden Aufdrucken in ihrem Erscheinungsbild zu verändern. Es entstand das Markenprodukt, bei dem die Beziehungen des Verbrauchers zum Produkt total verändert wurden. Durch die Verpackung wurde die Aufmerksamkeit des Interessenten auf das ganz bestimmte Produkt gelenkt, der Verbraucher kaufte von nun an nicht einfach Zucker, sondern eine ganz bestimmte Sorte eines ganz bestimmten Herstellers. Daran wird deutlich, daß die Beeinflussung der Verbrauchsprodukte durch Gestaltung ihrer Verpackung von ökonomischer Wichtigkeit für den Hersteller ist. Die verkaufsfördernde Aufmachung der Verpackung durch ästhetische Mittel zu bestimmen ist unter anderen eine Aufgabe des Designers, für den die Bezeichnung Packaging Designer geprägt wurde. Solche Aufgaben werden aber zum Teil auch vom Graphic Designer oder Industrial Designer mit be-

22

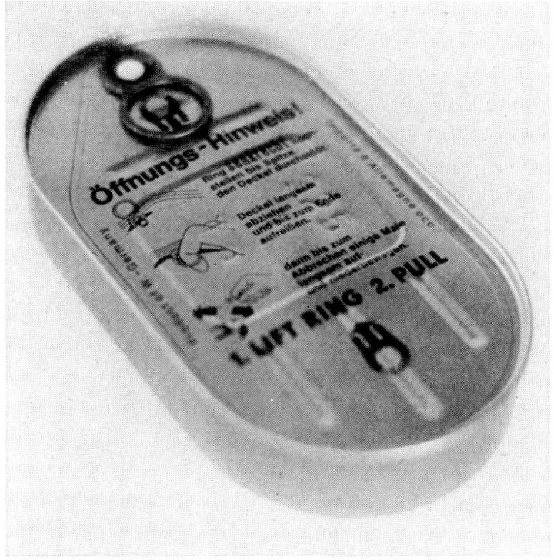

23

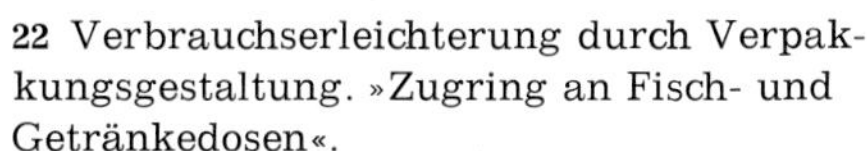

22 Verbrauchserleichterung durch Verpackungsgestaltung. »Zugring an Fisch- und Getränkedosen«.
23 Zusatznutzen durch Verpackung mit dauerhaftem Gebrauchswert. »Senf im Trinkglas«. Hersteller: Frenzel Senffabrik, Düsseldorf.

arbeitet, und dies ist ein Grund für die weitere Betrachtung der Gestaltung von Verbrauchsprodukten und deren Verpackung.

Wenn viele Mitbewerber im Markt Produkte der gleichen Qualität anbieten, kann durch ästhetische Gestaltung der Verpackung zwar Aufmerksamkeit auf das Produkt gelenkt werden, mehr Erfolg aber haben solche Produkte, die dem Verbraucher einen zusätzlichen Nutzen versprechen, die einen Mehrwert besitzen. Dieser Mehrwert kann sich zeigen in der Tatsache,

- daß durch entsprechende Verpackung das Produkt lange frisch bleibt,
- daß der Verbrauch des Produktes erleichtert wird,
- daß die Verpackung nach dem Gebrauch keine Belastung der Umwelt bedeutet und
- daß die Verpackung später für andere Zwecke weiterhin benutzt werden kann.

Für diese Aspekte sollen einige Beispiele genannt werden.

Kaffee ist ein Verbrauchsprodukt, bei dem es darauf ankommt, daß während des Verbrauchsvorganges das Aroma des Kaffees erhalten bleibt. Dies ist besonders dann wichtig, wenn die Verbraucher die Möglichkeit nutzen, die Kaffeebohnen im Geschäft mahlen zu lassen. Daher packen viele Kaffeeröstereien ihr Produkt in eine aromafeste Blech- oder Kunststoffdose. Auch Kekse bedürfen einer besonderen Verpackung, in der diese Ware lange frisch und knusprig bleibt.

Für die Erleichterung des Verbrauchsvorganges durch bewußte Gestaltung des Verbrauchsproduktes oder dessen Verpackung gibt es viele Beispiele. Tee in dünne Papierbeutel zu verpacken

24

war eine Idee für die Verbrauchserleichterung, die den umständlichen Umgang mit dem Tee-Ei aus Metall ablöste. Der Zugring an Fisch- und Getränkedosen, durch den ein Dosenöffner überflüssig wird, ist schon zur Selbstverständlichkeit geworden.

Daß eine Verpackung so gestaltet sein sollte, daß nach dem Verbrauch des Produktes diese keine Belastung für die Umwelt bedeutet, ist erst als Vorteil erkannt worden, nachdem die Menge der anfallenden Abfälle unheimliche Ausmaße angenommen hat. Eine Lösung für dieses Problem wäre der Kunststoff, der sich nach dem Verbrauch selbständig auflöst. Zur Zeit wird noch an dieser Entwicklung gear-

25

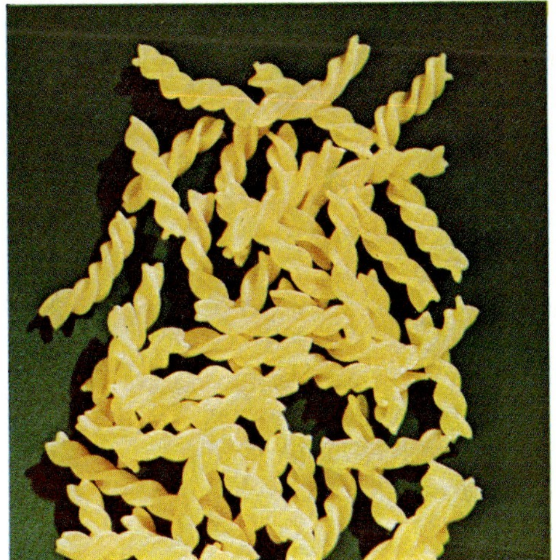

26

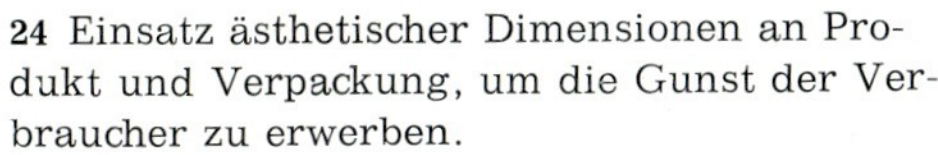

24 Einsatz ästhetischer Dimensionen an Produkt und Verpackung, um die Gunst der Verbraucher zu erwerben.
»Maria Theresia, helle Pralinen nach Wiener Art«.
Hersteller: B. Sprengel & Co., Hannover.
25–27 Gestaltete Verbrauchsprodukte nach funktionellen Kriterien.
»Nudeln, mit denen man Sauce gabeln kann: Birelli, Krauselli und Shipli«.
Hersteller: Birkel KG, Schwelm/Westfalen.

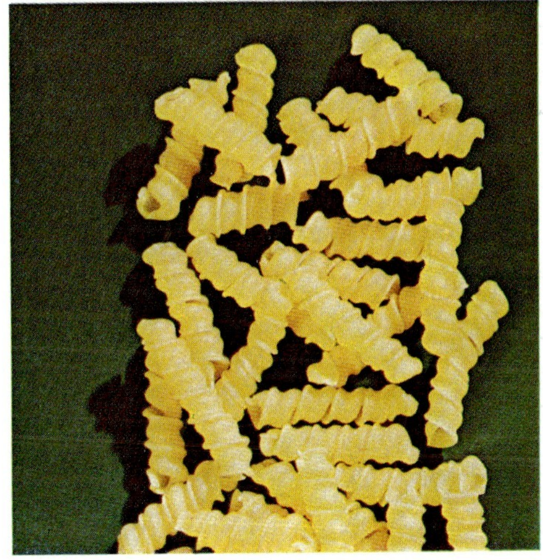

27

beitet, erste Versuche zeigten bereits Erfolg.

Vereinzelt sind Produkte auch so verpackt, daß nach dem Verbrauch des eigentlichen Produktes die Verpackung für andere Zwecke benutzt werden kann. Das Senfglas, das nachher als Trinkglas verwendet werden kann, ist ein Beispiel dafür.

Die Tätigkeit des Designers bei der Gestaltung von Verbrauchsprodukten richtet sich bisher vorwiegend auf die Verpackung dieser Produkte und die Verbesserung der Verbrauchseigenschaften. Aber auch den Produkten selbst, die recht kurzlebig sind und, wie bereits festgestellt wurde, nach dem Verbrauch nicht mehr existieren, wird vom Hersteller immer mehr Aufmerksamkeit geschenkt. Ein anschauliches Beispiel für die bewußte Gestaltung eines Verbrauchsproduktes ist die Nudel, die so geformt wurde, daß in einer Werbeanzeige über sie ausgesagt werden konnte: »Die Nudel, mit der man Sauce gabeln kann.«

Bei anderen Produkten werden durch Einsatz ästhetischer Mittel die Sinne des Verbrauchers angesprochen. Bei einer schön geformten Kerze wird das Verbrauchen zu einem visuellen Erlebnis, ein angenehm geformtes Stück Seife ermöglicht haptisches Erleben, bei einem Waschmittel, welches mit Duftstoffen angereichert ist, wird der Geruchssinn aktiviert.

Dies bedeutet Einsatz ästhetischer Dimensionen, um die Gunst der Verbraucher zu erwerben. Die Absicht, den Verbraucher der Produkte durch eine die Sinne ansprechende Gestaltung zu erfreuen, wurde schon immer bei handwerklich hergestellten Backwaren verwirklicht. Im Zeitalter der Massenerzeugung von Produkten wie Gebäck, Pralinen oder mundgerechter Schokolade wird die Gestaltung dieser Produkte mit zur Aufgabe des Designers.

3.2 Gebrauchsprodukte I = Produkte für den individuellen Gebrauch

Eigentliche Aufgabe des Industrial Designers ist es, Gebrauchprodukte zu gestalten, die meist eine längere Lebensdauer haben als Verbrauchsprodukte. Es wurde bereits festgestellt, daß auch Gebrauchsprodukte zu irgendeinem Zeitpunkt ausfallen, also nicht mehr benutzbar sind. Diese Zeitspanne ist aber in den meisten Fällen so lang, daß in der Zwischenzeit eine persönliche Beziehung zum Produkt aufgebaut wird. Erst am Ende des Gebrauchszyklus wird der Verbrauch durch den Ausfall des Produktes erfahren. Je weiter eine Person von der Möglichkeit entfernt ist, ein Produkt zu besitzen oder auch nur zu benutzen, desto größer ist ihre Gleichgültigkeit dem Produkt gegenüber. Das extreme Gegenteil davon ist der individuelle Gebrauch von Produkten. In der Psychologie wird beim Aufbau von individuellen Beziehungen des Menschen zu Dingen seiner Umwelt von Objektbesetzung gesprochen, das Industrieprodukt wird beispielsweise im Gebrauchsvorgang psychisch besetzt.

Die Intensität der Beziehungen zwischen Benutzer und Industrieprodukt ist auch der entscheidende Faktor, den der Industrial Designer beim Entwurf berücksichtigen muß, von den ökonomischen Beeinflussungsfaktoren einmal abgesehen.

Ein Gebrauchsprodukt, einmal angeschafft, ermöglicht immer wieder aufs neue die Befriedigung bestimmter Bedürfnisse durch den jederzeit möglichen Gebrauchsvorgang, z.B. das Entfernen von Bartstoppeln durch den Gebrauch eines Elektrorasierers. In diesem Gebrauchsvorgang werden die Funktionen des Produktes erfahrbar, ein Aspekt der Beziehungen zwischen Benutzer und Produkt, der in der Folge eingehender behandelt werden soll.

Gebrauchsprodukte I = Produkte für den individuellen Gebrauch. Damit sind Industrieprodukte gemeint, die ausschließlich von einer ganz bestimmten Person benutzt werden. Daraus resultiert ein ganz besonders enges Ver-

28 Identifikation Mensch – Produkt. »Politiker Herbert Wehner mit Pfeife«. Foto: Darchinger, »Zeit«-Magazin 49/30. Nov. 73.

hältnis zwischen Mensch und Objekt. Das Produkt bedeutet in diesem Fall für den Benutzer sehr viel, es ist, wie wir sagen, dem Besitzer ans Herz gewachsen. Beim individuellen Gebrauch von Produkten entwickelt sich durch die andauernde enge Beziehung zwischen dem Benutzer und dem Produkt ein Identifikationsprozeß, in dem der Benutzer das Produkt sich gleichsetzt, in dem das Produkt zu einem Teil des Benutzers wird. Dies bleibt dem Benutzer oft unbewußt, beim Benutzen solcher Produkte in der Öffentlichkeit wird dies eher der Außenstehende erfahren. Ein einleuchtendes Beispiel für einen Identifikationsprozeß ist der Politiker Herbert Wehner mit seiner Pfeife. Der Außenstehende betrachtet die Person und das Produkt als Einheit, beim Wahrnehmen einer solchen Pfeife werden Gedankenverbindungen zu Wehner geknüpft, wenn Herbert Wehner sich ohne Pfeife zeigt, wird das Fehlen der Pfeife sofort registriert. Damit eine Identifikation des Benutzers mit dem Industrieprodukt möglich wird, ist es Aufgabe des Industrial Designers, durch Gestaltung dieser Produkte eine Objektbesetzung zu ermöglichen. Beeinflussungskriterien sind einmal Wahrnehmungsgewohnheiten des Menschen, durch deren Kenntnis das Produkt dem Gebrauchsverhalten entsprechend optimiert werden kann. Diese Aspekte sind weitgehend kon-

29

29 Gebrauchsprodukte für den individuellen Gebrauch. Durch entsprechende Gestaltung wird Objektbesetzung ermöglicht. »Füllfederhalter Lamy 2000, Kugelschreiber Lamy 2000 K, Druckstift Lamy 2000 D«. Designer: Gerd A. Müller. Hersteller: Josef Lamy GmbH, Heidelberg.

stant und für alle Benutzer ziemlich gleich. Als Beispiel wären Greifbedingungen der menschlichen Hand oder aber die Fähigkeit des menschlichen Auges zu nennen, z. B. bei einer bestimmten Entfernung eine Schriftgröße noch zu erkennen.

Weitaus schwieriger einzuschätzen und zu berücksichtigen sind spezielle Vorstellungen, Wünsche und Vorlieben bestimmter Benutzergruppen, die zum Teil nur durch intensive Analysen erfahrbar werden, soweit sie den Befragten bewußt sind. Weil gerade die Vorstellungen und Wünsche der einzelnen Individuen oft so enorm voneinander abweichen, diese speziellen Gruppen für den Hersteller aber eine mögliche Käufergruppe bedeuten, hat die Dekkung solcher speziellen Wünsche zur Folge, daß es im Bereich der individuell gebrauchten Produkte eine Vielzahl von Varianten gibt. Als Beispiel für viele andere Gebrauchsprodukte der ersten Kategorie seien hier Füllfederhalter, Kugelschreiber, Brille oder die Armbanduhr genannt. Lange Zeit war die Armbanduhr ein nüchterner Gebrauchsgegenstand, der entsprechend dem Ablesevorgang durch das menschliche Auge gestaltet war. Heute werden

30

30 Gebrauchsprodukt für den Gebrauch durch bestimmte Gruppen: »Fernsehgerät Wega color 3016«. Hersteller: Wega Radio GmbH, Fellbach.

viele Armbanduhren zum modischen Schnickschnack, gelochte Lederriemen, Metallscharniere, Ketten, farbige Zifferblätter, Schnörkelzahlen etc. sollen die speziellen Wünsche und möglichen Vorstellungen einzelner Interessengruppen decken. Daß bei solchen Tendenzen die schnelle Wandlung und das Schaffen vieler Varianten Gewinnvermehrung der Hersteller zum Anlaß hat, das Ermöglichen von Objektbesetzung im individuellen Gebrauchsvorgang Mittel zum Zweck wird, braucht sicher nicht besonders erwähnt zu werden. Diese Produkte für den individuellen Gebrauch sind sehr oft einem Erscheinungswandel unterworfen, Erscheinungswandel bedeutet aber in den meisten Fällen Formverschleiß. Dies ist besonders ausgeprägt bei Produkten mit geringer technischer Komplexität, bei Produkten, die keines besonderen Aufwandes bei der Herstellung bedürfen. Diese Industrieprodukte werden sehr schnell zum Modeartikel, der Industrial Designer wird bei diesem Vorgang zum Produktkosmetiker degradiert.

3.3 Gebrauchsprodukte II = Produkte für den Gebrauch durch bestimmte Gruppen

Zu dieser Produktkategorie gehören Produkte, die innerhalb einer kleinen Gruppe von mehreren Personen benutzt werden, die einander kennen. Der individuelle Besitz wird zugunsten mehrerer Personen ausgeweitet, z. B. auf die

31

31 »Wasch-Trocken-Säule«.
Hersteller: Siemens-Electrogeräte GmbH, München.

32 Öffentliche Einrichtungen werden oft verantwortungslos benutzt. Grund: mangelnde Beziehungen zum Produkt. Durch Produktgestaltung kann das Verhalten der Benutzer den Produkten gegenüber positiv beeinflußt werden. »Kabinentoilette Casita«. Designer: Karsten Büntzow/Fachhochschule Bielefeld.

32

Mitglieder des Sportvereins oder, was noch näher liegt, auf die Mitglieder der Familie. Solche Produkte, z. B. Kühlschrank, Sitzmöbel, Elektroherd, Eierkocher oder Fernsehgerät, bieten sich geradezu an, von mehreren Personen benutzt zu werden, weil dies wirtschaftlicher ist und die zwischenmenschlichen Beziehungen fördert. In einer Familie hat zwar jedes Mitglied ein gewisses Verantwortungsbewußtsein für das gemeinsam genutzte Produkt, die Beziehungen zwischen Benutzer und Produkt sind aber bei weitem nicht so intensiv wie bei einem ausschließlich individuell gebrauchten Produkt. Sie werden noch lockerer, wenn es sich um Produkte handelt, die von größeren Gruppen genutzt werden, die einander nicht kennen. Als Beispiel sollen hier öffentliche Einrichtungen aufgeführt werden, die zum Teil mit einer gewissen Verantwortungslosigkeit benutzt werden. Der Mitbesitz an diesen Produkten wird in den meisten Fällen dem einzelnen nicht bewußt. Nur aus der mangelnden Objektbesetzung heraus wird verständlich, daß über 50 % der Toiletten der Stadt Berlin jährlich ersetzt werden müssen, weil diese mutwillig von Benutzern zerstört werden. Es wird klar, daß durch die Art der Produktgestaltung die Verhaltensweise des Benutzers dem Produkt gegenüber beeinflußbar ist. Dies bedeutet, daß der Industrial Designer sich in sehr viel größerem Umfang, als es ihm bisher bei dem Abgekapseltsein im Industrieunternehmen bei der Lösung von Design-Problemen möglich war, an den Verhaltensweisen der zukünftigen Benutzer orientieren sollte.

Bevor nun die dritte Kategorie der Gebrauchsprodukte betrachtet wird, kann zusammenfassend festgestellt werden, daß zu individuell gebrauchten Industrieprodukten der Benutzer die intensivsten Beziehungen unterhält und der Industrial Designer sehr viel mehr individuelle Vorstellungen und Wünsche beim Entwurf berücksichtigen muß. Zu Produkten, die von vielen Personen benutzt werden, hat der einzelne weniger ausgeprägte Beziehungen, in den meisten Fällen findet keine Identifikation mit dem Produkt statt. Vielfältige Variantenbildung ist hier auch aus ökonomischen Gründen nicht möglich. Daher ist es Aufgabe des Industrial Designers, für viele unterschiedliche Benutzer eine akzeptable Lösung zu finden. Allgemeine Bedürfnisse der Gruppe müssen im Entwurfsprozeß berücksichtigt werden, damit das Ergebnis doch möglichst viele Benutzer »anspricht«. Mit welchen Mitteln dies möglich ist, wird später behandelt.

3.4 Gebrauchsprodukte III = Produkte, zu denen die Allgemeinheit kaum eine Beziehung hat

Unter dieser Bezeichnung sollen solche Industrieprodukte betrachtet werden, die als Produkte anonym bleiben, die nicht bewußt gebraucht werden. Es sind jene Produkte oder Anlagen unserer komplexen Umwelt, zu denen der Mensch im allgemeinen keine Beziehungen hat. Wer kennt schon die Turbinen im Kraftwerk, von denen die Elektrizität für die Heimbeleuchtung erzeugt wird? Welche Beziehungen haben wir zum Mast einer Hochspan-

33

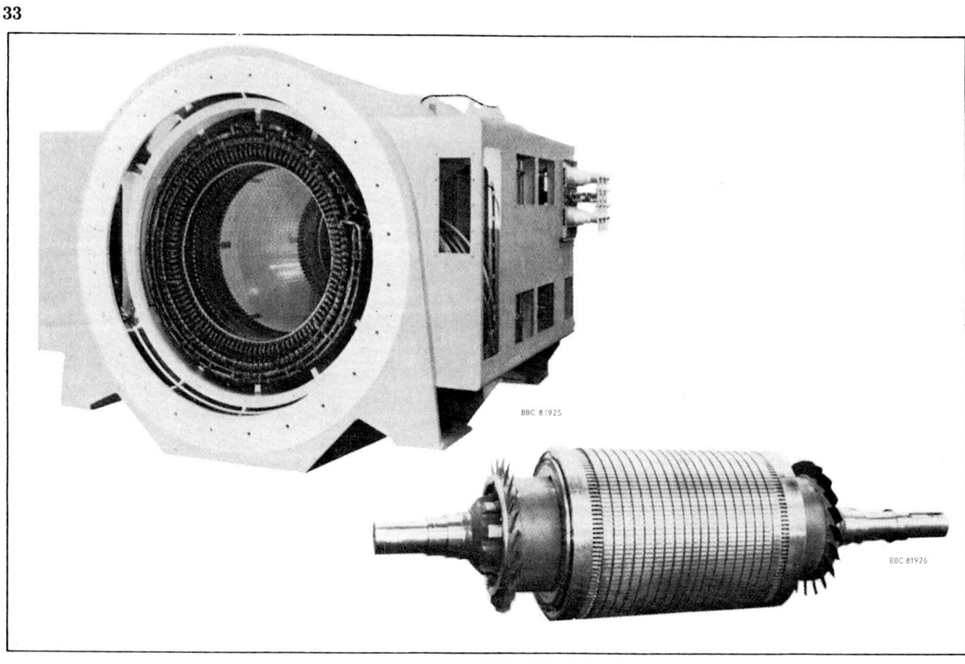

nungsleitung, zu den Isolatoren aus Porzellan, zum Transformator, der den Strom umspannt? Wen interessiert das Wälzlager, welches in eine Maschine eingebaut ist? Nur wenige Menschen haben eine flüchtige Beziehung zu diesen Produkten: beim Produktionsvorgang, bei der Montage, bei der Wartung. Diese Produkte haben primär praktische Funktion und entstehen meist im Konstruktionsvorgang. Die Gestalt der Produkte wird durch den praktischen Zweck bestimmt, ihr wird bei der Entwicklung keine besondere Aufmerksamkeit geschenkt. Bewußte Gestaltung im Hinblick auf die Beziehungen zwischen Benutzer und Objekt erübrigt sich, da zu diesen Produkten nur einzelne Personen indirekte Beziehungen unterhalten. Wenn solche Produkte gestaltet werden, geschieht dies oft ausschließlich im Hinblick auf das Anbieten der Produkte im Markt und den Druck durch Konkurrenten, die die Gestaltung solcher Produkte nur als Verkaufsargument einsetzen. An der Darstellung der verschiedenen Produktkategorien wurde deutlich, daß die Aufgabe des Industrial Designers darin besteht, Industrieprodukte entsprechend der Art der Beziehungen zwischen Benutzer und Produkt im Gebrauchsprozeß dem menschlichen Gebrauchsverhalten anzupassen.

Vom Industrial Designer bisher »unberührte« Produkte:
33 »Gehäuse und Läufer eines Kurzschlußläufermotors«.
Hersteller: Brown, Boveri & Cie., Mannheim.
34 »Wälzlager«.
Hersteller: FAG Kugelfischer,
Georg Schäfer & Co., Schweinfurt.

34

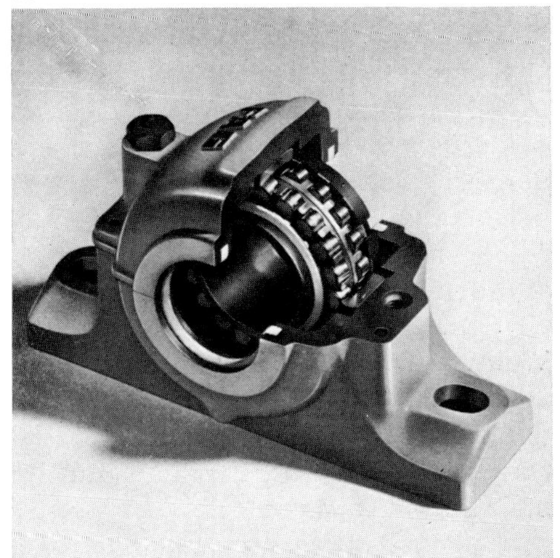

4.0 Funktionen von Industrieprodukten

Durch die Verwendung des Funktionsbegriffes wird die Bedeutung der gegenständlichen Umwelt für den Menschen verständlicher (6 + 7).

Die wesentlichsten Aspekte der Beziehungen des Benutzers zu Industrieprodukten sind die Funktionen der Produkte, die im Gebrauchsvorgang erfahrbar werden und Bedürfnisbefriedigung ermöglichen. Dieser Zusammenhang ist in Abb. 35 dargestellt. Jedes Produkt hat unterschiedliche Funktionen, dies wird bei einem Vergleich eines Naturobjektes mit einem Gebrauchsobjekt deutlich:

Zu einem Felsen hat der Mensch im allgemeinen keine Beziehungen. Beim Wahrnehmungsvorgang wirkt dieser allerdings durch die ästhetischen Elemente der Erscheinung auf den Betrachter (ästhetische Funktion) und erinnert diesen, wie im konkreten Beispiel auf Abb. 36, an eine Eule oder einen Geier (symbolische Funktion). Daran wird deutlich, daß dieser Felsen ästhetische und symbolische Funktionen hat.

Zu einem Industrieprodukt hat der Benutzer vorwiegend praktische Beziehungen. Ein Elektrorasierer hat die praktischen Funktionen:

- durch den Motor den Scherkopf in Vibration zu setzen,
- durch die entsprechende Ausbildung des Scherblattes die Bartstoppeln zu entfernen
- und die abgescherten Stoppeln in einer Kammer zu sammeln.

Daneben hat dieser Elektrorasierer aber auch ästhetische Dimensionen wie Form, Farbe, Oberfläche usw. Aus diesem Beispiel kann abgeleitet werden, daß Produkte verschiedene Funktionen haben, deren Priorität aber von Fall zu Fall unterschiedlich ist. Die wichtigste Funktion wird immer von anderen Funktionen begleitet, die oft unbewußt bleiben.

Wenn ein Konstrukteur die praktische Funktion eines Industrieproduktes festlegt, kann er nicht ausschließen, bewußt oder unbewußt die ästhetische Funktion mitzubestimmen (Abb. 41). Bei der Konstruktion eines Zahnrades stehen die praktischen Funktionen im Vordergrund des Interesses, die ästhetische Funktion bleibt meist unbewußt und entsteht ohne Gestaltungsabsicht, weil ein Zahnrad für den Benutzungsvorgang nicht menschlichen Bedingungen angepaßt werden muß.

Bei der Entwicklung eines Wohnwagens treten in sehr viel größerem Umfang ästhetische Probleme auf. Es ergibt sich bei diesem Entwicklungsprozeß nicht alleine aus den praktischen Funktionen heraus die Gestalt des Produktes, die ästhetische Funktion muß im Hinblick auf den Benutzer bewußt beeinflußt werden.

Wenn der Industrial Designer Industrieprodukte gestaltet, bestimmt er dadurch die Funktionen der Produkte. Dies geschieht bei der Zusammenarbeit mit dem Konstrukteur weitgehend nach dem Prinzip der Arbeitsteilung.

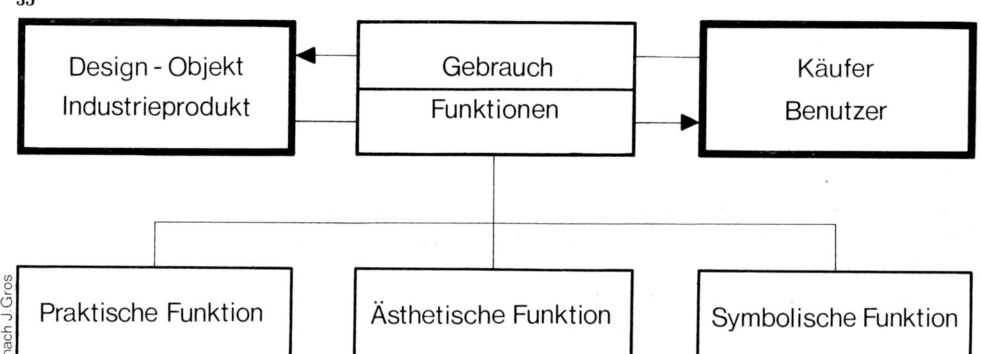

In vielen Fällen ist der Konstrukteur für die praktischen Funktionen der Produkte zuständig, der Industrial Designer für die ästhetischen und symbolischen Funktionen. Dieses Bestimmen der Produktfunktionen kann allerdings nur fruchtbar verlaufen, wenn die Einzelaktivitäten im Hinblick auf das Gesamtergebnis koordiniert werden. Diese Koordination aller produktbestimmenden Faktoren kann in der Hand des Industrial Designers liegen, weil er gelernt hat, vom ersten Planungsmoment an das Gesamtprodukt und die Relationen Benutzer – Produkt im Auge zu behalten.

Es wurde festgestellt: Im Gebrauchsvorgang werden die Bedürfnisse des Benutzers durch die Funktionen der Produkte befriedigt. Beim Entwurfsprozeß von Industrieprodukten ist es daher Aufgabe von Konstrukteur und Industrial Designer, die Funktionen eines Produktes entsprechend den Bedürfnissen der späteren Benutzer zu optimieren. Daraus kann abgeleitet werden, daß der Industrial Designer die vielfältig abgestuften Bedürfnisse und Strebungen von Benutzern und Benutzergruppen kennen muß, damit er das Produkt mit den entsprechenden Funktionen ausstatten kann. Leider sind bisher bei der Bedürfnisforschung im Auftrage von Industrieunternehmen vorwiegend praktische Bedürfnisse erforscht worden, soziale und psychische Bedürfnisse werden bei der Produktgestaltung noch weitgehend unberücksichtigt gelassen. Der Industrial Designer ist heute auch noch weitgehend abgekapselt vom späteren Benutzer seiner Produkte und kann sich bei seiner Arbeit nicht direkt an Benutzerbedürfnissen orientieren. Die Informationen über Bedürfnisse der zukünftigen Benutzergruppen erhält er meist aus zweiter Hand, die Informationen sind oft einseitig auf praktische Bedürfnisse ausgerichtet oder den Interessen des Unternehmens entsprechend eingegrenzt. In vielen Fällen ist der Industrial Designer darauf angewiesen, die ästhetischen und symbolischen Funktionen aufgrund seiner allgemeinen Erfahrungen, die er sich während des Studiums und seiner beruflichen Praxis angeeignet hat, festzulegen. Das Bestimmen der Gestalt eines Produktes

36

36 Naturobjekt mit primär ästhetischer und symbolischer Funktion.
»Felsen bei Porto/Korsika«.
37 Gebrauchsobjekt mit primär praktischen Funktionen.
»Elektrorasierer Krups Flexonic II«.
Hersteller: Robert Krups, Solingen

beruht daher in den meisten Fällen auf dem Prinzip von Versuch und Irrtum. Würden dem Industrial Designer für seine Arbeit konkrete Ergebnisse über die ästhetischen und symbolischen Bedürfnisse der späteren Benutzer vorgegeben oder hätte er Gelegenheit, diese durch Befragungen und Tests direkt zu erforschen, könnte auch das Festlegen der ästhetischen Erscheinung der Produkte weitgehend nach rationalen Kriterien erfolgen.

Der Prozeß der Produktentwicklung wird fast in allen Stufen nach rationalen Kriterien durchgeführt. Lediglich

37

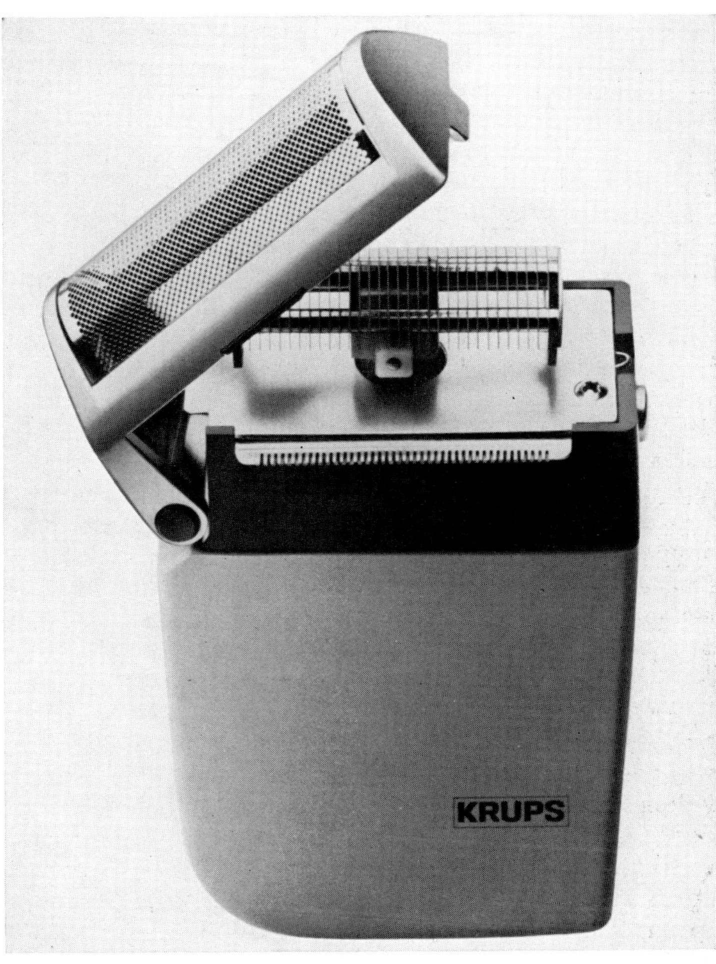

die formalästhetische Gestaltung, die Erscheinungsform, wird meist im »kreativen Prozeß« intuitiv erzeugt, aus einer Vielzahl von Varianten die »optimale Gestalt« ausgewählt. Nach welchen Kriterien? Die Wirkung solcherart gestalteter Produkte auf den Benutzer bleibt weitgehend unerforscht, der Erfolg des Produktes wird vorwiegend an den Umsatzzahlen gemessen. Ziel dieser Schrift ist es unter anderem, bewußt zu machen, daß auch bei der Festlegung der ästhetischen und symbolischen Funktion der Produkte mehr als bisher die entsprechenden Bedürfnisse der Benutzer berücksichtigt werden sollten. Ferner soll aufgezeigt werden, welche Bedeutung diese Funktionen für die Benutzer von Industrieprodukten haben. Dies geschieht durch eine kurze Betrachtung der drei wichtigsten Funktionen.

4.1 Praktische Funktionen

Als praktische Funktionen gelten alle Relationen zwischen einem Produkt und einem Benutzer, die auf unmittelbar körperlich-organischen, also physiologischen Wirkungen beruhen (7). Daraus abgeleitet könnte definiert werden:

Praktische Funktionen von Produkten sind alle physiologischen Aspekte des Gebrauchs.

Diese Aussage soll an einem Beispiel verdeutlicht werden. Durch die praktischen Funktionen eines Stuhles wird das physische Bedürfnis des Benutzers befriedigt, dem Körper eine Position zu ermöglichen, die der physiologischen Ermüdung weitgehend vorbeugt. Hier einige praktische Funktionen eines Stuhles, welche durch die gleichzeitige Erfahrbarkeit die Befriedigung dieses Bedürfnisses ermöglichen:

- Die Sitzfläche nimmt das Körpergewicht des Benutzers auf. Der Effekt der kalten Füße, der durch Druckbelastung der Oberschenkel und mangelnde Durchblutung der Beine entsteht, wird durch eine starke Abrundung der vorderen Sitzkante weitgehend verhindert.
- Die Rückenlehne stützt die Wirbelsäule und entlastet die Rückenmuskulatur.
- Sitzfläche und Rückenlehne gemeinsam erlauben, daß durch die Entlastung der Bein- und Rückenmuskulatur der Blutkreislauf sinkt, Energie eingespart wird.
- Eine ausreichende Sitzbreite erlaubt Bewegungsfreiheit und Veränderung der Sitzposition, zwei Aspekte, die ein frühzeitiges Ermüden des Gesäßes verhindern.
- Die Armlehnen stützen die Arme und ermöglichen eine aufrechte Sitzhaltung.
- Eine Polsterung der Sitz- und Rückenfläche ermöglicht Belüftung der belasteten Körperpartien, dadurch wird starke Schweißbildung an diesen Stellen verhindert.

Bei der Entwicklung von Industrieprodukten haben die physiologischen Aspekte der menschlichen Existenz besondere Bedeutung. Wichtigstes Ziel der Produktentwicklung ist es, die Produkte mit praktischen Funktionen auszustatten, damit durch den Gebrauch der Produkte die physischen Bedürfnisse gedeckt werden können. Die praktischen Funktionen der Produkte stellen also die grundlegenden Existenzbedingungen des Menschen sicher, erhalten die physische Gesundheit im Gebrauchsvorgang.

Nun haben aber alle materiellen, gegenständlichen Produkte unserer Umwelt eine Erscheinungsform, die durch den menschlichen Wahrnehmungsvorgang erfahrbar wird und auf unsere Psyche wirkt. Daher ist es für die psychische Gesundheit des Menschen von entscheidender Wichtigkeit, daß diese gegenständliche, künstlich erzeugte Umwelt den menschlichen Wahrnehmungsbedingungen entsprechend optimiert wird, damit sich der Benutzer von Industrieprodukten z. B. mit diesen identifizieren, damit er sie psychisch besetzen kann.

Der sinnliche Gebrauch der Industrieprodukte (Gebrauch mit den Sinnen, vorwiegend visueller, haptischer und akustischer Gebrauch) wird durch die ästhetische Funktion der Produkte ermöglicht.

38 Funktionen sind alle Beziehungen zwischen einem Produkt und seinem Benutzer.
Im Gebrauchsvorgang werden die Bedürfnisse des Benutzers durch die Funktionen des Produktes befriedigt.
»Schichtholz-Sessel Modell 406/6«.
Hersteller: Wilkhahn, Eimbeckhausen.

4.2 Ästhetische Funktion

Die ästhetische Funktion ist die Relation zwischen einem Produkt und einem Benutzer, die beim Wahrnehmungsvorgang erlebt wird. Daraus abgeleitet könnte definiert werden:
Die ästhetische Funktion von Produkten ist der psychologische Aspekt der sinnlichen Wahrnehmung beim Gebrauch.

39

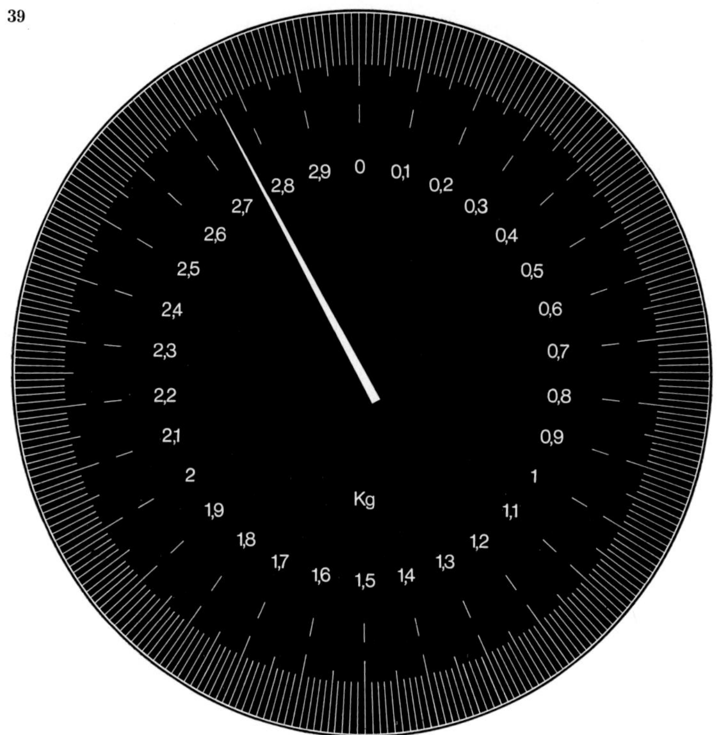

39+40 Optimierung von Produkten entsprechend den menschlichen Wahrnehmungsbedingungen. »Skalen für Haushaltwaagen«. Designer: Günter von Groß/Fachhochschule Bielefeld.

Auch diese Aussage soll durch ein Beispiel anschaulich werden. Die ästhetische Funktion von Industrieprodukten beeinflussen bedeutet, die Produkte den menschlichen Wahrnehmungsbedingungen entsprechend zu gestalten. Dies war das Hauptziel von praktischen Übungen, die in der Lehrveranstaltung »Ausgewählte Probleme der Ergonomie (Arbeitswissenschaft) in Theorie und Praxis« im Wintersemester 1973/74 an der Fachhochschule Bielefeld mit Studenten des Industrial Design durchgeführt wurden. Als Anschauungsbeispiel für die Optimierung der visuellen Information eines Produktes entsprechend den menschlichen Wahrnehmungsbedingungen wurde hier, wie in Abb. 39 und 40 gezeigt, die Gestaltung eines Zifferblattes für eine Haushaltwaage ausgewählt. Folgende Angaben sollten bei der Lösung der Aufgabe berücksichtigt werden:

- Skalendurchmesser = 30 cm
- Meßbereich = 0–3 kg
- Stricheinteilung (Länge, Stärke)
- Zeiger (Länge, Stärke, Farbe)
- Zahlen (Größe, Stärke, Anordnung)

Die Abb. 39 zeigt eine Lösung, wie sie aufgrund der festgelegten Beeinflussungsfaktoren und der Vorstellung des

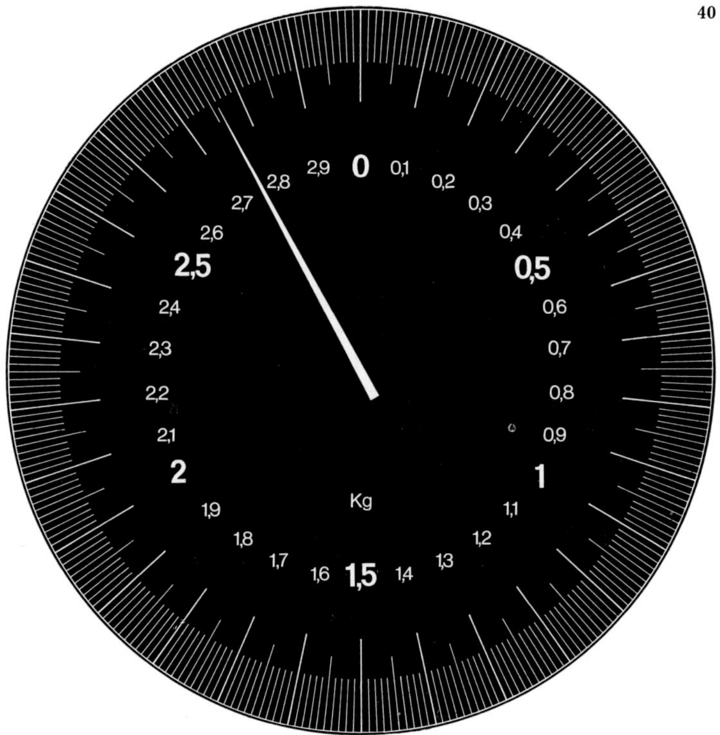

Studenten entstanden ist. In einer Diskussion über die Ergebnisse der Übung wurde zu dem hier abgebildeten Zifferblatt festgestellt, daß die Anordnung der Gestaltelemente nicht in optimaler Weise die Aufmerksamkeit des Betrachters fesseln kann, weil aus der Gesamtstruktur keine markanten Punkte herausragen, an denen sich der Betrachter beim Wahrnehmungsvorgang orientieren kann. Durch die gleichmäßige Verteilung der Elemente über die Fläche des Skalengrundes wird die Wahrnehmungsaktivität gleichgültig, weil, wie festgestellt wurde, sich das Auge auch am Umfeld orientiert und primär die Abweichung registriert. Der erste Entwurf wurde dahingehend abgeändert, daß durch Verstärkung der Stricheinteilung und Vergrößerung der Zahlen an wichtigen Meßpunkten die Gesamtanordnung deutlicher strukturiert wurde und somit eine bessere Orientierung beim Ablesen des Meßwertes ermöglicht wird. Dies bedeutet für den Benutzer der Waage mehr Sicherheit beim Ablesevorgang, Sicherheit hier verstanden als Gefühl, als psychischer Zustand. Das Ergebnis der Überarbeitung des ersten Entwurfes ist in Abb. 40 gezeigt.

Aus diesem Beispiel kann abgeleitet werden: Gestaltung von Industrieprodukten bedeutet Ausstattung der Produkte mit ästhetischer Funktion im Hinblick auf den sinnlichen Gebrauch durch den Benutzer im multisensorischen Wahrnehmungsprozeß. Multisensorisch deshalb, weil alle Sinne des Menschen bei diesem Vorgang aktiv beteiligt sind, eindimensionale Wahrnehmung selten möglich wird.

Wenn ästhetische Praxis des Industrial Designers als Prozeß aufgefaßt wird, in dem durch die Festlegung der ästhetischen Funktion der Produkte die Identifikation des Menschen mit der künstlichen Umwelt ermöglicht wird, wird klar, daß die Aufgabe des Industrial Design nicht »Produktion von schönem Schein« ist, »der die Wertlosigkeit der Ware verschleiert« (8). Die Gestaltung der Umwelt nach ästhetischen Kriterien ist wichtig für das Verhältnis des Menschen zu den Dingen, mit denen er sich umgibt, denn wir hatten eingangs festgestellt, daß die Beziehungen des Menschen zur gegenständlichen Umwelt ebenso wichtig für seine psychische Gesundheit sind wie die Kontakte zum Mitmenschen. Die Festlegung der ästhetischen Erscheinung, der ästhetischen Funktion der Produkte im Hinblick auf die menschlichen Wahrnehmungsbedingungen ist somit die Hauptaufgabe des Industrial Designers.

Der sinnliche Gebrauch von Industrieprodukten ist von zwei wesentlichen Faktoren abhängig:

- von vorher gemachten Erfahrungen mit ästhetischen Dimensionen (Form, Farbe, Oberfläche, Klang usw. und, dadurch bedingt,
- von der bewußten Wahrnehmung dieser Dimensionen.

Der Kauf von Industrieprodukten (das Automobil ist ein gutes Beispiel) wird oft aus dem ästhetischen Gefallen heraus entschieden, weil die praktischen Funktionen als optimal vorausgesetzt werden. Die ästhetische Erscheinung wird als Gesamtheit erfahren, bleibt aber im Detail unbewußt, weil der normale Käufer nicht geschult wurde, ästhetische Dimensionen zu bewerten, weil der ästhetischen Erziehung (Erziehung zur bewußten sinnlichen Wahrnehmung) in unserer Gesellschaft, da »unwichtig für das praktische Leben«, zuwenig Bedeutung beigemessen wird.

Jede materielle Erscheinung der Umwelt, die mit den menschlichen Sinnen wahrnehmbar ist, wird von der ästhetischen Funktion begleitet, sie ist an die Gestalt der Objekte, an die Erscheinung der Industrieprodukte gebunden. Da die Produkterscheinung auf den Benutzer oder Betrachter positiv oder negativ wirkt, in ihm entsprechende Gefühle der Zustimmung oder Ablehnung des Produktes auslöst, wird der Gestaltung der Industrieprodukte in unserer Konkurrenzgesellschaft immer mehr Bedeutung beigemessen. Für warenproduzierende Industrieunternehmen ist es heute kaum mehr möglich, der Produktgestaltung keine Aufmerksamkeit zu schenken. Gerade die Gestaltung der Produkte erhält in einer Zeit, in der die praktischen Funktionen der von vielen Mitbewerbern angebotenen Produkte gleichmäßig gut ausgebildet sind, besondere Bedeutung. Das wird deutlich an einem Vergleich eines Industrieproduktes, bei dem allein die praktische Funktion bei der Konstruktion berücksichtigt wurde und sich die ästhetische Funktion unbewußt mitentwikkelte (Abb. 41), mit dem gleichen Produkt, welches aber zusätzlich durch den

41 Im Konstruktionsvorgang entstandenes Schneckengetriebe. Der visuellen Erscheinung des Produktes wurde keine besondere Aufmerksamkeit geschenkt.

42 Ein durch die Zusammenarbeit von Konstrukteur und Industrial Designer entstandenes Schneckengetriebe. Hersteller: Rheinstahl-Henschel AG, Kassel

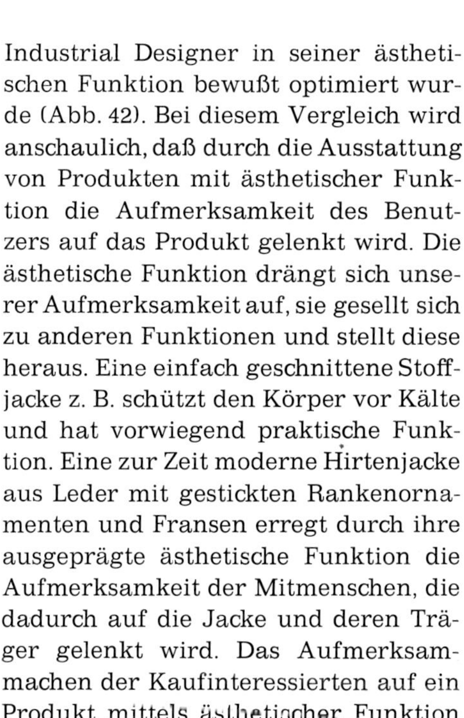

Industrial Designer in seiner ästhetischen Funktion bewußt optimiert wurde (Abb. 42). Bei diesem Vergleich wird anschaulich, daß durch die Ausstattung von Produkten mit ästhetischer Funktion die Aufmerksamkeit des Benutzers auf das Produkt gelenkt wird. Die ästhetische Funktion drängt sich unserer Aufmerksamkeit auf, sie gesellt sich zu anderen Funktionen und stellt diese heraus. Eine einfach geschnittene Stoffjacke z. B. schützt den Körper vor Kälte und hat vorwiegend praktische Funktion. Eine zur Zeit moderne Hirtenjacke aus Leder mit gestickten Rankenornamenten und Fransen erregt durch ihre ausgeprägte ästhetische Funktion die Aufmerksamkeit der Mitmenschen, die dadurch auf die Jacke und deren Träger gelenkt wird. Das Aufmerksammachen der Kaufinteressierten auf ein Produkt mittels ästhetischer Funktion ist der zweite Aspekt der Produktgestaltung.

Das ist die Dialektik der Industrieproduktgestaltung, daß einmal durch Ausstattung der Produkte mit ästhetischer Funktion eine Anpassung an menschliche Wahrnehmungsbedingungen beim Gebrauch ermöglicht wird, ästhetische Dimensionen aber auch die Aufgabe erhalten, aus Gründen der Absatzsteigerung die Aufmerksamkeit des Menschen auf das Produkt zu lenken und den Kaufakt zu provozieren.

Überall im gesellschaftlichen Leben, wo sich die Notwendigkeit ergibt, ein Objekt/Produkt hervorzuheben (darauf aufmerksam zu machen), wird die ästhetische Funktion als Begleitfaktor eingesetzt. Die ästhetische Funktion wirkt häufig beim Kaufakt am intensivsten auf den Käufer, die praktischen Funktionen eines Industrieproduktes

werden in den meisten Fällen erst zu Hause erfahrbar. Die ästhetische Funktion ist direkt wahrnehmbar und oft der den Kaufimpuls auslösende Faktor. Die bewußte Gestaltung von Produkten erregt somit die Aufmerksamkeit des Käufers und erhöht die Verkaufschancen für den Hersteller. Hier wird deutlich, daß der Industrial Designer neben einem Optimierer des sinnlichen Gebrauchs von Produkten auch ein Aufmerksammacher auf die Produkte, ein Verkaufsförderer ist. Diesen letztgenannten Aspekt der Produktgestaltung einseitig als Funktion des Industrial Designs hinzustellen heißt, die Realität eindimensional zu betrachten.
Kennzeichnende Eigenschaft der ästhetischen Funktion der Produkte ist es, daß sie das Gefühl des Wohlgefallens hervorruft, welches die Voraussetzung ist für die Identifikation des Benutzers mit dem Produkt im Gebrauchsprozeß. Neben der Welt der Rationalität und des logischen Denkens gibt es auch die Welt der Gefühle, die in der heutigen Zeit schnell aus einer rationalen Haltung heraus als primitive Form menschlicher Erfahrung abgetan werden. Eine Studie von Alexander Mitscherlich (9) macht deutlich, daß aus einseitig ökonomisch-praktischem Denken im Bereich des Städtebaus eine graue Betonklotzarchitektur entstand, die in keiner Weise die psychischen Bedürfnisse des Menschen befriedigt. Daß diese Art der Architektur keine Beziehungen des Menschen zu den grauen Klötzen entstehen ließ, daß mangels ästhetischer Funktion dieser Gebilde keine Objektbesetzung ermöglicht wird, sollte auch den Industrial Designer zum Überdenken seiner Tätigkeit anregen.

4.3 Symbolische Funktion

Ein Objekt hat symbolische Funktion, wenn der menschliche Geist beim Wahrnehmen dieses Objektes angeregt wird, zu Komponenten früherer Erfahrungen und Gefühle Beziehungen zu knüpfen. Daraus abgeleitet, könnte definiert werden:
Die symbolische Funktion von Produkten ist bestimmt durch alle geistigen, psychischen und sozialen Aspekte des Gebrauchs.
Bevor dies an einem Beispiel verdeutlicht wird, muß noch folgendes festgestellt werden.
Ein Symbol ist ein Zeichen, das für etwas steht. Die Realität (z. B. der Staat), die durch das Symbol (die Flagge) vermittelt wird, ist durch die Anwesenheit des Symbols im menschlichen Geist präsent, aber nur deshalb, weil der Mensch auf die Erfahrungen zurückgreifen kann, daß die Flagge für den Staat steht (10). Die symbolische Funktion von Produkten ermöglicht es dem Menschen, durch seine Geistesleistung das Wahrgenommene mit der Vergangenheit zu verknüpfen. Die Grundlage der symbolischen Funktion ist die ästhetische Funktion der Produkte. Diese liefert durch die ästhetischen Elemente Form, Farbe, Oberfläche usw. und deren Konstellation das Material für die Gedankenverknüpfungen zu anderen Lebensbereichen. Die symbolische Funktion von Industrieprodukten wird nur wirksam aufgrund des sinnlich erfahrbaren Erscheinungsbildes und der Geistesleistung der Gedankenverknüpfung. Die Abb. 43 macht dies anschaulich. Der neue Siemens-Eierkocher ist nicht allein das nüchterne Ergebnis

43

43 Mit diesem Eierkocher wird das Eierkochen zum Ritual. Industrieprodukt mit ausgeprägter symbolischer Funktion. »Siemens Eierkocher Typ TE/6000«. Hersteller: Siemens-Electrogeräte GmbH, München.

eines Entwurfsprozesses, bei dem die vom Konstrukteur festgelegte Versuchsanordnung, eine bestimmte Anzahl von Eiern in einer bestimmten Zeit zu kochen, durch Gestaltung lediglich den menschlichen Wahrnehmungsbedingungen entsprechend optimiert wurde. Durch die Formgebung und Materialwahl – das kelchartige Unterteil und den rauchfarbenen Deckel, durch den die Eier nur schemenhaft wahrnehmbar sind – erhält das Produkt sakrale, mystisch-meditative Dimensionen, die das Eierkochen zum Ritual werden lassen. Durch die Assoziation zu Sakralgeräten beim Wahrnehmen des Eierkochers wird dessen symbolische Funktion erfahrbar.

Wenn ein Industrieprodukt im Gebrauchsvorgang den Benutzer an die Herstellerfirma erinnert, an die Erfahrungen der Vergangenheit mit dem Hersteller oder anderen Produkten seines Hauses, wenn das Produkt für den Hersteller steht, sprechen wir von einem Firmensymbol.

Wenn ein Industrieprodukt ausschließlich von einem bestimmten Personenkreis bevorzugt benutzt wird, der einen ganz bestimmten sozialen Status innehat, macht das Produkt eine Aussage über seinen Benutzer. Es kann einen ganz bestimmten Status symbolisieren, es wird zum Statussymbol.

An dieser kurzen Darstellung der Funktionen der Produkte wird deutlich, daß die ästhetische und die symbolische Funktion in enger Beziehung zueinander stehen, daß die eine erst die andere bedingt. In der Folge soll auf die ästhetischen und symbolischen Dimensionen des Industrial Designs noch näher eingegangen werden.

5.0 Praktisch-funktionale Industrieproduktgestaltung im 19. und 20. Jahrhundert

Um die Funktionen des Industrial Designs in unserer heutigen Zeit einschätzen zu können, muß zuvor die historische Entwicklung der Industrieproduktgestaltung betrachtet werden. Dies soll allerdings nicht in der bisher üblichen Art der Kunsthistoriker geschehen, die die geschichtliche Entwicklung des Industrial Designs oft so darstellten, als hätten wir diese den Künstlern und Architekten zu verdanken.

Die ganz bestimmte Art der Gestaltung von Industrieprodukten in einer bestimmten Zeit kann nur durch die Betrachtung der Lebensform der Menschen und den Entwicklungsstand der Gesellschaft in dem betreffenden Zeitraum verstanden werden.

Eine wesentliche Feststellung des vorigen Kapitels muß hier noch einmal wiederholt werden, weil diese Aussage wichtig ist für die rückblickende Betrachtung der Entwicklung der Industrieproduktgestaltung:

Im Gebrauchsvorgang werden die Bedürfnisse des Benutzers durch die Funktionen der Produkte befriedigt.

Daraus kann abgeleitet werden, daß die Funktionen vorhandener Produkte durch die Bedürfnisse der Menschen bestimmt wurden, die diese Produkte herstellten bzw. benutzten. Es ist zu fragen, inwieweit dies heute der Fall ist und ob dies in der Vergangenheit immer zutraf. Ein Ansatzpunkt, um diese Frage beantworten zu können, ist die Analyse der Funktionen der Produkte. Bei der Beurteilung historischer Produkte ermöglicht es die Analyse der Funktionen dieser Produkte, die primären Bedürfnisse der Benutzer und die Art der Bedürfnisbefriedigung daraus abzuleiten und dann auch die Art der Produktgestaltung zu verstehen.

Jedes Industrieprodukt hat eine sinnlich wahrnehmbare Erscheinung, die durch die Gestaltelemente wie Form, Farbe, Oberfläche usw. bestimmt wird. Es hat also eine ästhetische Funktion, die wir als psychologische Aspekte der sinnlichen Wahrnehmung beim Gebrauch definiert hatten. Zu dieser ästhetischen Funktion kann nun die praktische oder symbolische Funktion hinzutreten oder beide. Nur wird eine Funktion gegenüber den anderen immer Priorität besitzen.

Überwiegt bei einem Gebrauchsprodukt die praktische Funktion, sprechen wir vom praktisch-funktionalen Gestaltungsprinzip oder vom Prinzip der praktisch-funktionalen Ästhetik.

Überwiegt die symbolische Funktion, sprechen wir vom symbolisch-funktionalen Gestaltungsprinzip oder vom Prinzip der symbolisch-funktionalen Ästhetik.

Dies sind die beiden möglichen Gestaltungsprinzipien bei Gebrauchsprodukten, die in der Folge noch näher betrachtet werden sollen. Überwiegt die ästhetische Funktion bei einem Industrieprodukt, handelt es sich meist um ein »Gebrauchsprodukt«, welches vorwiegend visuell gebraucht wird. In

44

45

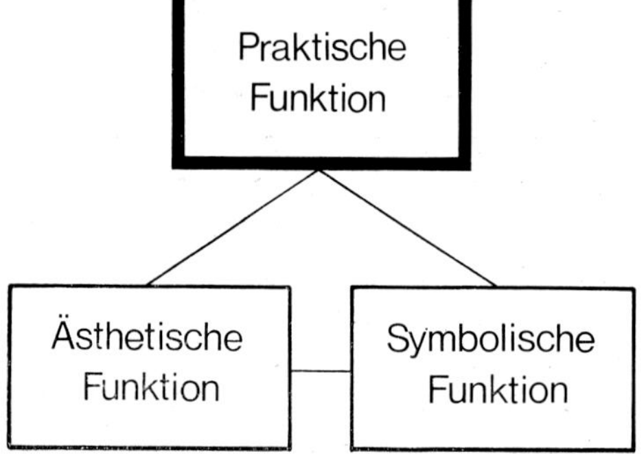

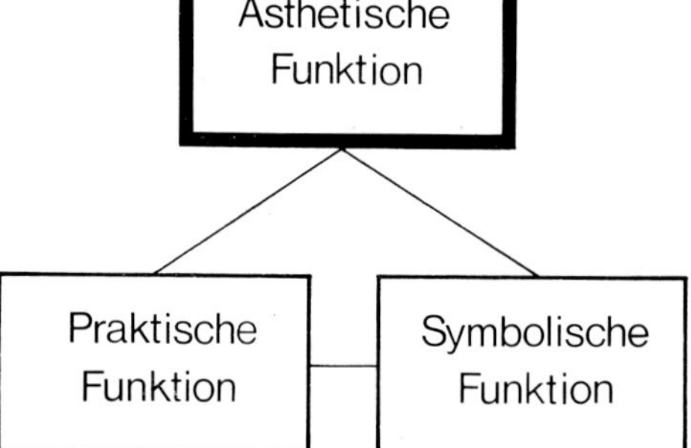

44 Primär praktische Funktion: »Eßzimmerstuhl der Shaker-Kommune«, New Lebanon/USA, um 1890.
45 Primär ästhetische Funktion: »Sessel in Rot, Blau, Schwarz und Gelb«. Entworfen 1917 von G. T. Rietveld.
46 Primär symbolische Funktion: »Barcelona-Sessel«.
Entworfen 1928 von Ludwig Mies van der Rohe für den deutschen Pavillon auf der Weltausstellung von 1929 in Barcelona.

unserem Sprachgebrauch werden solche Produkte nicht als Gebrauchsprodukte, sondern als Kunstwerke bezeichnet. Diese Zusammenhänge sollen durch die Abb. 44–46 an drei Beispielen von Sitzmöbeln verdeutlicht werden:

• 1. Beispiel – Eßzimmerstuhl der Shaker-Kommune New Lebanon (USA) um 1890. Auf die Gebrauchsprodukte der Shaker-Kommunen wird später näher eingegangen. Vorweg: Die Shaker-Kommunen waren religiöse Gemeinschaften, die sich nach 1775 in den USA ausbreiteten und in Großfamilien

46

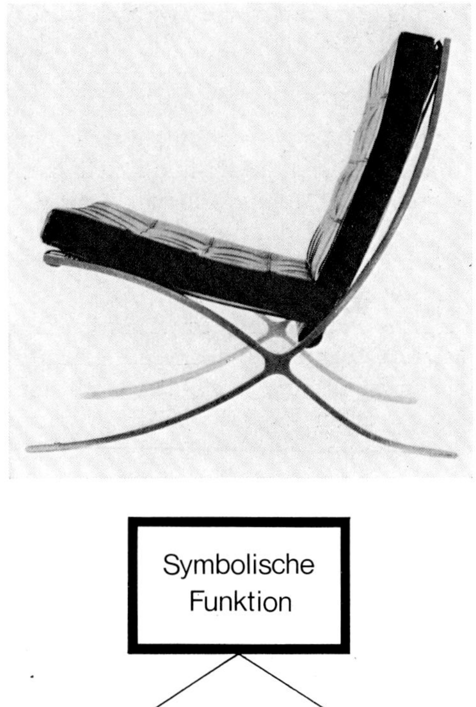

als Glaubens-, Lebens- und Produktionsgemeinschaften das Reich Gottes auf Erden verwirklichen wollten.

Der abgebildete Stuhl wurde für eine aufrechte Sitzhaltung beim Essen entwickelt. Die geflochtene Sitzfläche erlaubt Sitzfreiheit des Gesäßes, die Rükkenlehne ist im rechten Winkel zur Sitzfläche gestellt, wodurch der Rücken des Benutzers seine aufrechte Haltung erhält. Die Gestalt des Stuhles ist bestimmt durch die Konstruktion der Streben, die ihm die nötige Festigkeit und Standsicherheit verleihen. Der einzige ästhetische Aufwand sind die Rundung an den Querstreben der Rückenlehne, die man sich auch parallel vorstellen könnte, sowie der Farbwechsel im Geflecht der Sitzfläche, die auch einfarbig sein könnte. Der gesamte Stuhl ist aber in seiner Erscheinung eine optimale Einheit von praktischer Gebrauchswerterfüllung, sparsamster Materialverwendung und unaufwendigstem Herstellungsverfahren. Da dieser Stuhl von allen Shakern benutzt wurde, die Gleichheit vor Gott praktizierten, hat dieser Stuhl auch keinerlei statusanzeigende Symbolfunktion.

Es kann festgestellt werden: Dieser Eßzimmerstuhl der Shaker hat primär praktische Funktionen, durch die physiologische Bedürfnisse beim Sitzen befriedigt werden. Sekundäre Bedeutung haben die ästhetischen und symbolischen Funktionen. Die Einheit von Zweck, Material und Herstellung wird durch die Konstellation der Gestaltelemente symbolisiert. Dieser Eßzimmerstuhl ist ein typisches Beispiel für ein Gebrauchsprodukt mit praktisch-funktionalem Gestaltungsprinzip.

• 2. Beispiel – Sessel in Rot, Blau, Schwarz und Gelb von G. T. Rietveld, 1917. Für Rietveld waren Stühle in erster Linie Konstruktionsprobleme, die er mit den ästhetischen Mitteln des Konstruktivismus zu lösen versuchte. Er hat eine ganze Reihe konstruktivistischer Stühle entworfen und in sehr hohem Maße die Arbeit der Gestalter am Bauhaus beeinflußt. Der hier ausgewählte Sessel ist wohl das bekannteste Sitzmöbel Rietvelds. Es handelt sich dabei um ein »Gebrauchsobjekt«, welches wie ein Kunstwerk vorwiegend visuell benutzt wird. Bei der Entwicklung sah Rietveld wahrscheinlich ausschließlich die konstruktiven Probleme, denn der Sessel ist in keiner Weise benutzerorientiert. Die übertriebene Sitztiefe, die größer ist als die Länge menschlicher Oberschenkel, und die starke Neigung der Sitzfläche nach hinten ermöglichen weder eine bequeme Sitzposition noch ein müheloses Aufstehen aus dem Sessel. Die physiologischen Beeinflussungsfaktoren des Sitzens sind hier in keiner Weise erfüllt worden, der Aufwand an verwendetem Material und der Farbgebung sind sehr hoch. Dies sind wahrscheinlich die Gründe dafür, weshalb dieser Sessel Rietvelds kein industrielles Serienprodukt wurde. Er hat kaum eine praktische, sondern primär eine ästhetische Funktion. Er bleibt ein konstruktivistisches Kunstwerk mit den Gestaltmerkmalen eines Gebrauchsobjektes.

• 3. Beispiel – Barcelona-Sessel von Mies van der Rohe, 1928. Dieser Sessel wurde von Mies van der Rohe für den deutschen Pavillon auf der Weltausstellung 1929 in Barcelona entworfen. Van der Rohe wird als aristokratischer Gestalter bezeichnet, der den Gedanken der Qualität in Form und Material realisierte. Diese Haltung liegt sowohl der Architektur des Pavillons zugrunde als auch dessen Ausstattung, zu der der Sessel gehörte.

Die visuelle Erscheinung des Sessels wird bestimmt durch das Zusammenspiel des elegant geschwungenen Stahlgestells mit glänzender Oberfläche und dem mit Leder bezogenen Sitzkissen. Er ist in besonderer Weise für Repräsentationszwecke geeignet. In späterer Zeit hat Knoll International als Hersteller exklusiver Sitzmöbel die industrielle Produktion dieses Sessels übernommen. Heute wird er vorwiegend in Schalterräumen von Banken und Empfangshallen großer Konzerngebäude verwendet; er ist geeignet, durch seine ungewöhnliche Erscheinung im Zusammenspiel mit entsprechender Architektur Status und finanzielle Macht zu symbolisieren. Dieser Sessel ist ein echtes Statussymbol und hat primär symbolische Funktion. Dies wird aber nur bewußt, wenn die oben aufgezeigten Zusammenhänge reflektiert werden. Der Barcelona-Sessel von Mies van der Rohe ist ein typisches Beispiel für ein Gebrauchsprodukt mit symbolisch-funktionalem Gestaltungsprinzip.

Nachdem an den drei Sitzmöbelbeispielen die möglichen unterschiedlichen Prioritäten der Funktionen aufgezeigt wurden und für Gebrauchsprodukte zwei verschiedene Gestaltungsprinzipien abgeleitet werden konnten, könnte beim Vergleich der Entstehungsjahre dieser Sitzmöbel angenommen werden, daß ein Gestaltungsprinzip für eine bestimmte Zeit typisch sei. Dies läßt sich jedoch nicht in dieser Weise verallgemeinern, denn beide Gestaltungsprinzipien, das praktisch-funktionale wie das symbolisch-funktionale Prinzip, waren in der Vergangenheit und sind auch heute noch parallel nebeneinander existent. Aus gesellschaftlichen Entwicklungen heraus wird allerdings das eine oder das andere Prinzip mehr praktiziert.

Es bietet sich nun an, die beiden Prinzipien der Industrieproduktgestaltung an historischen Beispielen zu überprüfen und zu untersuchen, inwieweit die vorherrschenden Gestaltungsprinzipien gesellschaftlich bedingt sind.

47

49

47 »Gemeindehaus der Shaker in Shirley«, erbaut 1793 von Moses Johnson. Im Jahre 1962 von Shirley nach Hancock versetzt.
48 »Haus der West Family in Pleasant Hill«, erbaut 1821 von Micajah Burnett.
49 »Versammlungsraum im Gemeindehaus in Sabbathday Lake«, erbaut 1794 von Moses Johnson.
50 »Eingang zum Versammlungsraum im Gemeinschaftswohnhaus in Hancock«, 1830.

5.1 Praktisch-funktionale Gestaltung der Shaker-Kommunen

Die Shaker bieten sich als anschauliches Beispiel für die Tatsache an, daß sich die Erscheinungsform der gegenständlichen Umwelt aus der Lebensform, d. h. aus der möglichen Art der Bedürfnisbefriedigung, entwickeln kann. Der Vergleich der Shaker mit der heutigen Art der Bedürfnisbefriedigung und der daraus resultierenden Erscheinung unserer Umwelt müßte es ermöglichen, die Gestaltung unserer Gegenstände besser einzuschätzen.
Wend Fischer und Karl Mang ist die

51

53

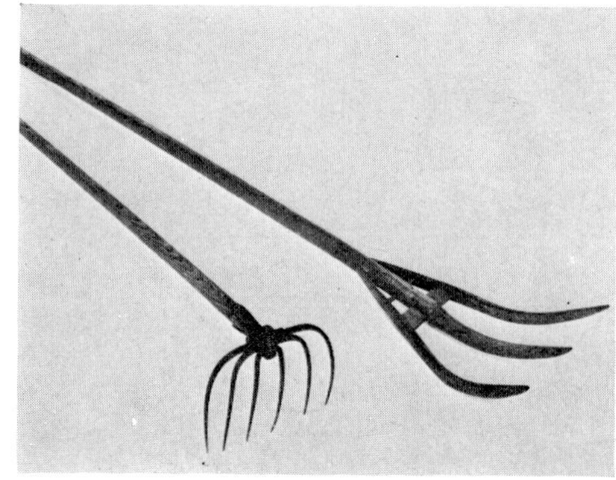

52

54

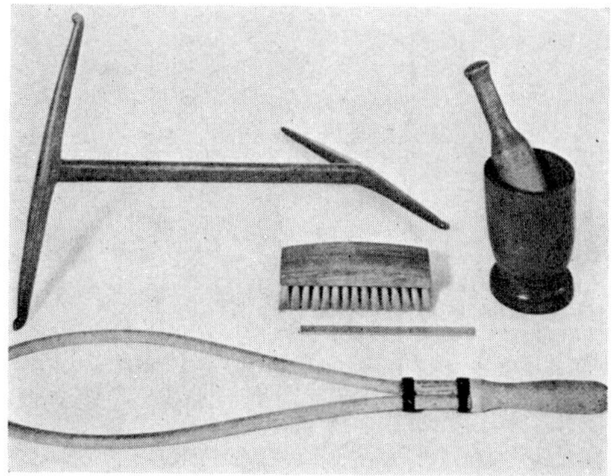

51 »Tanz der Shaker im Gemeindehaus von New Lebanon«, Mitte des 19. Jh.
52 »Speisesaal in Watervliet«, um 1880.
53 »Kartoffelharke«, Harvard, um 1840/59, und »Heugabel«, Pleasant Hill, zweite Hälfte des 19. Jh.
54 »Niddy-Noddy, Teppichklopfer, Bürste, Maßstab, Mörser aus verschiedenen Shaker-Kommunen«. Hergestellt zwischen 1825 und 1890.
55 »Eßzimmerstuhl der Shaker aus Alfred«, um 1860.

56 »Schaukelstuhl und Stuhl«, New Lebanon, um 1890.
57 »Schaukelstuhl«, nach 1876.
58 »Tischgarnwinde«, Hancock, um 1850.
59 »Armlehnstuhl der Shaker aus New Lebanon«, um 1890.

55

56

58

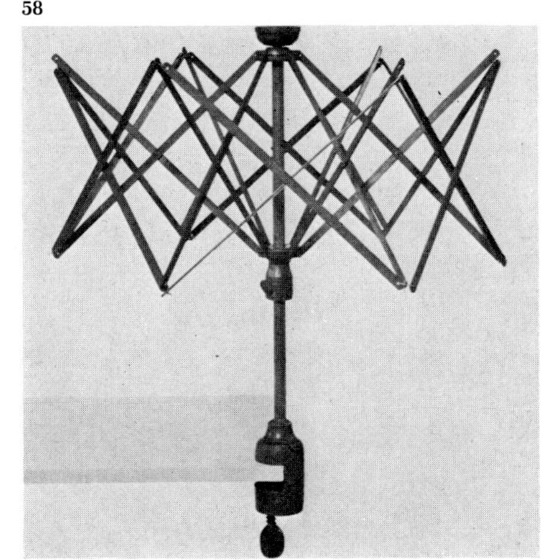

57

59

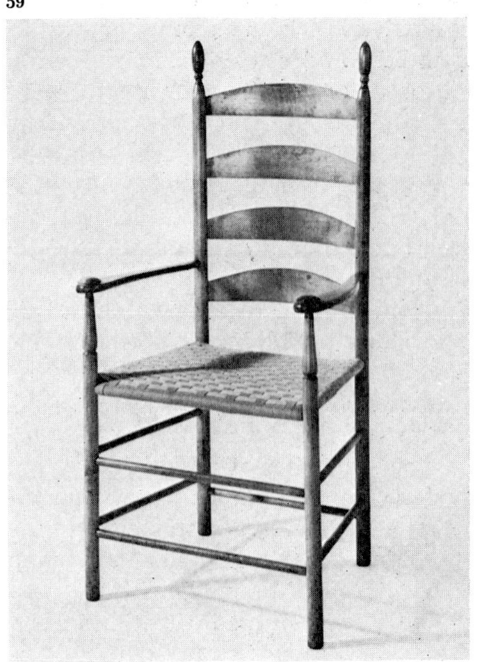

60

60 »Ofen«, Harvard, um 1840/50. »Kohlenzange und Kohlenschaufel«, Sabbathday Lake, um 1860.
61 »Hut und Hakenleiste«, Sabbathday Lake, um 1860.
62 »Haube«, Canterbury, um 1890.
Abbildungen aus dem Katalog »Die Shaker«, Die Neue Sammlung München, 1974

erste umfangreiche Dokumentation über die Shaker-Kommunen in deutscher Sprache zu verdanken (11).

Nach dem Unabhängigkeitskrieg hatten sich die USA zur Welt einer neuen Freiheit entwickelt. Kommunen, die aus staatlichen oder religiösen Gründen in Europa nicht existieren konnten, wanderten in diese neue Welt aus. Dazu gehörten auch die Shaker. Ihr Ursprung war geprägt durch die soziale Situation der frühen Industrialisierung in England mit den Merkmalen: Armut, Krankheit, Elend, Ungleichheit, Unfreiheit, Unterdrückung, Ausbeutung und Gewalt. Nur durch eine radikale Veränderung des Lebens konnte diese Situation verändert werden, wobei ein visionärer Glaube und der Ausbruch in eine utopische Lebensform eine Hilfe bedeuteten. Der Glaube der Shaker beinhaltete religiös verschlüsselt:

- Alle Menschen sind gleich und haben alle gleiche Rechte und Pflichten.
- Alle Menschen sind selbständig und frei.
- Keiner hat Anspruch auf privates Eigentum.

Überhaupt sind die Lebensweise der Shaker und auch die Gestaltung ihrer gegenständlichen Umwelt nur verständlich durch die Kenntnis ihrer religiösen Auffassung, die Wend Fischer im Katalog zur Shaker-Ausstellung (11) darstellt.

Die Shaker hatten die Vorstellung, daß das Reich Gottes bereits auf Erden beginne und daß in diesem wie im zukünftigen Reich Gottes alle Menschen gleich seien, gleich vor Gott und gleich voreinander. Daraus leiteten sie einige ihrer wesentlichsten Lebensprinzipien ab:

- Gleichberechtigung von Mann und Frau,
- Gleichheit der Rassen (Schwarze–Weiße),
- Gleichheit des Besitzes = Gemeineigentum.

Für die Shaker war es unmöglich, das Reich Gottes mit der »profanen Welt« zu verwirklichen. Sie sonderten sich

61

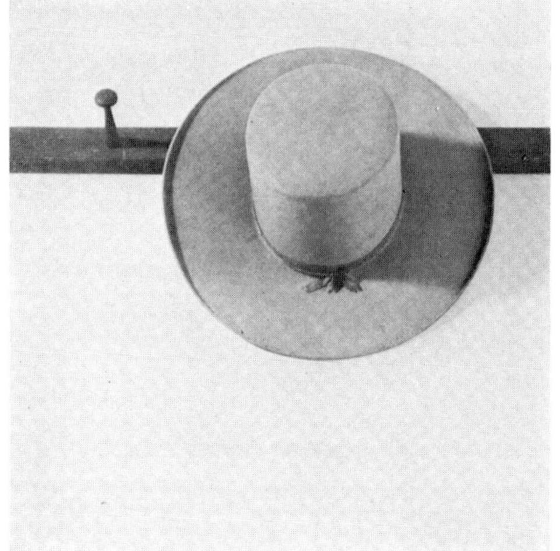

62

von der übrigen Welt ab (ohne eine feindliche Haltung dieser Welt gegenüber zu entwickeln) und bildeten Kommunen, in denen sie unter dem auferlegten Gebot der Keuschheit als Brüder und Schwestern zusammen lebten. Die Shaker-Familien bestanden aus 30 bis 100 Personen, ihr Fortbestehen war nur gesichert durch den Zustrom neuer Gläubiger oder durch Adoption elternloser Kinder.

Die Lebensform und Produktionsweise der Shaker beruhte auf den Prinzipien ihres Glaubens. Im Gegensatz zur damals einsetzenden industriellen Produktion, welche die Arbeiter in den meisten Fällen durch Arbeitsteilung und Ausbeutung durch kapitalistische Unternehmer als seelenlos erfuhren, produzierten die Shaker in der ersten Zeit nur für den Eigenbedarf und, nachdem dieser gedeckt war, für die »profane Welt«. Sie kannten keine Entwicklung von Spezialistentum, jeder wurde in verschiedenen Tätigkeiten ausgebildet und abwechselnd eingesetzt. Das führte zu einer Steigerung der Arbeitsfreude und zu größerer Flexibilität des einzelnen. Es wurden Teams gebildet, die immer gerade auf jenem Gebiet arbeiteten, wo der größte Bedarf war. Der Grund für die hohe Qualität der Produkte der Shaker war, daß sie aus dem religiösen Antrieb heraus ihre Arbeit gerne verrichteten.

Die Einheit von Religion und Lebensweise beeinflußte die Gestaltung der persönlichen Umwelt, die sich durch hohe Ordnung, Einfachheit und Reinheit auszeichnete. Die harten Lebensbedingungen jener Zeit ließen keinen Raum für die Entstehung anderer Produkte als solcher, die primär praktische Funktionen beim Gebrauch aufwiesen. Bei allen Produkten der Shaker stehen daher die praktisch-funktionalen Überlegungen im Vordergrund. Die Gleichheit der Menschen vor Gott kommt in den Produkten zum Ausdruck, die für alle Shaker gleich gestaltet waren. Soziale Differenzierung durch entsprechende Produkte (das Thema des näch-

63

LEBENSFORM
der Menschen

Art der
Bedürfnisbefriedigung

bestimmt

ERSCHEINUNGSFORM
der Umwelt

z.B. Industrieprodukte

Anpassung der Umwelt an die Lebensform

64

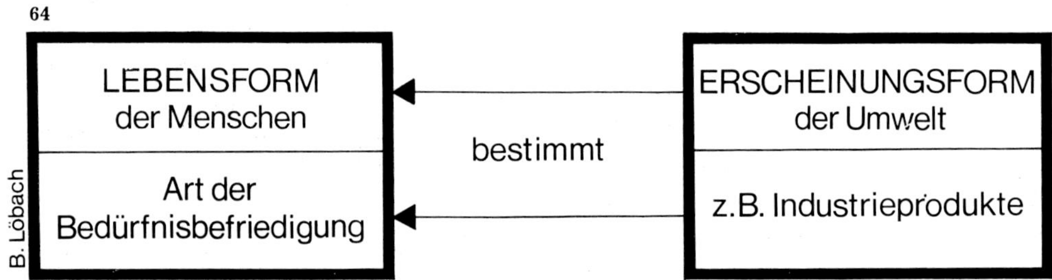

Anpassung der Lebensform an die Umwelt

sten Kapitels) war ihnen fremd. Die gesamte gegenständliche Umwelt der Shaker wurde nicht von speziellen Gestaltern festgelegt, sondern von den Mitgliedern der Kommunen nach genau festgehaltenen Regeln entwickelt. In diesen Regeln gab es präzise Angaben über Bauwerke, Einrichtungen der Häuser, Möblierung der Schlafräume, zu verwendende Stoffmuster, Farben an den Produkten und Angaben über die Herstellung von Waren für den Verkauf.

Um 1780 begannen die Shaker eine Möbelproduktion, mit deren Ergebnissen anfangs die eigenen Lebensbereiche ausgestattet wurden. Nachdem diese Prototypen erprobt und der Eigenbedarf gedeckt war, kam es 1850 zur Serienfertigung von Sitzmöbeln für die »profane Welt«. Ab 1870 wurden Shaker-Möbel nach einem Katalog angeboten, der Preise und Größenbezeichnung nebst Abbildungen der Modelle enthielt. Diese Möbel waren wegen ihrer hohen Qualität sehr begehrt. In der im Jahre 1872 erbauten Stuhlfabrik in Mount Lebanon wurden bis 1935 Stühle produziert. Das berühmteste Shaker-Erzeugnis war der Sprossenstuhl, der auch als Schaukelstuhl hergestellt wurde.

Der Perfektionismus, der dem Glauben und Leben der Shaker zugrunde lag, mußte sich notwendigerweise auch in der gegenständlichen Welt manifestieren. Die Forderung nach Vollkommenheit im Leben ist auch an die Gegen-

stände des Alltags gestellt worden. Wend Fischer schreibt über die Shaker: »Jedes Ding, auch das unscheinbarste, wurde dem Anspruch auf Vollkommenheit unterworfen ... Jeder Gegenstand muß so gestaltet sein, daß sein Sinn und Zweck einfach und rein erfüllt ist und er sich einfügt in die Ordnung der Einheit der Dinge. Sinn und Zweck jeglichen Gegenstandes liegt in seinem Gebrauch. Die Vollkommenheit eines Gegenstandes ist also erreicht, wenn er in vollkommener Weise brauchbar ist. Die Shaker setzten sich nicht die ›Form‹ zum Ziel, sondern die Brauchbarkeit, die Form wurde als das Resultat einer Gestaltung verstanden, die das Ziel der vollkommenen Brauchbarkeit eines Gegenstandes erreicht hat... Der Anspruch auf Vollkommenheit verlangt, ... daß von vornherein nur solche Dinge hergestellt werden, die in einem reinen und einfachen Leben tatsächlich gebraucht werden. Überflüssiges, Unnützes, Sinnloses steht im Widerspruch zu einer Vollkommenheit, die nach den Kriterien der Reinheit, Einfachheit und Einheit bestimmt ist. Die Shaker achteten deshalb darauf, daß eine Sache nicht nur für ihren Zweck gut ist, sondern daß bereits der Zweck selbst gut ist. Der Wertung der Form wird die Wertung der Funktion vorangestellt.« (11/S. 22)
Zusammenfassend kann festgehalten werden, daß die praktisch-funktionale Gestaltung der Umwelt der Shaker durch deren religiöse Auffassung und das Zusammenleben in der Gemeinschaft bestimmt wurde. Es entwickelte sich eine Identität von Lebensform und Erscheinungsform der Umwelt, wie sie in Abb. 63 dargestellt ist. Die Anpassung der Umwelt an die Lebensform diente der Deckung lebensnotwendiger Bedürfnisse. In Abb. 64 ist dieses Schema genau umgekehrt, und im Hinblick auf die Ausführungen zur symbolisch-funktionalen Gestaltung soll an dieser Stelle schon darauf hingewiesen werden, daß in unserer heutigen Gesellschaft dieses zweite, der Lebensform der Shaker entgegengesetzte Prinzip durch entsprechende Produktgestaltung und industrielle Produktion häufig praktiziert wird: Anpassung der Lebensform an die Erscheinungsform der Umwelt, Anpassung der Art der Bedürfnisbefriedigung an die Gegenstände unserer Welt.

5.2 Praktisch-funktionale Gestaltung während der frühen Industrialisierung Großbritanniens

Die Shaker lebten in einer selbstgeschaffenen Umwelt, abgekapselt von der »profanen Welt«. Wie aber sah diese »profane Welt« aus, wie die Konstellation der gesellschaftlichen Verhältnisse, und wie war die daraus resultierende gegenständliche Umwelt gestaltet?
Das Großbritannien dieser Zeit war das Zentrum der Weltwirtschaft aufgrund seiner expansiven Kolonialpolitik und der umfangreichen Handelsflotte, die um 1750 etwa 6000 Handelsschiffe umfaßte. Der Austausch überseeischer Rohstoffe gegen britische Industrieerzeugnisse, vor allem Baumwollwaren, bildeten das Fundament der internationalen Wirtschaftsbeziehungen. Großbritanniens Industrie entwickelte sich aufgrund dieses Überseehandels. Die Einfuhr von Rohbaumwolle begün-

65

66

67

68

69

70

71

72

Praktisch-funktional gestaltete Produkte der frühen Industrialisierung Großbritanniens:
65 »Hüttenwerk Carron«.
Falkirk/Schottland, 1820.
66 »Fördergerüst bei Merthyr-Tidfil«, 1864.
67 »Lokomotive der Messrs. Sharp, Brothers & Co., Manchester«, 1847.
68 »Eisenbahnwagen«.
Großbritannien, um 1855.
69 »Lokomotive der London & North Western Railway«, um 1870.
70 »Raddampfer ›Great Eastern‹«.
Isambard K. Brunel, 1853–58.

Abbildungen aus dem Katalog: »Die verborgene Vernunft«. Die neue Sammlung München, 1971.

71 Damals nur für wenige erschwinglich.
»Hochrad der Coventry Mach. Comp. Ltd.«
Coventry, 1882. Foto: Deutsches Museum München.
72 Eines der ersten weit verbreiteten Massenprodukte.
»Singer-Nähmaschine um 1900«.
Die Jahresproduktion der Singer Sewig Co. belief sich im Jahre 1879 bereits auf 431 167 Stück.

stigte vor allem die Textilmanufakturen in und um Manchester. Eric J. Hobsbawm bezeichnete diese Expansion der Textilindustrie zwischen 1780 und 1840 als die erste Phase der industriellen Revolution in Großbritannien (12).

In bezug auf die Betrachtung der Gestaltung von Industrieprodukten ist die Entwicklung der Textilindustrie weniger interessant als die darauffolgende Zeit der Entwicklung der Produktionsgüterindustrie und die Zeit des Eisenbahnbaus zwischen 1840 und 1895. Hobsbawm bezeichnet sie als die zweite Phase der industriellen Revolution Großbritanniens, die jedoch nicht von heute auf morgen einsetzte.

Der größte Teil der frühen Industrie nach 1750 war auf dem Land angesiedelt, die Produktion verlief in Form von Heimarbeit, die anfangs neben der Tätigkeit in der Landwirtschaft und dann hauptberuflich durchgeführt wurde. So entstanden Industriesiedlungen, die von Großhändlern mit Rohstoffen beliefert wurden, die dann auch die Produkte aufkauften und Produktionsmittel wie Webstühle und Werkzeuge vermieteten. Durch dieses System entwickelte sich ein ausgeprägter Barzahlungsverkehr, der es den Arbeitern erlaubte, ihre Lebensmittel von Händlern zu erstehen und sich ausschließlich auf ihre Produktion zu spezialisieren. Die Erzeugnisse dieser Produktion waren vorwiegend für den Inlandsmarkt bestimmt, aber es waren keine billigen Massenprodukte für eine breite Bevölkerung. Die Ausstattung der Privatsphäre der Arbeiter war als Folge der geringen Kaufkraft bescheiden und bestand meist lediglich aus ein paar Pfannen, Töpfen und einem Ofen. Diese Geräte waren nicht bewußt gestaltet, sondern vom Zweck, dem verwendeten Material und dem meist manuellen Herstellungsverfahren her bestimmt.

Die Lebensweise der Shaker um dieselbe Zeit basierte, wie wir sahen, auf der Produktionsgemeinschaft und dem Gemeinschaftseigentum. Die Herstellung der Produkte diente vorwiegend der Eigenbedarfsdeckung und, nachdem die bescheidenen Bedürfnisse gedeckt waren, der Erlangung von Gewinnen, die für die Vermehrung des gemeinsamen Besitzes investiert wurden. Alle Shaker waren sozial voreinander gleich und partizipierten gleichermaßen an dem gemeinsamen Reichtum. Das britische Wirtschaftssystem dagegen, hier als Beispiel für andere Systeme dieser Zeit genannt, basierte auf dem Prinzip des Privatkapitalismus, der die Menschen in zwei Klassen einteilte: in Besitzer von Land und Produktionsmitteln und in Arbeiter, die diesen ihre Arbeitskraft gegen Lohn zur Verfügung stellten. Der entstandene Reichtum konzentrierte sich dabei in den Händen weniger Unternehmer. Die Industrieprodukte jener Zeit waren Dampfschiffe, Eisenbahnen, Maschinen und Produktionsanlagen, die primär nach den Prinzipien der Ökonomie gestaltet waren. Diese Produkte waren nicht für die Bedürfnisse derjenigen entwickelt, die sie durch Einsatz ihrer Arbeitskraft herstellten, sondern dafür bestimmt, das auf privatkapitalistischer Basis funktionierende britische Industriesystem auszubauen bzw. durch den Export dieser Produkte das private Kapital zu vermehren. Daher waren diese Produkte weniger benutzerorientiert, sondern aus den obengenannten Gründen ergab sich ihre Gestalt aus den Prinzipien der wirtschaftlichsten Produktion: kostengünstigster Einsatz von Material, Arbeitskraft und Produktionsverfahren zur Erzielung eines größtmöglichen Gewinns.

Die Situation der an der Produktion beteiligten Arbeiter begann sich erst im letzten Viertel des 19. Jahrhunderts allmählich zu verbessern, nachdem zwischen 1873 und 1896 eine große Depression die Chancen der britischen Wirtschaft schmälerte. Andere Länder waren inzwischen fähig, selbst zu produzieren und ihre eigene Industrie auszubauen. Die Exportchancen für die britische Industrie schwanden, und viele Unternehmer hatten erkannt, daß die Zahlung höherer Löhne die Kaufkraft der eigenen Arbeiter intensiviert. Angeregt durch die USA, begann die britische Industrie, dauerhafte Gebrauchsprodukte für die Bevölkerung zu produzieren. Die Nähmaschine war in den 1890er Jahren eines der ersten.

5.3 Praktisch-funktionale Gestaltung am Bauhaus

Nach der Jahrhundertwende entwickelte sich durch die erhöhte Kaufkraft der arbeitenden Bevölkerung die Gebrauchsgüterindustrie, deren Erzeugnisse als Massenprodukte immer mehr Absatz fanden. Vorwiegend waren dies Produkte, durch deren Gebrauch Bedürfnisse des alltäglichen Lebens befriedigt werden konnten. Die abgebildeten Produkte aus einem Katalog des Alexanderwerkes Remscheid aus dem Jahre 1913 belegen dies in anschaulicher Weise. Solche Produkte waren zu der damaligen Zeit noch nicht mit einer bewußten Gestaltungsabsicht entstanden, sondern die visuelle Erscheinung dieser Produkte resultierte aus der Tätigkeit des Konstrukteurs, der natürlich primär die praktischen Funktionen der Industrieprodukte und die Möglichkeiten der rationellen Fertigung als wichtigste Beeinflussungsfaktoren seiner Arbeit betrachtete. Dabei entstanden, wie bei der Brotschneidemaschine auf Abb. 73, auch im Hinblick auf die Gestaltung recht akzeptable Lösungen. Sobald aber Geräte »elektrifiziert« und mit einem Motor ausgestattet wurden, unterschieden sich Haushaltmaschinen nicht sehr von Produktionsmaschinen in der Fabrikhalle. Es entstanden Produkte, deren Erscheinung wir aus der heutigen Sicht als unhuman bezeichnen würden (Abb. 74).
In der Zeit nach der Jahrhundertwende war es bei der Entwicklung von Industrieprodukten noch lange Zeit nicht üblich, diesen Vorgang arbeitsteilig durchzuführen, weil der Industrieproduktgestalter als Partner des Konstrukteurs noch nicht bekannt war. Die gesamte Entwicklungsphase wurde von Konstrukteuren durchgeführt. Eine Ausnahme bildete die Allgemeine Elektricitäts Gesellschaft AEG in Berlin. Diese beauftragte bereits 1907 den Architekten Peter Behrens, neben den Gebäuden auch die Produkte und alle Drucksachen zu gestalten. Peter Behrens war der erste Gestalter in Deutschland, dessen Tätigkeit prinzipiell mit den Aktivitäten der Gestalter übereinstimmt, die wir heute als Industrial Designer bezeichnen. Aber, wie gesagt, die AEG bildete eine Ausnahme. Die meisten Industrieprodukte dieser Zeit entstanden ohne die Mitarbeit von Gestaltern. Im Ersten Weltkrieg wurde die Produktion von Gebrauchsgütern zugunsten einer erhöhten Rüstungsproduktion reduziert. Danach wandelte sich die Situation wieder zugunsten einer erhöhten Produktion von Gebrauchsgegenständen für die Privatsphäre. Neue Bedürfnisse wurden durch das Angebot von Industrieerzeugnissen entwickelt, wie die Fließbandproduktion von Automobilen durch Henry Ford zeigte.
Bisher ist unter dem Titel »Praktisch-funktionale Industrieproduktgestaltung im 19. und 20. Jahrhundert« an den Beispielen der Shaker-Kommunen und der frühen Industrialisierung Großbritanniens aus den gesellschaftlichen Verhältnissen heraus versucht worden, das Gestaltungsprinzip dieser Produkte zu verstehen. Am Beispiel der Shaker wurde deutlich, daß deren gegenständliche Umwelt ihre Gestalt durch die Deckung bescheidener Bedürfnisse erhielt. Die wichtigen Produkte der frühen Industrialisierung Großbritanniens

73

75

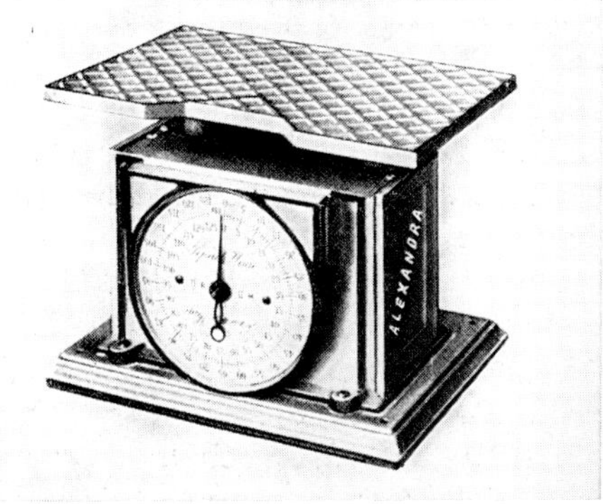

74

76

Industrieprodukte aus einem Katalog des Alexanderwerks, Remscheid, von 1913:
73 »Brotschneidemaschine Nr. 320«.
74 »Haushaltmotor (1/4 PS) mit Reibemaschine«.
75 »Personen- und Gepäckwaage«.
Durch das Schwenken der Skala um 90° wird aus der Gepäckwaage eine Personenwaage.
76 »Waschmaschine Saalfeldia PW 18«.
Diese wurde in drei verschiedenen Ausführungen zu 154,– Mark, 165,– Mark und 176,50 Mark angeboten.

Frühe elektrische Haushaltgeräte der Allgemeinen Elektricitäts Gesellschaft AEG Berlin:
77 »AEG Wasserkocher«.
Werksentwurf, 1904/05.
78 »Elektrisch beheizter Teekessel«.
Entwurf: Peter Behrens, 1908.
Beschränkung der Produktgestalt auf wesentliche Formelemente.

erhielten ihre Gestalt durch die Prinzipien des kapitalistischen Wirtschaftssystems. Ökonomischer Einsatz von Kapital, Arbeitskräften und Produktionsmitteln prägte die visuelle Erscheinung der Produkte.
Als drittes Beispiel sollen hier nun die praktisch-funktional gestalteten Produkte des Bauhauses betrachtet werden, deren visuelle Erscheinung primär eine ästhetische Theorie bestimmte. Seit der Gründung des Bauhauses im Jahre 1919 durch Umbenennung der Hochschule für Bildende Künste Weimar in »Staatliches Bauhaus in Weimar« und der Berufung von Walter Gropius als Direktor ist über das Bauhaus enorm

77

78

viel publiziert worden. Es soll hier nicht die Institution Bauhaus dargestellt werden; dies hat Hans M. Wingler (13) bereits getan. In unserem Zusammenhang interessieren die Ursachen für die praktisch-funktionale Gestaltung der Bauhausprodukte.

Ziel des Bauhauses war es, alle handwerklichen und künstlerischen Disziplinen am Bau unter dem Primat der Architektur zu einer Einheit zusammenzufassen. Vorbild dafür waren die Dombauhütten des Mittelalters, in denen sich alle am Bau beteiligten Disziplinen vereinigten. Dieser Idee entsprechend gab es am Bauhaus die verschiedensten Werkstätten, von denen im Hinblick auf Industrieproduktgestaltung die Metallwerkstatt und die Tischlerwerkstatt, die in späterer Zeit zusammen als Ausbauwerkstatt bezeichnet wurden, die interessantesten Ergebnisse brachten. Die Entwicklung des Bauhauses war vielschichtig und kompliziert und die Ergebnisse der Arbeit in den Werkstätten durch vielfältige Interessen, Auseinandersetzungen und äußere Einflüsse bestimmt. Daher muß zum Verständnis der Produkte doch ein kurzer Überblick über die wesentlichsten Phasen der Entwicklung des Bauhauses aufgezeigt werden.

Von 1919 bis 1925 existierte das Bauhaus in Weimar. Es wurde 1925 beim Auslauf der Verträge der Lehrenden wegen Unstimmigkeiten mit der thüringischen Regierung aufgelöst und in Dessau weitergeführt. In der ersten Phase des Bauhauses in Weimar, in der bedeutende Künstler dieser Zeit als Lehrende berufen wurden, waren die Ergebnisse aus dem Unterricht durch handwerkliche Arbeit bestimmt. Es handelte sich vorwiegend um handwerklich gefertigte Einzelstücke. Dies traf für die Produkte der Metallwerkstatt ebenso zu wie für die Produkte der Tischlerwerkstatt, in der zum Teil Möbel für die Bauten entwickelt wurden, die Walter Gropius als freier Architekt entwarf.

Von 1925 bis 1932 existierte das Bauhaus in Dessau. Walter Gropius hatte die Gelegenheit, ein neues Schulgebäude zu entwerfen, in dem 1926 der Lehrbetrieb aufgenommen werden konnte. Diese zweite Phase des Bauhauses war geprägt durch eine zunehmende Anwendung wissenschaftlicher Erkenntnisse bei der Gestaltungstätigkeit. Diese Tendenz wurde ab 1928 von Hannes Meyer, dem neuen Direktor des Bauhauses, in verstärktem Maße verfolgt. Entstanden in der ersten Phase vorwiegend handgefertigte Gebrauchsprodukte als Einzelstücke, so wurden nun aufgrund verstärkter Kontakte mit Industrieunternehmen Gebrauchsprodukte im Hinblick auf eine industrielle Produktion gestaltet.

Die dritte Phase, die 1932 mit der Auflösung in Dessau und dem Umzug nach Berlin begann und mit der Schließung des als Privatinstitut weitergeführten Bauhauses im Jahre 1933 durch die Nationalsozialisten endete, hatte keine Unterrichtsergebnisse mehr hervorgebracht, die in unserem Zusammenhang interessant sind.

Im Hinblick auf praktisch-funktionale Industrieproduktgestaltung am Bauhaus ist eindeutig die zweite Phase von 1925 bis 1932 von Bedeutung. Es wurde eingangs schon erwähnt, daß die praktisch-funktionale Gestaltung der Bauhausprodukte im Gegensatz zu den Produkten der Shaker und der frühen Industrialisierung in Großbritannien auf einer ästhetischen Theorie beruhte. Die am Bauhaus verwendeten Gestaltelemente waren vorher bereits im Bereich der Kunst verwendet worden. Schon die Künstler des Kubismus, des Konstruktivismus und die Künstler der Gruppe »de Stijl« reduzierten die visuellen Erscheinungen ihrer Kunstwerke auf geometrische Elemente wie Quadrat, Dreieck und Kreis im zweidimensionalen Bereich oder auf die plastischen Elemente Würfel, Dreikantpyramide und Kugel. Durch die Berufung von bekannten Künstlern dieser Zeit wie Kandinsky, Klee, Feininger, Moholy-Nagy (um nur einige zu nennen) und den äußeren Einfluß der Künstlergruppe »de Stijl« mit Mondrian, van Doesburg und Rietveld wurde diese ästhetische Theorie der Reduktion gegenständlicher Umwelt auf geometrische Formen ins Bauhaus getragen, dort praktiziert und weiterentwickelt. Johannes Itten und Oskar Schlemmer waren so konsequent, sich sämtliches Kopfhaar zu entfernen, um die Kugelform ihres Kopfes voll zur Wirkung zu bringen.

Hannes Meyer formulierte 1930 als damaliger Direktor des Bauhauses anläßlich seiner Entlassung in einem offenen Brief, der unter dem Titel »Mein Hinauswurf aus dem Bauhaus« in der Zeitschrift »Das Tagebuch« zur gleichen Zeit in Berlin erschien:

»Was fand ich bei meiner Berufung vor? Ein Bauhaus, dessen Leistungsfähigkeit von seinem Ruf um das Mehrfache übertroffen wurde und mit dem eine beispiellose Reklame getrieben wurde. Eine ›Hochschule für Gestaltung‹, in welcher aus jedem Teeglas ein

79

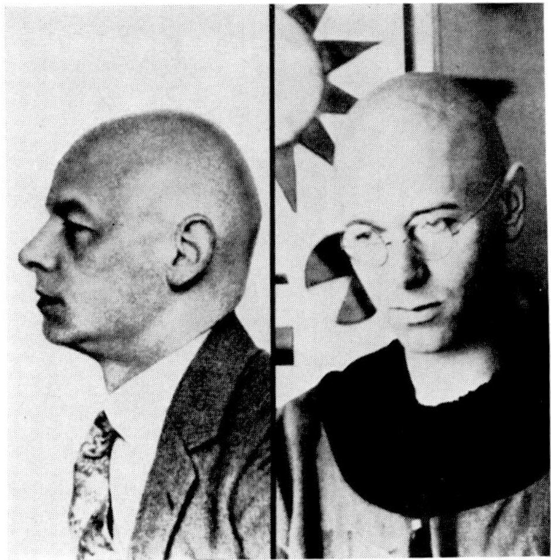

80

81

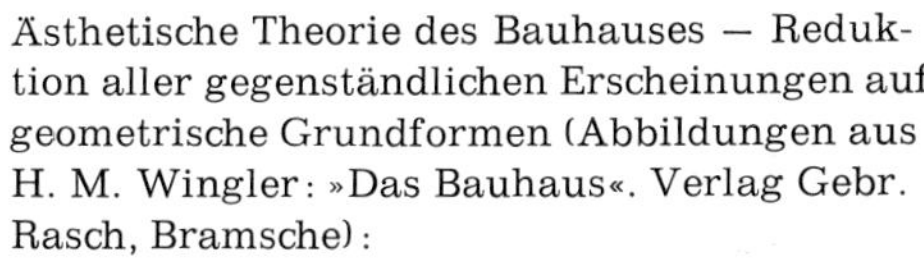

Ästhetische Theorie des Bauhauses — Reduktion aller gegenständlichen Erscheinungen auf geometrische Grundformen (Abbildungen aus H. M. Wingler: »Das Bauhaus«. Verlag Gebr. Rasch, Bramsche):
79 Bauhausmeister Oskar Schlemmer (links) und Johannes Itten (rechts) mit kahlgeschorenen Köpfen, damit die Kugelform des Kopfes bewußter wird.

Produkte der Tischlerwerkstatt aus der ersten Phase des Bauhauses:
80 »Klubsessel«. Kirschbaum, Polster mit Lederüberzug.
Entwurf: Marcel Breuer, um 1923.
81 »Gepolsterter Sessel«. Kirschbaum, zitronengelber Bezugsstoff.
Entwurf: Walter Gropius, 1923.
Von Studierenden des Bauhauses gefertigt.

problematisch-konstruktivistelndes Gebilde gemacht wurde ... Inzüchtige Theorien versperrten jeden Zugang zur lebensrichtigen Gestaltung: Der Würfel war Trumpf, und seine Seiten waren gelb, rot, blau, weiß, grau, schwarz. Diesen Bauhauswürfel gab man dem Kind zum Spiel und dem Bauhaus-Snob zur Spielerei. Das Quadrat war rot. Der Kreis war blau. Das Dreieck war gelb. Man saß und schlief auf der farbigen Geometrie der Möbel. Man bewohnte die gefärbten Plastiken der Häuser. Auf den Fußböden lagen als Teppiche die seelischen Komplexe junger Mädchen. Überall erdrosselte die Kunst das Leben« (13/S. 170).

Aus dieser leicht überspitzt formulierten Anklage gegen die ästhetische Theorie des Bauhauses kann allerdings

82

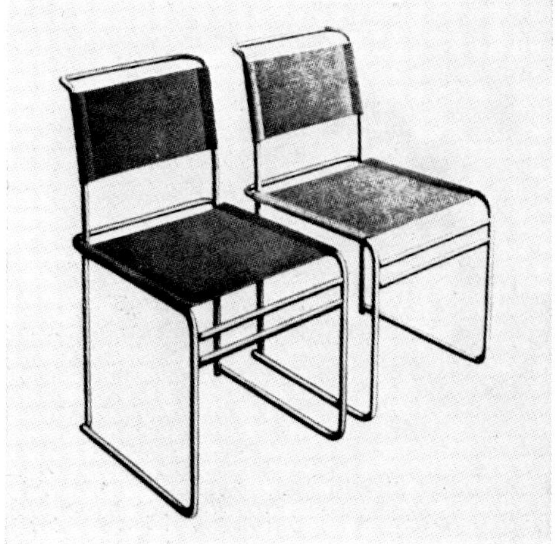

83

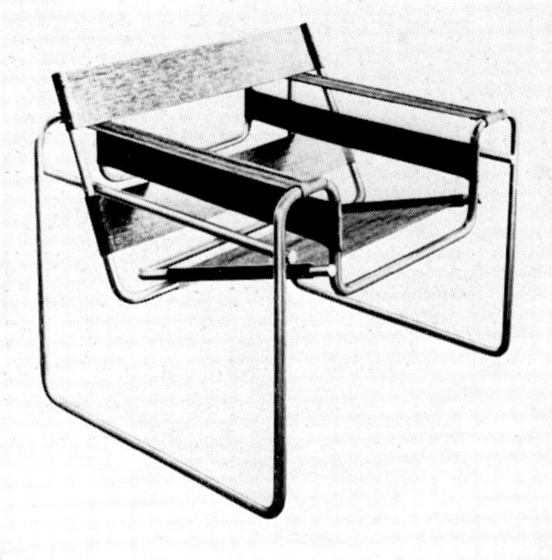

84

Armut, die große Mode

Juni 1920

»Entwerfen Sie uns eine ganz bescheidene Hauseinrichtung, Herr Professor. So einfach wie möglich — es kann kosten, was es will.«

Produkte aus der zweiten Phase des Bauhauses:
82 Bauhausprodukt mit dem größten Verkaufserfolg.
»Stahlrohrstuhl«. Entwurf: Marcel Breuer, 1926.
Gefertigt von Standard-Möbel
Lengyel & Co., Berlin.
83 Erster Stahlrohrstuhl überhaupt.
»Stahlrohrsessel«. Entwurf: Marcel Breuer, 1925
84 »Zeichnung von Karl Arnold«, 1920.
(Abbildung aus Dolf Sternbergers: »Hoppla wir leben ...« Fackelträger Verlag, Hannover)

im Vergleich mit den Produkten der ersten Phase zwischen 1919 und 1925 festgestellt werden, daß die Produkte (ähnlich wie bei dem bereits als Beispiel herangezogenen »Sessel in Rot, Blau, Schwarz und Gelb« von T. G. Rietveld) primär ästhetische Funktionen hatten und nur in sehr bescheidenem Maße Bedürfnisse der Benutzer Berücksichtigung fanden. Die Bauhausmeister projizierten ihre ästhetischen Vorstellungen auf die Gebrauchsgegenstände, sie reduzierten in ihren Entwürfen gemeinsam mit den Studenten die Lebenswelt der Menschen auf kühle, geometrische Grundformen. Diese Lebenswelt und auch die Produkte zeichneten sich durch eine übertriebene visuelle Reizarmut aus. Die gegenständliche Umwelt der damaligen Zeit war an Wahr-

85

86

87

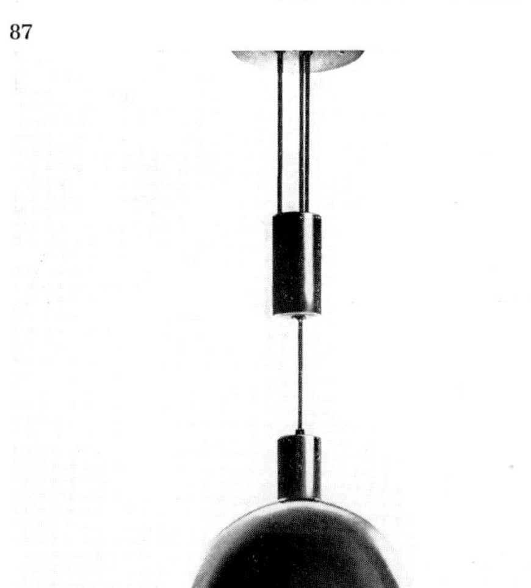

88

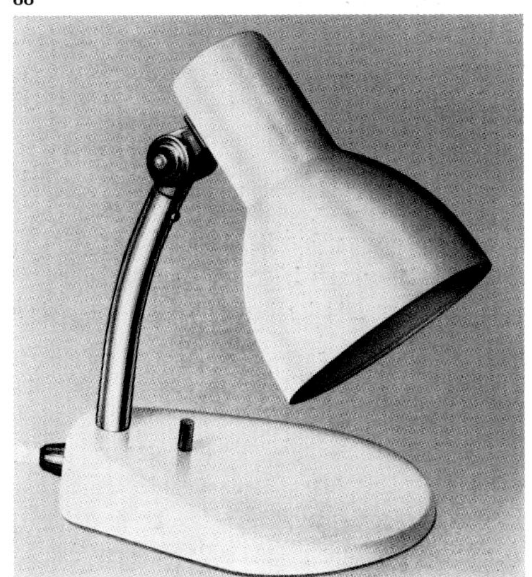

Produkte der Metallwerkstatt aus der ersten Phase des Bauhauses (Abbildungen aus H. M. Wingler: »Das Bauhaus«. Verlag Gebr. Rasch, Bramsche):
85 »Tee-Extrakt-Kännchen«.
Entwurf: Marianne Brandt, 1924.
86 »Teeservice mit Teekanne, Milchgießer, Zuckerdose und Tablett«.
Entwurf: Christian Dell, 1923–24.

Produkte der Metallwerkstatt aus der zweiten Phase des Bauhauses:
87 »Ausziehbare Hängelampe«.
Entwurf: Marianne Brandt und Hans Przyrembel, 1926.
Gefertigt von Schwintzer & Gräff, Berlin.
88 »Kandem-Nachttischlampe«.
Entwurf: Marianne Brandt, um 1927.
Gefertigt von Körting & Mathiesen, Leipzig.

nehmungsangeboten viel komplexer. Dies zeigt Karl Arnold in einer Zeichnung von 1920, die er »Armut, die große Mode« betitelte und auf der ein dickleibiger Hausbesitzer in einer mit Schnörkelprodukten überladenen Wohnung einen schlanken Intellektuellentyp mit Kinnbart, hoher Stirn und randloser Brille beauftragt: »Entwerfen Sie uns eine ganz bescheidene Hauseinrichtung, Herr Professor. So einfach wie möglich — es kann kosten, was es will« (14).

Die am Bauhaus in der ersten Phase zwischen 1919 und 1925 entworfenen, auf geometrische Grundformen reduzierten Gebrauchsgegenstände hatten keine Breitenwirkung und wurden von der breiten Bevölkerung nicht akzeptiert, weil diese Produkte nicht an deren Bedürfnissen und Vorstellungen orientiert waren. Die ästhetische Theorie der Reduktion der Erscheinungsformen auf geometrische Grundelemente wurde aber spätestens 1926 durch die intensive Zusammenarbeit des Bauhauses mit Industrieunternehmen realistischer im Hinblick auf eine benutzerorientierte Ausbildung von praktischen und ästhetischen Funktionen. Die ausziehbare Hängelampe von Marianne Brandt und Hans Przyrembel von 1926, die Kandem-Nachttischlampe Marianne Brandt's von 1927 oder die Stahlrohrmöbel von Marcel Breuer nach 1926 waren industriell produzierte und erfolgreich verkaufte Beispiele für praktisch-funktional gestaltete Industrieprodukte des Bauhauses, die nach 1945 zur Orientierung für ein neues Industrial Design wurden.

5.4 Funktionalismus und Funktionalismuskritik

Bisher ist der Begriff Funktionalismus bewußt nicht verwendet worden. Ismus ist ein Wortanhang, der in unserem Sprachgebrauch für geistige Richtung oder Schulmeinung steht. Auf den Funktionalismus angewendet bedeutet dies, daß die diesem Begriff zugeordneten Produkte aus einer geistigen Schule heraus entstanden sind, bei der die funktionalen Aspekte im Vordergrund standen. Dabei ist allerdings prinzipiell nicht geklärt, welche funktionalen Aspekte gemeint sind. Wir sprachen bisher von praktischen, ästhetischen und symbolischen Funktionen der Produkte. In der Vergangenheit ist der Begriff Funktionalismus aber sehr eindimensional, nämlich fast ausschließlich für solche gegenständliche Umwelt angewendet worden, bei der die praktischen Funktionen primäre Bedeutung hatten.

Die Lehre der Funktionalisten, daß eine gegenständliche Erscheinung unserer Umwelt alleine durch praktische Funktionen bestimmt werden sollte, wurde im 19. Jahrhundert in Theorien der Architekten Henri Labrouste und Louis Sullivan sowie des Bildhauers Horatio Greenough entwickelt und im 20. Jahrhundert durch Architekten wie Adolf Loos, Walter Gropius oder Le Corbusier weitergeführt und an Bauaufgaben praktiziert. Am Beispiel der frühen Industrialisierung Großbritanniens wurde schon deutlich, daß neben der Architektur auch bei der industriellen Herstellung von Gebrauchsprodukten das praktisch-funktionale Gestaltungsprinzip vorrangig Anwendung fand.

89

89 Praktisch-funktional gestaltete Industrieprodukte sprechen kaum die Gefühlswelt des Menschen an.
»Geschirrspülautomat Miele De Luxe G 550«.
Hersteller: Miele-Werke, Gütersloh.

Gerade die Theorien der Funktionalisten bieten Kriterien, die in der industriellen Produktion angewendet werden können:

- Befreiung der Produkte vom »Nutzlosen« und »Überflüssigen« (z. B. Ornamente oder Spieleffekte)
- Verwendung von technisch-physikalischen und technisch-wirtschaftlichen Konstruktionsprinzipien

- Rationelle Verwendung vorhandener Mittel für eindeutige Zwecke
- Geringster Aufwand zur Erzielung der größten Leistung
- Minimale Fertigungs- und Betriebskosten
- Ablehnung von emotional bestimmter Gestalt der Produkte

Diese Kriterien der praktisch-funktionalen Gestaltung führen aber bei konsequenter Anwendung zu wenigen Produkten mit optimal praktischen Gebrauchseigenschaften, wie es das Beispiel der Shaker-Kommunen zeigte. Es würde sich bei ausschließlich praktisch-funktionaler Gestaltung unserer Industrieprodukte erübrigen, von einem bestimmten Produkttyp mehr als 3 bis 4 verschiedene Varianten dem Benutzer zur Auswahl anzubieten, weil durch diese alle physischen Bedürfnisse befriedigt werden könnten.

Unserer freien Marktwirtschaft liegt aber das Prinzip zugrunde, daß sich die einzelnen Unternehmen im Markt als Konkurrenten begegnen und meist gezwungen sind, sich durch die Eigenart der Produkte vom Mitbewerber zu unterscheiden. Schon aus diesem Grund wird es heute nicht möglich sein, die Theorien der Funktionalisten konsequent in einer hochentwickelten Industriegesellschaft zu verwirklichen. Aus der Anwendung der Kriterien des Funktionalismus durch den Industrial Designer entstehen aber auch für den Benutzer der Produkte negative Aspekte. Diese sind für den Bereich der praktisch-funktionalen Architektur aus der psychoanalytischen Position heraus zuerst durch Alexander Mitscherlich (9), Heide Berndt, Alfred Lorenzer und Klaus Horn (15) aufgezeigt worden. Diese Funktionalismuskritik ist aber in gleicher Weise auf Industrieprodukte anwendbar.

Praktisch-funktional gestaltete Industrieprodukte besitzen wenige Aspekte, die die Gefühlswelt des Menschen ansprechen. Dies wird beim Betrachten des abgebildeten Geschirrspülautomaten deutlich (Abb. 89), der als Beispiel für viele ähnliche Produkte, wie Kühlschränke, Waschmaschinen oder Schrankwände, stehen soll. Solche Produkte wirken kühl und unpersönlich, zu solchen Produkten kann der Benutzer kaum individuelle Beziehungen knüpfen. Die visuelle Erscheinung dieser Produkte ist arm an Information für unser Wahrnehmungssystem, sie ist schnell erfaßt und dann wenig interessant. Hierbei wird deutlich, daß diese Produkte zu wenig ästhetische und symbolische Funktionen besitzen, durch deren Erfahren psychische Bedürfnisse befriedigt werden könnten. Diese Gesichtspunkte werden später bei der Ästhetik des Industrial Designs zu besprechen sein. Vorerst soll dargestellt werden, welche Problematik mit dem symbolisch-funktionalen Gestaltungsprinzip verknüpft ist.

6.0 Symbolisch-funktionale Industrieproduktgestaltung

Wenn bei einem Gebrauchsprodukt die symbolischen und die ästhetischen Funktionen überwiegen, die praktischen Funktionen dagegen von untergeordneter Bedeutung sind, sprechen wir vom symbolisch-funktionalen Gestaltungsprinzip oder vom Prinzip der symbolisch-funktionalen Ästhetik. Dies ist das zweite Gestaltungsprinzip, nach dem Gebrauchsprodukte gestaltet sein können und dessen Anwendung ebenfalls gesellschaftlich beeinflußt ist.

Vom Mittelalter bis zum Beginn der Industrialisierung reichte die sogenannte Ständegesellschaft. Innerhalb der rechtlich-politischen Stände der Geistlichkeit, des Adels und des Volkes (Bauern und Bürger) hoben sich Untergruppen ab, deren Rechte und Pflichten meist gesetzlich festgelegt waren und die sich in ihrem Status deutlich voneinander unterschieden. Es gibt viele unterschiedliche Mittel, den sozialen Status innerhalb einer Gesellschaft herauszustellen. Neben bestimmten Ausprägungen des Verhaltens, der Sprache oder der Kleidung besteht die Möglichkeit, durch den Gebrauch geeigneter Produkte den sozialen Status zu symbolisieren. Dies gelingt um so eindrucksvoller, je größer die Symbolqualitäten der benutzten Produkte sind.

Die handwerklich gefertigten Gebrauchsprodukte der Zeit zwischen Mittelalter und Industrialisierung können entweder dem praktisch-funktionalen oder dem symbolisch funktionalen Gestaltungsprinzip zugeordnet werden (Abb. 18 und 19). Die Gestaltung der Produkte und deren Verwendung war weitgehend vom gesellschaftlichen Stand der Benutzer geprägt.

Praktisch-funktional gestaltete Produkte bedeuteten nicht mehr als das, was sie waren – sie dienten der Deckung bescheidener Bedürfnisse und wurden vorwiegend vom Stand der Bauern und Bürger benutzt. Gebrauchsprodukte dieser Art blieben vom Kunstanspruch verschont, weil mit ihnen keine demonstrativen Zwecke verfolgt wurden. Die Angehörigen der Geistlichkeit und des Adels benutzten vorwiegend Gebrauchsprodukte, die sich durch aufwendiges Schmuckwerk (= ästhetischer Aufwand, der auch höhere Kosten verursachte) von den Produkten der einfachen Leute unterschieden. Die Produkte, die von Geistlichkeit und Adel benutzt wurden, hatten über die praktischen Funktionen hinaus symbolische Bedeutung. Die symbolisch-funktionale Gestaltung dieser Produkte war an der Kunst jener Zeit orientiert; sie wurden von Kunsthandwerkern gefertigt und waren für die Benutzer vor allem Mittel der Selbstdarstellung. Viele dieser Gebrauchsprodukte waren so intensiv mit Ornamenten ausgestattet, daß man erstaunt ist, schließlich doch noch eine praktische Funktion an ihnen zu entdecken (Abb. 19).

Durch den Gebrauch dieser Produkte wurde gegenüber sich selbst und den

unterständischen Gruppen eine Aussage gemacht über Reichtum, politische Machtstellung und Bildungsstand. Es gehörte zum Selbstverständnis und zur Sicherung der gesellschaftlichen Stellung von Geistlichkeit und Adel, solche Produkte zu benutzen.
Die einsetzende Industrialisierung bot ideale Voraussetzungen für die massenhafte Herstellung von Gebrauchsprodukten. Es lag nahe, die zuvor handwerklich hergestellten Gebrauchsgegenstände mit vorwiegend praktischen Funktionen durch Einsatz der Maschinen zu vervielfältigen und zu einem günstigen Preis der breiten Bevölkerung zugängig zu machen. Bei der Gestaltung vieler Industrieprodukte jener Zeit jedoch orientierten sich die Hersteller weitgehend am Erscheinungsbild feudaler Produkte. Sie produzierten zum Teil mit industriellen Mitteln Produkte, die den einfachen Leuten wegen des zu hohen Preises bisher vorenthalten waren. Diese historischen Zusammenhänge müßten innerhalb einer Geschichte des Industrial Designs noch differenzierter betrachtet werden. Hier soll nur deutlich werden, daß unterschiedliche gesellschaftliche Gruppen schon immer die ihren Lebensumständen entsprechend gestalteten Gebrauchsprodukte benutzten.
Entsprechend den Zielen dieser Schrift dürfte es äußerst interessant sein zu untersuchen, inwieweit auch in unserer Zeit durch den Gebrauch von Industrieprodukten gesellschaftliche Stellungen symbolisiert werden.

6.1 Sozialpsychologische Zusammenhänge

Durch die industrielle Entwicklung, die nach 1800 zunehmend einsetzte, und durch die Entwicklung des kapitalistischen Wirtschaftssystems änderte sich der strukturelle Aufbau der Gesellschaften. Bildeten in der Ständegesellschaft Geistlichkeit, Adel und Volk mit ihren Untergruppen die Struktur dieser Gesellschaft, so glaubte Karl Marx in seiner Klassentheorie, daß die industrielle Entwicklung eine Zweiklassengesellschaft hervorbringen werde. Er sah die Klasse der Kapitalisten, in deren Händen sich die Verfügungsmacht über Grund, Boden, Sachgüter, also über Kapital, konzentriere, und die Klasse der Proletarier ohne Verfügungsmacht über Kapital.
Die Weiterentwicklung der industriellen Gesellschaften zeigt jedoch, daß deren Strukturen sich differenzierter entfalteten. Zum einen konnten die Arbeiter ihre Positionen in der Gesellschaft durch die Organisation in Gewerkschaften zunehmend verbessern, zum anderen erkannten die Unternehmer, wie bereits unter 5.2 angedeutet, daß durch das Zahlen höherer Löhne und somit durch die erhöhte Kaufkraft der Arbeiter erst der Absatz einer industriellen Massenproduktion ermöglicht wird. Zudem entwickelte sich im Verlauf der Ausdehnung der Industrieunternehmen ein wachsender Bedarf an Verwaltungsleistungen; es entstand neben dem Arbeiter der ebenfalls an Produktionsmitteln nicht teilhabende Typ des Angestellten, dem Siegfried Kracauer 1930 in einer Studie seine Aufmerksamkeit schenkte (16).

90 Statusprodukt der Oberschicht um die Jahrhundertwende.
»Konzertflügel«, Nuß- und Ebenholz mit Intarsien.
Hersteller: Rudolf Ibach Sohn, Schwelm.
Entwerfer: Peter Behrens, 1906.

Durch diese Entwicklungen und infolge der weitgehenden Spezialisierung und Qualifizierung breiter Arbeiterschichten gelang diesen ein sozialer Aufstieg. Durch Weltkriege und Währungskrisen bedingt, stand diesem Aufstieg andererseits der Abstieg früherer Besitzerschichten gegenüber. Dadurch wurden immer größere Teile der Bevölkerung in eine mittlere Statuslage gebracht.

6.1.1 Soziale Schichten – sozialer Status

Der Begriff der sozialen Schichten ermöglicht eine differenzierte Klassifikation von gesellschaftlichen Gruppen, die sich in einer gleichen oder ähnlichen Soziallage befinden. Diese Soziallage wird beeinflußt durch die Merkmale Schulbildung, Beruf, Einkommen,

Wohlstand, Form des Konsums, Art der Wohngegend und des Hauses und durch die Art des Produktgebrauchs. Der Frage nach der sozialen Ungleichheit, die in der Schichtung einer Gesellschaft zum Ausdruck kommt, ist Ralf Dahrendorf (17) in einem Artikel nachgegangen. Jeder Mensch als Mitglied einer Gesellschaft hat einen sozialen Status inne und besetzt innerhalb einer Rangskala eine Position, die mit Wertigkeiten belegt ist. Die extremen Punkte dieser Rangskala sind oben und unten. In verschiedenen soziologischen Studien werden für die Einteilung einer Gesellschaft in Schichten verschiedene Modelle angewendet. Lloyd Warner strukturierte 1948 die amerikanische Gesellschaft in Oberklasse, Mittelklasse und Unterklasse, wobei jede Klasse noch eine Differenzierung in z. B. obere Mittelklasse und untere Mittelklasse erfährt, so daß er auf eine Ordnung mit sechs Klassen kommt, die sich durch verschiedene Formen des Verhaltens, des Besitzes usw. voneinander unterscheiden. Die genaue Einordnung bestimmter Personen in eine festgelegte Kategorie kann grundsätzlich kaum erfolgen, weil es auf die Betrachtung verschiedener statuskonstituierender Faktoren ankommt. Bei der Betrachtung des Faktors Konsum kann jemand aufgrund seiner Konsumgewohnheiten eher einer höheren sozialen Schicht zugeordnet werden, als wenn die gleiche Person unter dem Merkmal Bildung analysiert würde. Es gibt allerdings analytische Verfahren, bei denen alle Faktoren gleichzeitig verarbeitet werden, um den sozialen Status einer Person zu erfassen

Unsere heutigen Industriegesellschaften sind weitgehend so strukturiert, daß sich zwischen den obersten und untersten Statuslagen eine breite Schicht als gesellschaftliche Mitte befindet. In dieser gibt es vielfältige Abstufungen nach oben oder unten.

Ein wesentliches Bedürfnis des Menschen ist das Anerkanntwerden seiner Person innerhalb einer gesellschaftlichen Gruppe. Entsprechend diesem Bedürfnis ist das Verhalten des einzelnen dahingehend ausgerichtet, seine eigene Position (seinen Status) innerhalb seiner Gruppe zu festigen. Er ist bestrebt, von den anderen Mitgliedern seiner Gruppe anerkannt zu werden. Dies vermittelt ihm beim Erreichen dieses Zieles das Gefühl der sozialen Sicherheit. Zum anderen ist der Mensch aber auch bereit, diese Statussicherheit aufzugeben, um in eine höhere soziale Schicht aufzusteigen. Der ständige Vergleich der eigenen Person mit anderen Gruppenangehörigen führt zu einem wetteifernden Verhalten.

Der Ausgangspunkt des sozialen Aufstieges ist oft die Orientierung an der höheren sozialen Schicht, an deren Lebensstandard und Verhaltensweise. Diese Orientierung hat in den meisten Fällen Nachahmung von Vorbildern zur Folge. Das kann durch Verhalten, Kleidung, Sprache, aber auch durch Gebrauch von Industrieprodukten geschehen, die von der Bezugsgruppe benutzt werden. Menschen, die Eingang in eine höhere soziale Schicht finden wollen, können dies durch Benutzen von gesellschaftlich anerkannten Symbolen einleiten. Die Industrie produziert in großem Umfang Symbole, die anzuzeigen imstande sind, wer der Besitzer ist, welchen Rang er innerhalb der Gesellschaft bekleidet. Bei der Entwicklung dieser Produkte hat der Industrial Designer die Aufgabe, geeignete ästhetische Mittel zu finden, die beim Betrachter das Symbolerlebnis auslösen. Sehr schnelle Autos z. B. werden von sehr beweglichen Leuten als Symbol des »Auf-dem-Weg-nach-oben-Seins« benutzt (18). Ein zweites Mittel auf »dem Weg nach oben« ist neben der sozialen Nachahmung die soziale Differenzierung. Diese beiden Aspekte können auch gleichzeitig auftreten: Soziale Differenzierung von der eigenen Gruppe kann gekoppelt sein mit dem Nachahmen der angestrebten Gruppe.

6.1.2 Sozialer Status – Prestige

K. M. Bolte definiert Status als Lage eines Menschen in Gliederungen, mit deren Differenzierungen sich Unterschiede sozialer Wertschätzungen verbinden. Status bezeichnet also nicht nur den Platz eines Menschen in einer sozialen Schicht, sondern bezieht auch immer die Wertung mit ein, die jemandem als Inhaber dieses Platzes zugeordnet wird. Der Status einer Person ist heute nicht unbedingt das Ergebnis einer Leistung (z. B. eines Studiums) oder geerbter Stellung innerhalb der Gesellschaft. Status resultiert zum Teil aus der Fähigkeit zu konkurrieren, aus der Bereitschaft, sich durch gerade akzeptierte Symbole zu behaupten. Industrieprodukte sind in besonderer Weise dazu geeignet, einen Rang zu symbolisieren, auszusagen, wer oder was jemand ist. Menschen, die als Person anonym bleiben, können beruflichen Erfolg, Reichtum an Besitz oder politische Macht oft nur dadurch sozial wirksam, d. h. sichtbar machen, daß sie die geeigneten Symbole verwenden.
Ludwig Leopold (19) sagte, daß Prestige jenes unheimliche Gefühl ist, jemand vor sich zu haben, dem man denkend oder wertend nicht beikommen kann. Der Drang nach Prestige scheint ein Grundzug der menschlichen Persönlichkeit zu sein. Zu nennen wäre der Drang danach, mehr zu scheinen, als man ist – der Drang, im Werturteil der menschlichen Mitwelt einen möglichst hohen Rang einzunehmen. Das Prestige, welches durch Gebrauch von Industrieprodukten gefestigt werden kann, steht am Ende der in Abb. 91 gezeigten Kette und könnte in Verbindung mit anderen statusprägenden Faktoren die Grundlage für einen höheren sozialen Status bilden. Der Wert, der dem Prestige zugrunde liegt, entzieht sich jeder rationalen Begründung und Einsicht. Das Prestige lebt aus der Unbeweisbarkeit. Durch den Versuch der Erklärung kann die Festigkeit des sozialen Ansehens ins Wanken geraten.
Es gibt drei Strukturmerkmale, die das Prestige einer Person auch beim Gebrauch von Statusprodukten prägen:

- der Besitz von außergewöhnlichen, dem Verständnis, Urteil, Vorurteil und Gefühl der Umwelt verschlossenen Werten;
- eine Nähe zum anderen, die das Interesse weckt und wachhält;
- eine Distanz zu ihm, die das Geheimnis der Werte vor jedem Zugriff bewahrt (20).

Im alltäglichen Leben begegnen sich die Angehörigen der verschiedenen sozialen Schichten und dokumentieren durch Verhalten, Sprache, Kleidung,

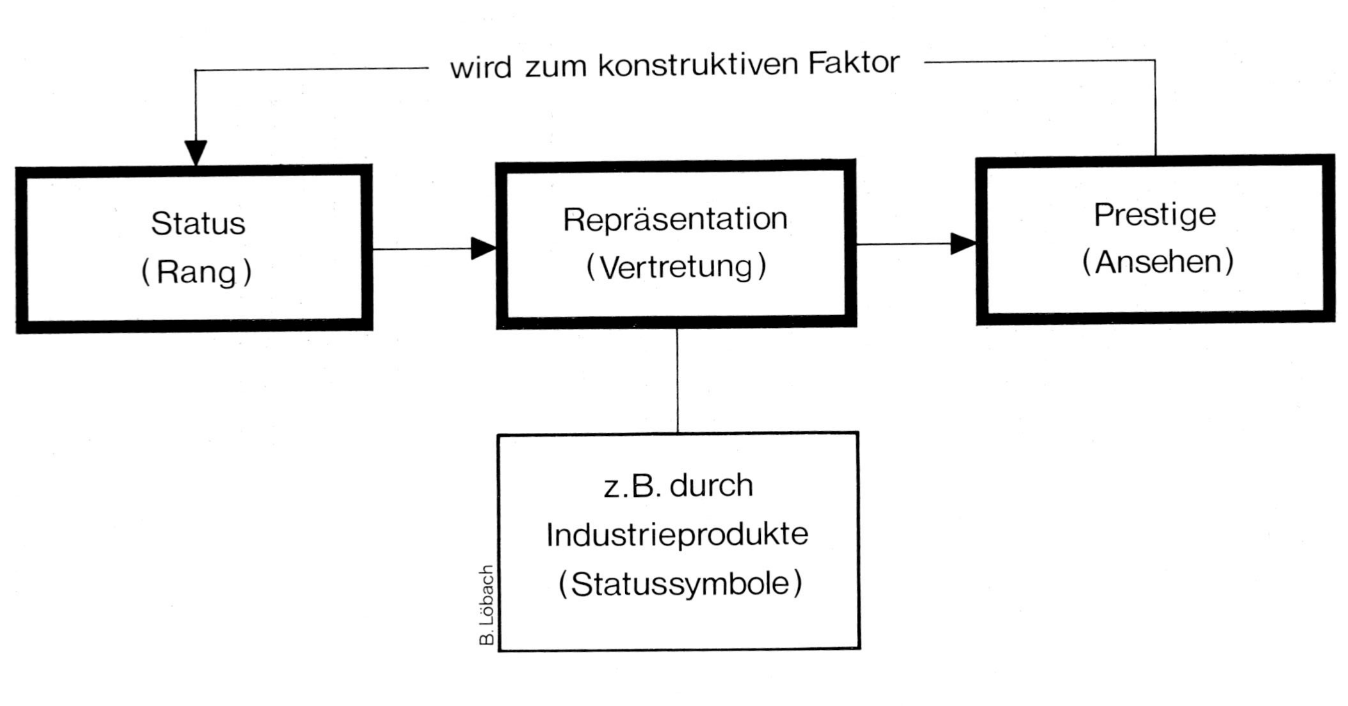
wird zum konstruktiven Faktor
Status
(Rang)
Repräsentation
(Vertretung)
Prestige
(Ansehen)
z.B. durch
Industrieprodukte
(Statussymbole)
B. Löbach

Konsum und Symbolgebrauch ihren Status, erzeugen dadurch beim beeinflußten Mitmenschen jenes Gefühl, welches wir Prestige nennen.

6.2 Industrieprodukte als Symbole

Hier kann nun an das unter 4.3 Gesagte angeknüpft werden. Es wurde dort festgestellt, daß ein Symbol ein Zeichen sein kann, welches für etwas anderes steht. Der Symbolbegriff ist aber so vielschichtig, daß er nicht mit einer einzigen Definition zu klären ist.
Shulamith Kreitler (21) stellt in ihrer Studie viele Definitionen vor und erklärt die verschiedenen Betrachtungsebenen. Im Hinblick auf die Wirkung von Industrieprodukten als Symbole erscheinen aber noch einige andere Aussagen als wichtig. Ein Symbol ist ein Bedeutungsträger, ein sichtbares Zeichen, welches meist für nicht direkt wahrnehmbare Zusammenhänge steht. Dabei kann das Symbol einmal ein Gebilde sein, dem von einer bestimmten Gruppe von Menschen ein besonderer Sinn verliehen wurde. Diese Symbole werden als künstliche Symbole bezeichnet, weil sie auf Konventionen beruhen. Zum anderen kann ein Symbol für einen Menschen eine individuelle Bedeutung haben, die dem Mitmenschen nicht verständlich ist. Diese werden als natürliche Symbole bezeichnet, weil deren Wirkung durch individuelle assoziative Verknüpfungen von Phänomenen zustande kommt. Auch unsere Industrieprodukte mit vorwiegend praktischen Funktionen haben unvermeidlich symbolische Funktionen, die, wie schon festgestellt wurde, in hohem Maße durch ästhetische Dimensionen der Produktgestalt beeinflußt sind. Industrieprodukte als Symbole verdeutlichen nicht den Wert, sondern den Stellenwert des Menschen in bezug auf die gesellschaftliche Ordnung. Diese Symbole ordnen in einer anonym gewordenen Gesellschaft die Beziehungen der Menschen zueinander, sie sind die Zeichen für das Verhalten. Der Mann im schnellen Auto signalisiert durch die visuelle Erscheinung des Fahrzeugs, daß der andere zu weichen hat. Die Produkte als Symbole müssen zudem Auskunft geben, ob der nicht mehr persönlich bekannte andere oberhalb, unterhalb oder auf der gleichen Ebene steht.

6.2.1 Statusprodukte

Industrieprodukte, die für eine soziale Schicht von Benutzern typisch sind, können diese Schicht symbolisieren, werden zum Symbol des sozialen Status. Das Industrieprodukt wird dann zum Bedeutungsträger, der etwas über die Lebensgewohnheiten derer aussagt, die sich mit dem Produkt identifizieren und es benutzen. Es kann eine Aussage machen über Art des Berufes, Höhe des Einkommens, Stand der Bildung usw. Statusprodukte sind also solche Produkte, die die echte gesellschaftliche Stellung des Benutzers anzeigen. Hierbei wäre die schon angesprochene Identität der Lebensform der Menschen mit der Erscheinungsform der Produkte gegeben (Abb. 63). Die Produkte entsprechen dabei genau der Art der Bedürfnisbefriedigung, die durch statusbildende Faktoren beeinflußt wird. Die Produkte, die vorwiegend von Angehörigen der Oberschicht benutzt werden, unterscheiden sich häufig von den

92

Produkten der Mittel- und Unterschicht durch zusätzliche Funktionen, mit denen zusätzliche Bedürfnisse befriedigt werden können. Als Beispiel kann die Befriedigung des Bedürfnisses nach ästhetischem Erleben oder der Drang nach etwas Ungewöhnlichem, das andere nicht besitzen, genannt werden. Schon in der Ständegesellschaft zeichneten sich die Produkte der Oberschicht durch erhöhten ästhetischen Aufwand aus, der sich damals im Ornament auswirkte. Heute wird der Eindruck des Ungewöhnlichen durch Einsatz wertvoller Materialien oder Anwendung selten gesehener ästhetischer Elemente erreicht. Weitere Merkmale der Produkte, die den Status der Oberschicht repräsentieren, können der Neuheitswert, die Seltenheit der Produkte, die Schwierigkeit der Beschaffung oder – meistens – ihr hoher Preis sein. Die Produkte, die den Status der Mittel- bzw. Unterschicht symbolisieren, sind oft bescheidener in ihren Funktionen. Besonders der ästhetische Aufwand ist meist geringer, es überwiegt die praktische Funktion. Ferner

92 Statusprodukt der Oberschicht – Oldtimer mit den Merkmalen Seltenheit, besondere ästhetische Erscheinung, Schwierigkeit der Beschaffung, hoher Preis in Anschaffung und Unterhaltung, von der Öffentlichkeit mit Aufmerksamkeit bedacht.
»Bentley Mark VI – Baujahr 1949«.
Besitzer: »Auf dem Lande meint man, ich wäre wenigstens britischer Botschafter.«

93 Prestigeprodukt – ermöglicht Befriedigung von Geltungsbedürfnissen im Bekanntenkreis.
»Hi-Fi-Stereo-Kompaktgerät audio 308«.
Hersteller: Braun AG, Kronberg.
». . . der Prestigewert eines Produktes ist um so höher, je ungewöhnlicher dessen ästhetische Erscheinung und je höher der Preis dafür ist.«

handelt es sich um preiswerte, für jeden erreichbare Massenprodukte, bei denen die Ausstattung mit Zusatznutzen schon aus Kostengründen beschränkt bleiben muß.

Ein Industrieprodukt wird erst dann Symbol eines sozialen Status, wenn es für die übrigen Gesellschaftsmitglieder wahrnehmbar ist.

In besonderer Weise sind Industrieprodukte als Statussymbole geeignet, wenn sich der Besitzer mit ihnen zusammen in der Öffentlichkeit zeigen kann. Das Automobil ist daher eines der geeignetsten Produkte, um die gesellschaftliche Stellung des Besitzers anzuzeigen. Produkte, die vorwiegend im Privatbereich benutzt werden, haben eine geringere Öffentlichkeitswirkung und ermöglichen die Demonstration des eigenen Status nur im Bekanntenkreis.

Ein Statusprodukt kann auch ohne den Besitzer wirksam werden, wie z. B. das Schwimmbad hinter dem Bungalow.

Gesellschaftliche Normen schreiben den Angehörigen einer Gruppe oft den Besitz bestimmter Produkte (als Statussymbole) vor, z. B. muß das Mitglied

94

94 Symbolisierung von hohem sozialen Status. »Mercedes-Benz 450 SE/225 PS«.
Hersteller: Daimler-Benz AG, Stuttgart.

95 Symbolisierung von bescheidenem sozialen Status.
»Citroën 2 CV/23 PS«.
Hersteller: Citroën, France.

96 Prestigeprodukt für soziale Aufsteiger Marke »Eigenbau« oder Spaßobjekt?
»Citroën 2 CV mit Mercedes-Benz-Frontteil«.

eines exklusiven Reitclubs entsprechende Kleidung tragen und ein eigenes Pferd besitzen. Wer diese Normen nicht beachtet, kann mit Sanktionen rechnen, die bis zum Ausschluß aus der Gruppe führen können.

Mitglieder einer sozialen Schicht entwickeln durch den Gebrauch gleicher Produkte oft eine Solidarität, die sich z. B. darin äußert, daß sich zwei Personen lediglich grüßen, weil sie den gleichen Autotyp fahren. Der Besitz des gleichen Produktes symbolisiert ihnen den gleichen sozialen Status und erzeugt eine Verbundenheit.

Als Statussymbole können Industrieprodukte betrachtet werden, die den echten Bedürfnissen von Benutzergruppen entsprechen und deren Erscheinungsform der Lebensform, d. h. der Art der Bedürfnisbefriedigung entspricht. Der echte soziale Status wird dabei durch das Industrieprodukt repräsentiert (auch Repräsentationsprodukt), das beim Mitmenschen ein Prestige, ein Ansehen, welches mit dem Status identisch ist, erzeugt (Abb. 91).

95

96

6.2.2 Prestigeprodukte

Statusprodukt und Prestigeprodukt scheinen daher zwei verschiedene Begriffe für ein und dasselbe Phänomen zu sein. Wenn durch den Gebrauch eines Produktes der wirkliche Status des Benutzers angezeigt wird, symbolisiert dasselbe Produkt beim Betrachter gleichzeitig Ansehen, Prestige. Für Benutzer und außenstehenden Betrachter ist in diesem Fall dasselbe Produkt gleichzeitig Statusprodukt und Prestigeprodukt.

Nun besteht aber z. B. für den Angehörigen einer unteren Schicht die Möglichkeit, durch das Benutzen von Statusprodukten einer höheren sozialen Schicht den Anschein zu erwecken, als gehöre er zu dieser Schicht. Dadurch erhält ein Produkt, welches den Status einer Schicht anzeigt, im Gebrauchsvorgang durch den Angehörigen einer unteren Schicht die Funktion, dessen Prestige zu heben. Aus dem Statusprodukt der oberen Schicht wird das Prestigeprodukt der unteren Schicht. Ein Prestigeprodukt ist also ein Produkt, mit dem ein Wunschstatus symbolisiert werden kann.

Es kann also festgehalten werden:

Hat ein Produkt primär die Aufgabe, einen vorhandenen Status zu repräsentieren, bietet sich die Verwendung des Begriffs Statusprodukt an. Wenn ein Industrieprodukt aber vorwiegend die Aufgabe hat, ein Ansehen zu prägen, welches mit dem eigentlichen Status nicht identisch ist – z. B. einen höheren Status vorzutäuschen –, dann wäre es sinnvoll, den Begriff Prestigeprodukt zu verwenden.

Der Vortäuschung einer Lebensform durch den Gebrauch von Pestigeprodukten entspricht der in Abb. 64 gezeigte Zusammenhang. Es besteht natürlich auch für den Angehörigen einer höheren Schicht die Möglichkeit, durch den Gebrauch von Statusprodukten einer tieferen Schicht den Anschein zu erwecken, als gehöre er zu dieser. Solches Verhalten wird in unserem Sprachgebrauch als Tiefstapeln bezeichnet. Meist spielen jedoch Prestigeprodukte im sozialen Aufstieg eine wichtige Rolle, weil deren Besitz der erste konstituierende Faktor eines höheren Status sein kann.

Das Benutzen der Statussymbole einer höheren Schicht alleine führt allerdings noch nicht zu einem Wechsel in diese Schicht. Der Chef einer Chicagoer Werbeagentur sagte einmal: »Sie werden sich ein dickes Auto und allen Luxus kaufen – aber sie bleiben immer, was sie waren« (18). Jeder kann den Versuch unternehmen, durch den Erwerb eines als Statussymbol einer höheren Schicht anerkannten Produktes einen höheren sozialen Rang zu erlangen. Mit dem Produktgebrauch alleine ist allerdings der Aufstieg kaum möglich. Hinzu kommen meist noch weitere prestigestiftende Verhaltensweisen, die hier jedoch nicht näher betrachtet werden können.

Die Bedeutung von Statusprodukten in der Verwendung als Prestigeprodukte wird in ihrer Wirkung abnehmen, sobald sich der Käuferkreis erheblich über die ehemalige Bezugsgruppe hinaus ausweitet. Die Wirkung des Produktes kann dann sogar ins Negative umschlagen. Die Reaktion der Besitzer eines höheren Status, die sich ihrer Statusprodukte beraubt sehen, kann sich dann so entwickeln, daß sich diese Gruppe neuen, unverbrauchten, bis dahin seltenen Produkten zuwendet.

6.3 Wirtschaftliche Dimensionen

Zu Beginn der Industrialisierung konnten die Unternehmen den eigenen Produktionsmöglichkeiten entsprechende Erzeugnisse herstellen, d. h. produktionsorientierte Unternehmenspolitik betreiben. Der Markt war für viele Produkte offen, das Netz der Konkurrenten noch nicht so dicht, ein Absatz der Produkte in jedem Falle gesichert.

Heute begegnet sich eine Vielzahl von Konkurrenten im Markt. Dort sind bereits die wesentlichsten Gebrauchsprodukte so häufig vorhanden, daß in weiten Bereichen von einer Marktsättigung gesprochen werden kann. Das bedeutet für die Unternehmen, daß ein Absatz weiterer Produkte nur gewährleistet ist, wenn eine verstärkt marktorientierte Unternehmenspolitik betrieben wird. Ausgangspunkt dieser Aktivität ist die genaue Analyse des Marktes, der Mitbewerber, der Bedürfnisstruktur etwaiger Käufer, die Analyse unbewußter Wünsche und Strebungen.

Seit etwa zehn Jahren ist festzustellen, daß immer mehr Hersteller der Ausstattung von Gebrauchsprodukten mit zusätzlichem Nutzen große Aufmerksamkeit schenken, also eine Wandlung von zweckrationalen Produkten zu zusätzlich prestigeorientierten Produkten stattfindet. Mit anderen Worten: Praktisch-funktionale Produkte werden aus Gründen der Mehrwertproduktion (höhere Absatzchancen) zusätzlich mit symbolischen Funktionen ausgestattet. Im Zuge der verfeinerten Bedürfnisbefriedigung, die durch systematische Verbraucherforschung abgesichert und zum Teil durch Werbung gefördert wird, werden von den Unternehmen für die Bedürfnisse nach Anerkennung, nach höherem Prestige, nach höherem sozialen Status entsprechende Industrieprodukte geschaffen. Die Ausstattung der Produkte mit Zusatzwerten gibt dem Benutzer die Möglichkeit, sich immer neue Wünsche zu erfüllen. Die alten, nicht mehr dem höheren Lebensstandard entsprechenden Produkte werden dann nicht mehr benutzt. Die Unternehmen bieten also für den Aufstieg innerhalb der gesellschaftlichen Schichten entsprechende Symbole an, die von allen erreichbar sind, die mit einer entsprechenden Kaufkraft ausgestattet sind. Somit erhalten auch Angehörige einer niedrigeren Schicht durch den Gebrauch von Prestigeprodukten die Möglichkeit, sich das Zugehörigkeitsgefühl zu einer höheren Schicht zu verschaffen.

Das Erkennen der hier dargestellten sozialpsychologischen Aspekte und die darauf basierende Herstellung von Produkten mit hohem Prestigewert werden für viele Unternehmen in einer Zeit der bereichsweisen Überproduktion und Marktsättigung zum absatzsichernden Faktor.

6.4 Der Industrial Designer als Symbolschöpfer

Industrieprodukte haben die Eigenschaft, durch ihre praktischen Funktionen im Gebrauchsvorgang primär physische Bedürfnisse zu befriedigen.

97

Sollen nun Industrieprodukte mit zusätzlichen Funktionen ausgestattet werden, durch die psychische Bedürfnisse – ästhetisches Erleben, soziale Anerkennung, höherer sozialer Status – befriedigt werden können, müssen sie Symbolqualitäten erhalten. Das ist u. a. die Aufgabe des Industrial Designers, der durch die Anwendung des symbolisch-funktionalen Gestaltungsprinzips bzw. durch symbolisch-funktionale Ästhetik das Produkt zum Symbol ausbilden kann. Voraussetzung dafür sind natürlich genaue Angaben darüber, welche Bedeutung dieses Symbol haben soll und welche Wirkung es ausstrahlen soll. Die Schwierigkeit besteht nun darin, die geeignete Konstellation ästhetischer Mittel zu finden, mit denen die beabsichtigte Symbolwirkung ausgelöst werden kann, denn die Art des Aufbaus der visuellen Erscheinung ist die erste Voraussetzung dafür.

Daß auch akustische Dimensionen eines

98

97 Sexsymbol. »Busenvase Pollo«. Hersteller: Rosenthal AG, Selb. Designer: Tapio Wirkkala, 1971.
98 Geschwindigkeitssymbol. »Alfa Romeo 33 Carabo«. Design: Bertone.

Produktes Teil der symbolischen Funktion sein können, zeigt folgendes Beispiel: Ein Generaldirektor von Chevrolet sagte 1957 bei der Präsentation eines neuen Automodells: »Dieses Jahr haben wir das schönste Türenklappen herausgebracht, das wir je hatten – den Klang des großen Wagens« (18).
Hauptaufgabe des Industrial Designers bei der Schaffung von Industrieprodukten mit hohem Anteil an symbolischer Funktion bleibt vorwiegend jedoch die Beeinflussung der visuellen Erscheinung der Produkte mit ästhetischen Mitteln. Diese Aspekte werden später unter dem Thema »Ästhetik des Industrial Designs« besprochen.
Bisher wurden ausschließlich die Möglichkeiten erwähnt, mit Industrieprodukten sozialen Status oder angestrebtes Prestige zu symbolisieren. Industrieprodukte können aber auch mit anderen Symbolwirkungen ausgestattet sein. Von der Rosenthal-Vase

»Pollo« (Abb. 97) wird erzählt, daß sich der Designer Tapio Wirkkala durch ein vorübergehendes Mädchen mit üppigem Busen inspirieren ließ, diese Vase zu formen. Durch die Anwendung ästhetischer Mittel ist hier ein Produkt entstanden, welches beim Betrachter der Gestalt entsprechende Assoziationen erzeugt. Bei derartigen Wirkungen wird das Industrieprodukt zum Sexsymbol. Ein Motorboot kann durch entsprechende Gestaltung zum Symbol männlicher Kraft werden, ein schnelles Auto auf die »Sportlichkeit« des Fahrers hinweisen.

Auf die vielfältigen anderen Möglichkeiten von Symboleinwirkungen bei Industrieprodukten kann innerhalb dieser Arbeit nicht näher eingegangen werden.

99

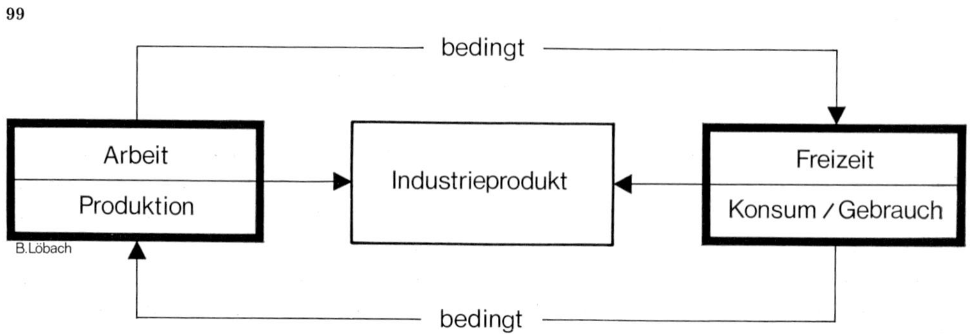

7.0 Industrial Design im Industrieunternehmen

Die in Abb. 99 dargestellten Zusammenhänge bilden die Grundlagen unserer Wirtschaft und der heutigen industriellen Produktion. Die Gestaltung von Industrieprodukten hat in diesem Zusammenhang für unterschiedliche Interessengruppen unterschiedliche Bedeutung und Funktionen. Dies machte bereits die Gegenüberstellung verschiedener Definitionen von Industrial Design deutlich. Aus der Haltung der Benutzer von Industrieprodukten heraus wurde Industrial Design als Prozeß der Anpassung industriell herstellbarer Gebrauchsprodukte an die physischen und psychischen Bedürfnisse der Benutzer und Benutzergruppen definiert. Es folgte eine Untersuchung der Bedeutung von Industrieprodukten für die Benutzer und deren Bedürfnisbefriedigung durch den Gebrauch der Produkte. So wurde überschaubar, welche Wichtigkeit die Gestaltung der Industrieprodukte dabei hat.
Eine weitere Position, aus der heraus Interesse an der Gestaltung von Industrieprodukten besteht, ist die des Industrieunternehmens. Die Ziele eines Unternehmens sind vielfältig und mit unterschiedlichen Prioritäten belegt. Daher kann auch Industrial Design nur ein Faktor im umfangreichen Katalog der Zielsetzungen eines Unternehmens sein. Da Unternehmen innerhalb des Wirtschaftssystems ohne Gewinnerzielung nicht dauernd existenzfähig sein können, ist das Hauptmotiv allen Wirtschaftens die Gewinnvermehrung und damit verbunden der Ausbau der Unternehmen. Diesem primären Ziel der Gewinnvermehrung sind alle anderen Teilziele unterstellt, auch die Gestaltung der in den Unternehmen hergestellten Produkte. Welche Bedeutung dem Industrial Design von den Unternehmen beigemessen wird, soll in der Folge noch genauer aufgezeigt werden. In Abb. 100 wird anschaulich, daß der Industrial Designer im Industrieunternehmen zwei Interessengruppen vertreten muß. Die Interessen des Benutzers der Produkte wurden bereits aufgezeigt, ferner die Möglichkeiten, die der Industrial Designer hat, um diese Interessen beim Entwurfsprozeß zu berücksichtigen. Da er aber meist vom Industrieunternehmen beauftragt wird, muß er beim Entwurf auch dessen Interessen und Ziele verfolgen.
Um die Arbeit des Industrial Designers im Industrieunternehmen genauer einschätzen zu können, sind zuvor die wirtschaftlichen Aspekte zu betrachten, welche die Tätigkeit des Entwerfens von Industrieprodukten beeinflussen.

7.1 Marktsituationen und Unternehmenspolitik

Im System der Marktwirtschaft treten sich die Unternehmen weitgehend als Konkurrenten gegenüber. Die Folge ist die intensive Orientierung der Unternehmen am Markt bzw. an den Bedürfnissen möglicher Käufer der Produkte. Je spezieller aber Bedürfnisse der Men-

100

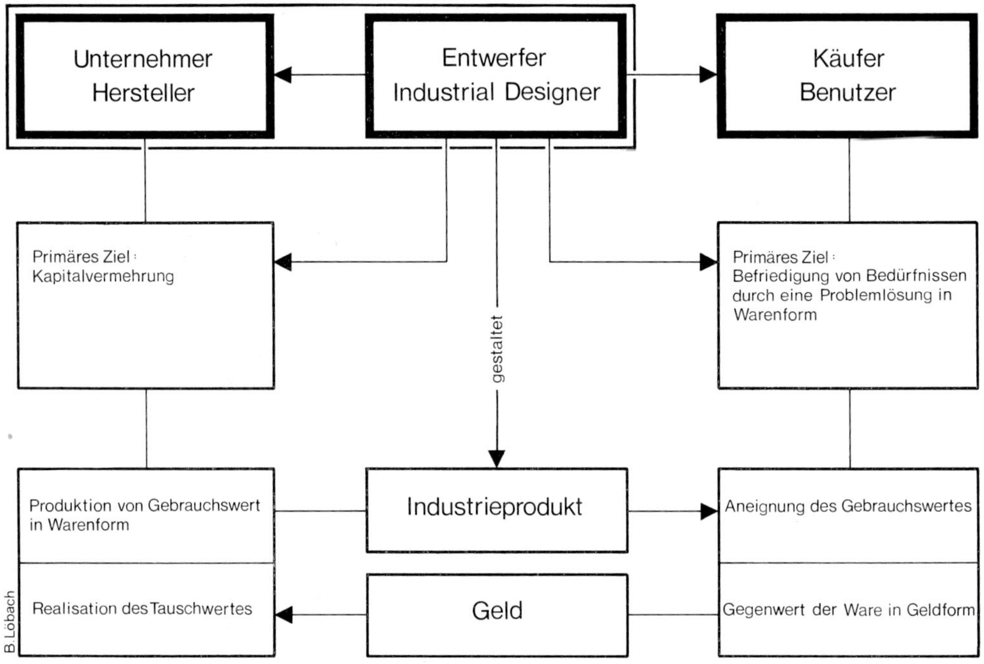

schen durch industriell hergestellte Produkte befriedigt werden, desto kleiner wird der Kreis möglicher Käufer für die einzelnen Hersteller, desto schärfer gestaltet sich die Konkurrenzsituation für die Unternehmen. Dies wurde bereits bei der Betrachtung von Gebrauchsprodukten für den individuellen Gebrauch deutlich.

Diese Konkurrenz der Unternehmen bringt es mit sich, daß Produktgestaltung im Industrieunternehmen nicht mehr ausschließlich an den Bedürfnissen der späteren Benutzer orientiert ist, sondern das Angebot der Mitbewerber die Produktpolitik und damit auch die Produktgestaltung beeinflußt. Diese Orientierung an der Konkurrenz kann drei verschiedene Verhaltensformen eines Unternehmens in bezug auf die Gestaltung der Produkte ergeben:

- Abhebung von Konkurrenten (Produktdifferenzierung)
- Imitation der Konkurrenzprodukte (Produktnachahmung)
- Kooperation mit den Konkurrenten

Besonders bei der Differenzierung vom Angebot der Mitbewerber hat die Gestaltung der Produkte eine besondere Bedeutung. Darauf soll später noch näher eingegangen werden.

Jede industrielle Produktion und damit die Politik der Unternehmen ist abhängig von der Beschaffenheit der Märkte, auf denen die Produkte abgesetzt werden sollen. Es sind drei verschiedene

Arten von Marktsituationen bekannt, welche die Politik der Unternehmen in hohem Maße beeinflussen:

- Ungesättigte Märkte
- Gesättigte Märkte
- Gemachte Märkte

Diese verschiedenen Situationen treten nicht unbedingt hintereinander auf, sondern sind entsprechend den vielfältigen Produktbereichen und dem Stand der industriellen Produktion unterschiedlich ausgebildet. Sie haben auch Einfluß darauf, inwieweit ein Unternehmen am Einsatz von bewußter Produktgestaltung interessiert ist. Es wurde schon an anderer Stelle festgestellt, daß zu Beginn der industriellen Entwicklung die Unternehmen ungesättigte Märkte vorfanden. In dieser Situation brauchte dem Faktor Produktgestaltung keine besondere Aufmerksamkeit geschenkt zu werden. Die Herstellung von Industrieprodukten war produktionsorientiert. Die Aufmerksamkeit der Unternehmen war auf den Ausbau des Industriesystems gerichtet, darauf, wie am kostengünstigsten und mit dem größten Gewinn Produktionsmittel eingesetzt und Rohstoffe in Produkte umgewandelt werden konnten. Der Markt war unbegrenzt aufnahmefähig, die Produktion schaffte die Nachfrage bei den Interessenten.

Heute finden wir in weiten Bereichen gesättigte Märkte. Das bedeutet, daß als Folge der Konkurrenz der Unternehmen und der ständigen Ausweitung der Produktionskapazität vielfach ein Überangebot an Produkten besteht. Infolgedessen sind die Unternehmen gezwungen, die Kaufkraft der möglichen Interessenten auf ihr Angebot zu lenken, um eine Stellung im Markt zu halten oder sogar auszubauen. Sie sind also gezwungen, die Produkte bekannt zu machen, entsprechende Bedürfnisse und Wünsche zu wecken. Dies geschieht heute in immer stärkerem Maße durch den Einsatz ästhetischer Mittel im Bereich der Werbung und Produktgestaltung. Die zentrale These der Marktwirtschaft –

- der Markt ist immer offen und unbegrenzt, und
- die Produktivität ist ohne Grenzen

– führt zur Nachfrageproduktion, d. h., es werden Bedürfnisse erzeugt, der Markt wird gemacht (Abb. 64).

Ein Beispiel hierfür ist die Entwicklung eines Joghurtzubereiters, mit dem der Benutzer normale Milch durch Zusatz von Joghurt-Reinzucht-Kulturen säuern und somit in Joghurt umwandeln kann. Die vorher durch große Molkereibetriebe erfolgte Bedürfnisbefriedigung der Bevölkerung wird nun durch das Angebot eines geeigneten Gerätes privatisiert, jeder kann nun seinen Bedarf nach Joghurt individuell decken. Hier findet lediglich eine Umschichtung der Gewinne statt. Das vorher von Molkereibetrieben erzeugte Produkt Joghurt wird nun durch den Verbraucher in Heimproduktion erzeugt – dafür benötigt er ein entsprechendes Gerät der Elektrogeräteindustrie.

Das Problem der Unternehmen beim Schaffen neuer Märkte ist offensichtlich die Suche nach Problemlösungen, die Kaufbereitschaft entstehen lassen. Dabei wird unter anderem Industrial Design eingesetzt, um das Produkt in allen Dimensionen für den zukünftigen Benutzer attraktiv zu gestalten. In dieser Situation kommt dann dem

Massenproduktion von Industrieprodukten:
101 »VW-Käfer«.
Hersteller: Volkswagenwerk, Wolfsburg.
102 »Miele Waschautomaten«. Tagesproduktion = 1760 Stück.
Hersteller: Miele-Werke, Gütersloh.

Marketing als Mittel der Nachfrageerzeugung und Absatzsicherung eine besondere Bedeutung zu. Daher ist auch in marktorientierten Unternehmen Industrial Design nicht selten der Marketingabteilung angegliedert. Die Produktpolitik eines Unternehmens und die Aktivitäten bezüglich der Produktgestaltung sind also in sehr hohem Maße von der Marktsituation der Branche abhängig.
Wie schon angedeutet wurde, kann ein Unternehmen bei der Gestaltung der Produkte seine Konkurrenten nachahmen. Dies wird aber in den seltensten Fällen zum Markterfolg führen, weil die führenden Konkurrenten meist eine gesicherte Marktposition einnehmen. Auch interessiert hier nicht so sehr, welche Bedeutung das Industrial Design beim Nachahmen von Konkurrenzprodukten hat.
Auch bei der zweiten Möglichkeit der Produktpolitik – Kooperation mit den Konkurrenten oder Erlangung einer Monopolstellung im Markt durch Aufkauf der Konkurrenten – hat das Industrial Design keine allzu große Bedeutung, da der Käufer ja vom Angebot des Monopolisten abhängig ist.

102

Dieser könnte auf eine besondere Aktivität bezüglich der Produktgestaltung verzichten, da seine Produkte mit großer Wahrscheinlichkeit sowieso gekauft werden.
Bei der Politik der Differenzierung von den Mitbewerbern aber erhält Industrial Design die größte Bedeutung für das Industrieunternehmen. Zum einen, um durch den Einsatz ästhetischer Mittel die Aufmerksamkeit der Kaufinteressierten auf das Produkt zu lenken, zum anderen, um die Produkte mit zusätzlichen Eigenschaften zu versehen, die vom Benutzer gewünscht werden, die aber die Produkte der Mitbewerber nicht bieten. Durch die Ausstattung der Produkte mit zusätzlichen Gebrauchswerten wird den Benutzern eine verfeinerte Bedürfnisbefriedigung ermöglicht, was zu einer Nachfragesteigerung im Markt und zu einer Absatzsicherung für die Unternehmen führen kann.

7.2 Industrial Design – Mittel der Produktweiterentwicklung und Produktdifferenzierung

Der Einsatz des Industrial Designs ist ein Bestandteil der Programmstrategie eines Unternehmens. Es kann eine Programmbereinigung angestrebt werden, d. h. Reduzierung der Typenvielfalt, oder eine Programmausdehnung. Besonders in solchen Unternehmen, die

103

kontinuierlich ihr Produktprogramm ausbauen und verfeinern, erhält der Industrial Designer die Aufgabe der Produktweiterentwicklung. Dies bedeutet Programmausdehnung, die nach zwei verschiedenen Prinzipien erfolgen kann, für die im betriebswirtschaftlichen Sprachgebrauch die Bezeichnungen Diversifikation und Differenzierung verwendet werden.

Diversifikation ist jene Aktivität eines Unternehmens, bei der die Breiten-

104

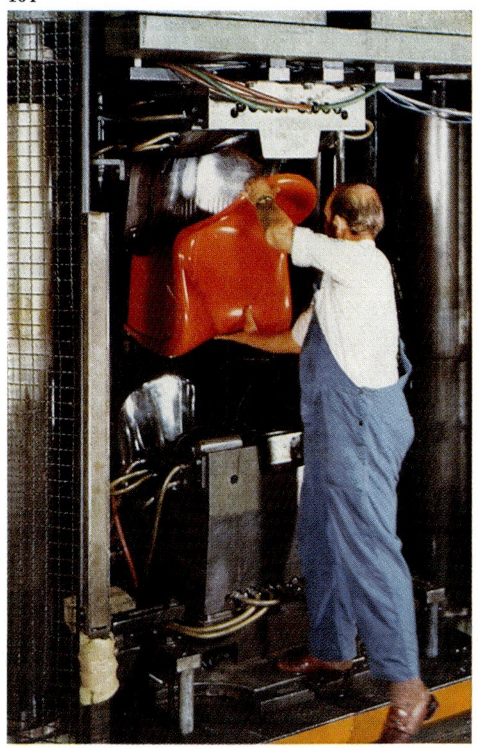

103+104 »Panton-Chair«.
Hersteller: Sulo-Werke, Herford.
Vertrieb: Vitra GmbH, Weil/Rhein.
Designer: Verner Panton.
Wenn mit dem Ziel der Gewinnvermehrung Produktionsanlagen Massenprodukte ausstoßen, muß der Massenkonsum gesichert sein. Dadurch entsteht heute für die Unternehmen der Zwang, Märkte zu machen.

dimension eines Produktprogramms um weitere Produkttypen ausgeweitet wird. Der Hauptgrund für einen derartigen Ausbau des Programms ist die Absicherung vor möglichen negativen Veränderungen im Markt. Es werden meist solche Produkte mit in das Programm aufgenommen, die produktionstechnisch und absatzwirtschaftlich dem bisherigen Programm so verbunden sind, daß dafür der gleiche Bestand an Produktionsmitteln und die gleichen Marktbeziehungen genutzt werden können.

Diversifikation bedeutet für den Industrial Designer Produktneuentwicklung, bezogen auf das Produktprogramm des auftraggebenden Unternehmens. Im Hinblick auf das Angebot der Mitbewerber kann diese Diversifikation gleichzeitig Differenzierung vom Marktangebot sein.

Differenzierung ist jene Aktivität eines Unternehmens, bei der die Tiefendimension eines Produktprogramms um weitere Produkte ergänzt wird. Dies bedeutet für das Unternehmen gleichzeitiges Angebot von verschiedenen Ausführungen eines Produktes für die unterschiedlichsten Bedürfnisse der verschiedenen sozialen Schichten. Dadurch werden für Interessenten viele alternative Kaufmöglichkeiten geschaffen, es wird ermöglicht, zu allen Zeiten des sozialen Aufstiegs die Produkte desselben Herstellers zu besitzen.

Differenzierung des Produktprogramms bedeutet für den Industrial Designer Produktweiterentwicklung. Da dies in vielen Unternehmen eine der Hauptaufgaben der Industrial Designer ist, soll diese Problematik hier etwas genauer betrachtet werden.

Die Angebotsfülle auf dem Markt der Gebrauchsprodukte führte dazu, die Produktgestaltung als wirksames Mittel der Produktdifferenzierung zu entdecken und in erhöhtem Maße einzusetzen. Zu der Orientierung an den

105

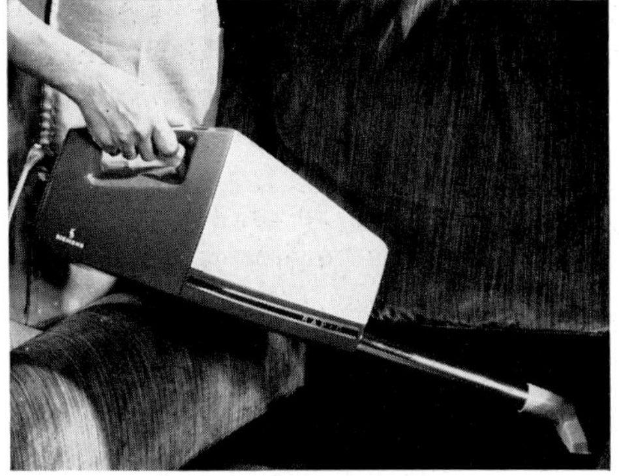

105 Marktführerschaft durch ungewöhnliche Differenzierung von den Mitbewerbern durch Industrial Design: »Staubsauger Siemens Rapid«. Hersteller: Siemens-Electrogeräte GmbH, München.

106+107 Produktdifferenzierung ohne hohen kostenmäßigen und herstellungstechnischen Aufwand: »Toastgeräte mit Dekorplatten«. Hersteller: Siemens-Electrogeräte GmbH, München.

Bedürfnissen der Benutzer kommt für den Industrial Designer das Problem der Orientierung am Angebot der Mitbewerber des Unternehmens. So hat die Produktgestaltung neben dem Ziel der Bedürfnisbefriedigung ferner die absatzwirtschaftliche Zielsetzung, die Attraktionswirkung des Produktprogramms zu erhöhen.

Produktweiterentwicklung und Differenzierung durch Industrial Design kann sowohl eine Defensivmaßnahme eines Unternehmens zum Schutz vor sinkenden Marktanteilen sein als auch eine Maßnahme aggressiver Produktstrategie, um die Position des Marktführers einzunehmen. Produktdifferenzierung sollte dabei nicht die Funktion haben, Produkte nur neu erscheinen zu lassen, mit der Weiterentwicklung von Gebrauchsprodukten sollte vielmehr der Auftrag an Konstruktion und Design verknüpft sein, den Gebrauchswert der Produkte zu erhöhen. Ein Beispiel liefert dafür die Elektrogeräteindustrie. Bis zum Jahre 1960 waren in der Bundesrepublik alle bekannten Staubsauger mit einem Blechgehäuse versehen. 1961 fertigte dann ein Großunternehmen der Elektrogeräteindustrie erstmals einen Staubsauger mit einem Kunststoffgehäuse, bei dem auch eine ungewöhnliche Gestaltung realisiert werden konnte. Durch diese Weiterentwicklung erlangte der neue Staubsauger für das Unternehmen einen so hohen Marktanteil, daß alle übrigen Mitbewerber gezwungen waren, ebenfalls Staubsauger mit Kunststoffgehäusen und ansprechender Gestaltung anzubieten.

Für die Weiterentwicklung von Produkten – auch als Re-Design bezeichnet – gibt es viele Gründe, von denen hier nur einige als Beispiel genannt werden können:

- Sinkende Marktanteile
- Einsatz neuer Werkstoffe und Fertigungsverfahren
- Neue Funktionsweisen (vorher mechanisch – jetzt elektronisch)
- Miniaturisierung der Bauteile
- Entdeckung von Gebrauchserleichterungen
- Veränderte Formvorstellungen
- Veränderte Bedürfnisse der Benutzer

Die Tätigkeit der meisten Industrial Designer in Industrieunternehmen besteht heute darin, veraltete Produkte

106

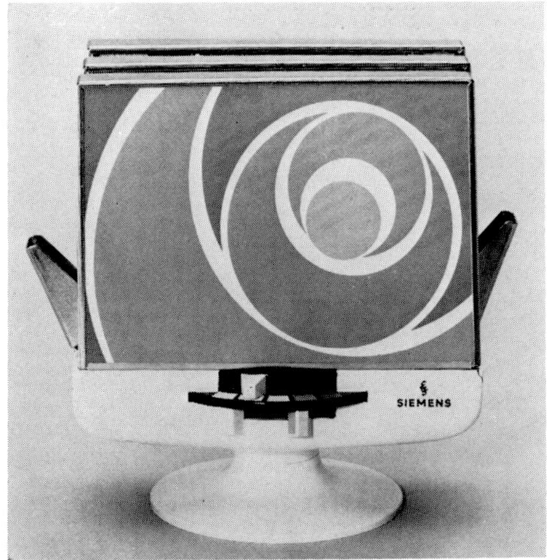

107

veränderten Bedingungen anzupassen, weil es das total neue Produkt in einer so hochentwickelten Industriegesellschaft kaum noch gibt. Aber die Weiterentwicklung von Industrieprodukten hat Grenzen, die vom Entwicklungsstand des Produkttyps abhängig sind. Besonders im Bereich der Haushaltsgeräte ist eine Grenze erreicht, bei der echte Erneuerungen kaum noch wahrnehmbar sind. Wenn die Entwicklung der Produkte so weit fortgeschritten ist, daß sich die Geräte der einzelnen Unternehmen im technischen Aufbau und dem verwendeten Material kaum noch voneinander unterscheiden, wenn sie also technisch ausgereift sind, wird es für Konstruktion und Design schwierig, den Gebrauchswert der Produkte noch zu erhöhen. Diese Situation ist der Anlaß für viele Unternehmen, intensiv die Gebrauchsgewohnheiten der zukünftigen Benutzer erforschen zu lassen, um im Hinblick auf Gebrauchserleichterungen und Erfüllung individueller Wünsche Argumente für Produktweiterentwicklung zu erhalten. Der mögliche Spielraum für die Weiterentwicklung von Industrieprodukten durch Industrial Design ist also vom Entwicklungsstand des Produkttyps abhängig und davon, wie intensiv die Beziehungen zwischen Benutzer und Produkt entwickelt sind.

Industrial Design ist heute noch wenig interessant in solchen Produktbereichen, in denen der Benutzer keine individuelle Bedürfnisbefriedigung verlangt und praktisch-funktionale Aspekte im Vordergrund des Interesses stehen. Daher geschieht Produktdifferenzierung durch Industrial Design auch häufiger in den Produktbereichen, in denen durch die Produkte individuelle Bedürfnisse befriedigt werden sollen. Dies sind, wie unter 3.2 bereits angedeutet, meist Produkte mit geringer struktureller wie auch geringer herstellungstechnischer Komplexität, bei denen oft lediglich die ästhetische Erscheinung erneuert wird, ohne sonstige Vorteile gegenüber der alten

108

Braun combi | Braun standard 63 | Braun sixtant

Braun sixtant S | Braun sixtant 6006 | Braun sixtant 8008

Braun rallye | Braun intercontinental | Braun cassett

109

108 Vertikale Produktdifferenzierung – Merkmal von Märkten, in denen durch Konzentration nur wenige Unternehmen übrigblieben. Ein differenziertes Produktangebot bewirkt für das Unternehmen umfangreiche Präsentation im Markt und für den Interessenten viele alternative Kaufmöglichkeiten. »Braun-Elektrorasierer der letzten Jahre«. Hersteller: Braun AG, Kronberg/Taunus.

109 Horizontale Produktdifferenzierung – Differenzierung vom Angebot der Mitbewerber heute bei technisch ausgereiften Produkten durch Einsatz ästhetischer Mittel möglich. »Elektrorasierer von Braun, Krups, Moser, Neckermann, Philips und Remington«.

Lösung zu erreichen. Dem ständigen Produktwechsel, der sich daraus ergeben kann und der zu Modeprodukten führt, sind aber finanzielle Grenzen gesetzt: Die entstehenden Kosten für die Differenzierung können die möglichen Umsatzchancen übersteigen. Um dieses Problem zu umgehen, werden Produkte oft erst in einer späten Phase des Fertigungsprozesses differenziert. Eine unaufwendige Differenzierungsmöglichkeit ist das Spritzen von Kunststoffteilen in verschiedenen Farben. So

kann der Hersteller ohne große Mehrkosten verschiedene Geräte für unterschiedliche Käufervorstellungen anbieten. Ein weiteres Beispiel für Produktdifferenzierung ohne hohe Zusatzkosten ist das abgebildete Toastgerät, welches mit drei verschiedenen Dekor-Seitenteilen angeboten wird. Mit wenig fertigungstechnischem Aufwand werden hier dem Interessenten drei »verschiedene Geräte« angeboten.
Insgesamt ist es aber für die Unternehmen heute schwierig geworden, durch Einsatz von Industrial Design ein Gebrauchsprodukt den Marktnormen gegenüber um so viel zu verbessern, daß die neuentstandene Differenzierungskraft zum beabsichtigten Marktvorsprung führt und den Absatz sichert.

7.3 Ästhetisierung der Produkte und Produktveralterung

Ob bei der Weiterentwicklung eines Produktes eine praktisch-funktionale Verbesserung gelungen ist, kann meist anhand objektiver Kriterien festgestellt werden. Da solche Verbesserungen häufig auch körperlich spürbar sind, werden sie als Fortschritt akzeptiert. Das ist zum Beispiel der Fall, wenn an einem Elektrorasierer der Kopf mit dem Scherblatt, der vorher als zweites Teil beim Reinigen abgenommen werden mußte, nun klappbar mit dem Gerät verbunden ist (Abb. 37). Praktisch-funktionale Weiterentwicklungen sind also objektiv feststellbar und werden schnell als Verbesserung akzeptiert.
Anders ist es mit der ästhetisch-funktionalen Weiterentwicklung von Produkten. Da eine ästhetische Erscheinung stets subjektiv beurteilt wird, ist bei der Neuentwicklung eines Produktes nie für alle Benutzer geltend feststellbar, ob es sich um eine ästhetische Verbesserung des Produktes handelt. Aus diesem Grunde ist in der Vergangenheit der Ästhetisierung der Produkte, mit der keine Verbesserung der praktischen Funktionen verbunden war, von den Kritikern des Designs Skepsis und Ablehnung entgegengebracht worden. Wie schon erwähnt wurde, versuchen viele Industrieunternehmen u. a. durch Produktdifferenzierung den Absatz der Produkte und damit für sich einen Gewinn zu sichern. An den Industrial Designer ergeht dann meist der Auftrag, dem Produkt eine ungewöhnliche Form zu geben. Mit Hilfe ästhetischer Mittel soll es sich möglichst auffällig von den Produkten der Mitbewerber unterscheiden, damit es den Wunsch, es zu besitzen, erregt. Dies wird besonders beim Vergleich der Produkte auf Abb. 108 und 109 deutlich. Ein Vorteil dieser absatzpolitischen Technik der Produktästhetisierung ist für den Benutzer die enorme Auswahlmöglichkeit zwischen vielen unterschiedlichen Modellen, die auch die individuelle Befriedigung ästhetischer Bedürfnisse ermöglicht. Dieser Vorteil der Wahlfreiheit, den viele Kaufinteressierte allerdings oft als Qual der Wahl erleben, bringt aber auch Nachteile mit sich. So kann ein neues Produkt, je nach dem Neuheitsgrad seines Erscheinungsbildes, alle anderen Produkte dieses Typs alt erscheinen lassen. Der Besitzer eines älteren Modells wird beim Erscheinen des Nachfolgemodells daran erinnert, daß sein eige-

nes langsam alt wird. So läßt der Kontrast zwischen dem alten und dem neuen Produkt den Gebrauchswert des alten in schlechtem Licht erscheinen, obwohl das Produkt seinen Zweck noch voll erfüllt. Auf geistiger Ebene findet auf diese Weise eine vorzeitige Entwertung des Produktes statt, die als psychologische Obsoleszenz bezeichnet wird. Es zeigt sich, daß durch die Ästhetisierung der Produkte mit absatzwirtschaftlichen Zielsetzungen soziale Mechanismen mit Zwangscharakter in Gang gesetzt werden können, die zum Teil noch durch Werbeslogans wie »Neue Schuhe können Sie sich leisten – alte Schuhe nicht« oder »Alte Mäntel wirken ärmlich« verstärkt werden. Bei dieser psychischen Vernichtung von Produkten hat der Besitzer plötzlich das Gefühl, daß durch das Benutzen des alten Produktes sein Ansehen verringert wird, weil ein viel moderneres auf dem Markt zu haben ist. Da die Unternehmen nicht nur an der kurzfristigen Absatzsteigerung, sondern an einer dauerhaften Absatzsicherung interessiert sind, ist eine zu offensichtliche »Produktalterung« durch Einsatz ästhetischer Mittel ausgeschlossen. Daher ist es für die Unternehmen erstrebenswert, außer ästhetischer Erneuerung der Produkte diese zusätzlich mit technischen Neuerungen zu versehen. Der Produktion vielfältig differenzierter Produkte für die individuellsten Bedürfnisse, die sich die Industriestaaten heute erlauben, steht die Notwendigkeit der Gebrauchswertentwicklung in unterentwickelten Ländern gegenüber, auf die Gui Bonsiepe hinweist (22).

7.4 Stellung des Industrial Designers im Unternehmen

Der Beruf des Industrial Designers ist ohne umfangreiche berufliche Tradition. Vor der industriellen Entwicklung waren es die Handwerker, die das täglich benutzte Gebrauchsgerät mitgestalteten. Zu Beginn der industriellen Entwicklung und auch noch einige Zeit nach 1900 war das Augenmerk auf andere Probleme gerichtet als auf die Gestaltung der Produkte.
Die ersten Entwerfer, die im Auftrage von Industrieunternehmen Produkte für eine Serienproduktion gestalteten, waren meist Architekten, die als »künstlerische Mitarbeiter« die Unternehmen in Fragen der Produktgestaltung berieten. Henry van de Velde, Peter Behrens, Bruno Paul oder Prof. Kreis gehörten dazu. Diese ersten Industrial Designer übernahmen anfangs die Aufgabe, die Produkte von übermäßigen Dekorationen zu befreien. Ihre eigentliche Aufgabe als Designer aber begann, als sie darauf bestanden, die Gegenstände nicht nur von ästhetischen Gesichtspunkten aus zu bearbeiten, sondern sie in ihrer Gesamtstruktur im Hinblick auf den Gebrauch zu beeinflussen. Anfangs war es für Industrieunternehmen recht ungewöhnlich, »künstlerische Mitarbeiter« zu beauftragen. Geschah es jedoch, dann war es mit der Absicht verbunden, etwas Ungewöhnliches auf dem Markt anzubieten. Die Firma Ibach-Pianos beauftragte z. B. Peter Behrens, für die 1906 in Dresden stattfindende Kunstgewerbeausstellung einen Konzertflügel zu entwerfen (Abb. 90), der anschließend in einer kleinen Serie hergestellt wurde.

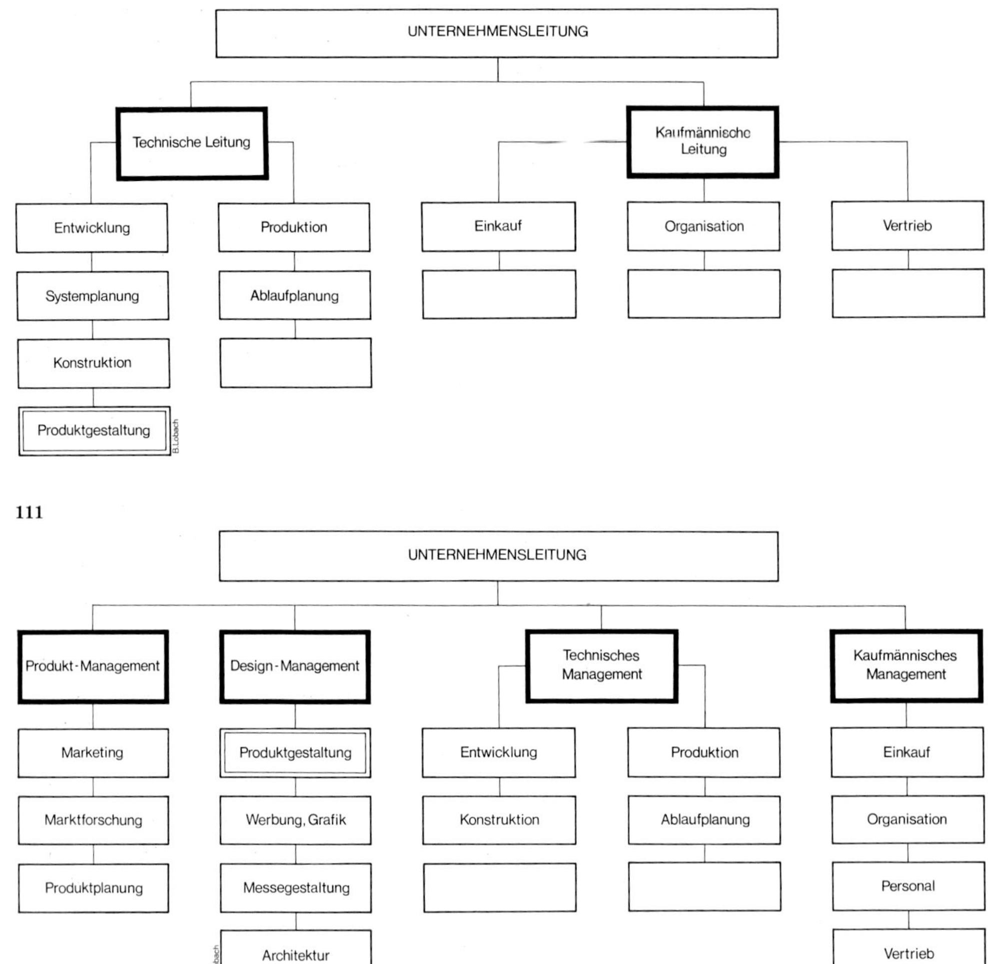

Auch die Unternehmer, die sich gemeinsam mit Künstlern, Architekten und Politikern 1907 zum Deutschen Werkbund zusammenschlossen, erkannten die Möglichkeit, Industrieprodukte durch bewußte Gestaltung nicht zuletzt auch im Hinblick auf einen besseren Markterfolg attraktiver zu gestalten. Doch die Beschäftigung von Produktgestaltern blieb vorerst Ausnahme, und die Produkte des Alexanderwerkes Remscheid aus dem Katalog von 1913 (Abb. 73—76) zeigen deutlich, daß die üblichen Gebrauchsprodukte für eine breite Käuferschicht noch nicht durch besondere Gestaltungsabsichten geprägt waren. Dies traf nur für Produkte zu, die für einen kleinen Kreis

von Kennern entworfen und in geringen Stückzahlen produziert wurden.
Bezeichnend für die Entwicklung des Industrial Designs zum Beruf ist die Tatsache, daß gerade in der Zeit einer wirtschaftlichen Depression, zu Beginn der Weltwirtschaftskrise im Jahre 1929, Raimond Loewy und einige andere Gestalter in den USA begannen, in größerem Umfang vorhandene Produkte zu verbessern (23). Die Hersteller von damals technisch noch wenig ausgereiften Gebrauchsprodukten erkannten schnell die absatzfördernde Wirkung einer bewußten Gestaltung der Produkte. So entwickelten sich die anfangs als kleine Beratungsunternehmen geführten Gestaltungsbüros zu umfangreichen Agenturen für Produktgestaltung, die von bedeutenden Unternehmen beauftragt wurden.
Die Etablierung des Industrial Designs in Industrieunternehmen geschah in der Regel erst nach 1945.
Für Industrieunternehmen, die gestaltungsintensive Produkte herstellen, d. h. Produkte, zu denen der Benutzer enge Beziehungen beim Gebrauch unterhält, bietet sich die Einrichtung einer eigenen Designabteilung an.
Die Arbeit der Industrial Designer ist im wesentlichen vom organisatorischen Einbau einer Gestaltungsabteilung abhängig. Es sind grundsätzlich zwei Möglichkeiten bekannt, wie eine Designabteilung in ein Unternehmen eingegliedert sein kann, die in Abb. 110 und 111 dargestellt sind:

- Angliederung der Designabteilung an eine andere Abteilung (z. B. Konstruktion)
- selbständige Abteilung innerhalb der betrieblichen Organisation

Die Stellung der Designabteilung innerhalb eines Unternehmens ist sehr stark von der Bedeutung abhängig, die eine Unternehmensleitung dem Industrial Design beimißt. Diese Bedeutung wird einerseits beeinflußt von der Art der Produkte und deren Anwendungsbereich, zum anderen von der Marktsituation, die die Produktstrategie eines Unternehmens formt. Wird dem Industrial Design keine besondere Bedeutung für den Markterfolg der Produkte beigemessen, ist dieser Bereich häufig der Konstruktionsabteilung an- oder eingegliedert. Dies ist meist bei Produkten der Fall, bei denen die praktisch-funktionalen Aspekte im Vordergrund des Interesses stehen, also z. B. bei Unternehmen, die Nutzfahrzeuge oder Werkzeugmaschinen herstellen, oder bei kleinen Unternehmen, in denen verhältnismäßig wenig Gestaltungsprobleme anfallen. Die Arbeit der Industrial Designer, die innerhalb einer Konstruktionsabteilung mit Konstrukteuren gemeinsam Produkte entwikkeln, ist oft sehr produktorientiert, die Bedingungen für eine echte Produktweiterentwicklung ohne allzu intensive Orientierung am Marktangebot meist gegeben.
Industrieunternehmen, die mit ihren Produkten im Markt einem intensiven Wettbewerb ausgesetzt sind, arbeiten bei der Produktentwicklung in erhöhtem Maße marktorientiert. Dies bedeutet, wie schon festgestellt wurde, daß die Produktpolitik dieser Unternehmen und damit die Wichtigkeit des Industrial Designs intensiv durch die Orientierung am Benutzer der Produkte beeinflußt wird. Solche Unternehmen unterhalten meist ein Produkt-Mana-

gement, welches sich intensiv darum bemüht, die Absatzsicherung der Produkte mit wissenschaftlichen Methoden zu betreiben. Wenn Industrial Design im Unternehmen als eigenständige Abteilung direkt der Unternehmensleitung untersteht oder dem Bereich des Produkt-Managements eingegliedert ist, arbeitet der Industrial Designer unter dem direkten Einfluß von Verkaufsstrategen, von denen er als Verkaufsförderer angesehen wird. Der Industrial Designer wird dann mit all jenen Faktoren konfrontiert, die auf den erfolgreichen Absatz der Produkte ausgerichtet sind, wie Produkt-, Markt- und Verbraucherforschung.

Es dürfte in diesem Zusammenhang interessant sein, die Arbeitssituationen von Industrial Designern in einigen Unternehmen mit unterschiedlichen Produktprogrammen zu betrachten.

Die Vielzahl der heutigen Produkttypen hat das mögliche Tätigkeitsfeld des Industrial Designers so umfangreich werden lassen, daß nicht allgemeingültig festgelegt werden kann, welche Fähigkeiten er für seine Arbeit besitzen sollte.

Entsprechend der unter 3.0 vorgenommenen Kategorisierung der Industrieprodukte soll an vier Beispielen aus dem Bereich der Gebrauchsgüterproduktion dargestellt werden, wie die Arbeit der Industrial Designer in der Praxis abläuft und welche Kenntnisse und Fähigkeiten dafür verlangt werden.

7.5 Industrial Design bei Rosenthal

Die Rosenthal AG in Selb hat als Hersteller von Glas- und Porzellanprodukten für die Privatsphäre (Gläser, Geschirre, Vasen) in den letzten Jahren ihr Produktionsprogramm erweitert auf Tafelgeräte (Bestecke) und Produkte für die Wohnungsausstattung (Möbel). Trotz dieser Diversifikation des Produktionsprogramms liegt der Schwerpunkt aber weiterhin bei Erzeugnissen aus Glas und Porzellan.

Diese Produkte können nach der Kategorisierung unter 3.2 als Produkte für den individuellen Gebrauch bezeichnet werden, zu denen der Benutzer im Gebrauchsvorgang intensive Beziehungen eingeht. Sie werden sehr stark durch ästhetische Aspekte bestimmt. Daher ist der Gestaltung dieser Produkte schon früh besondere Aufmerksamkeit geschenkt worden.

Hauptaufgabe der Industrial Designer beim Entwurf von Produkten aus Glas und Porzellan für den individuellen Gebrauch ist das Schaffen von ästhetisch ansprechenden Produkten. Die Designer bei Rosenthal müssen die Fähigkeit besitzen, zu einer Idee viele mögliche Formvarianten zu entwickeln und dürfen nach der Entwicklung der großen Konzeption an den Detaillösungen nicht scheitern.

Die Arbeit der Designer bei Rosenthal soll hier als Beispiel gelten für die Gestaltung von Produkten, die folgende Merkmale aufweisen:

- Weitgehend ausgereifte praktische Funktionen (es ist kaum möglich, die praktischen Funktionen einer Kaffeetasse noch wesentlich zu verbessern).
- Geringe strukturelle Komplexität.
- Verhältnismäßig geringer fertigungstechnischer Aufwand, der einen schnellen Wechsel der Modelle erlaubt.
- Hohe Stückzahlen der Serien.

112

113

Industrial Design bei Rosenthal:
112+113 »Produktbesprechung bei der Rosenthal AG«.

Produkte aus der Rosenthal-Produktion:
114 »Kaffeeservice Form Lotus«.
Relief-Design: Bjørn Wiinblad.
»Glasserie Lotus«. Design: Richard Latham.

114

115

116

117

118

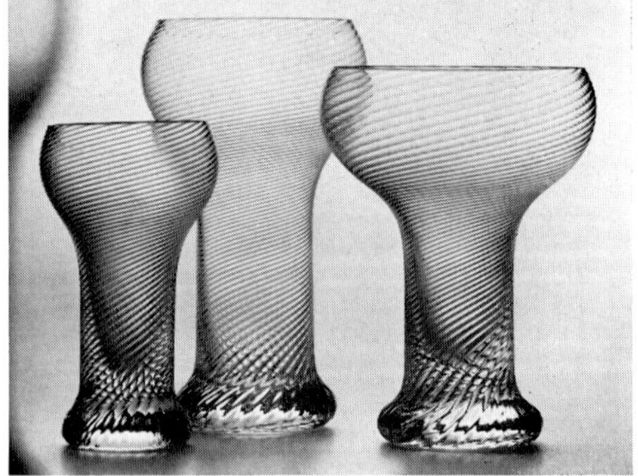

• Viele verschiedene formale Lösungen sind in der Vergangenheit schon produziert worden bzw. werden heute im Markt angeboten (historische Belastung bezüglich der Formgestaltung und Zwang zur Differenzierung).
• Unverbrauchte, den Benutzer ansprechende Formen sind zu suchen.

Das Design-Studio der Rosenthal AG wird als Hauptabteilung geführt und ist als solche der Konzernzentrale unterstellt. 15 Designer sind dort beschäftigt, die in Zusammenarbeit mit weiteren 25 Mitarbeitern für die Entwicklung und Gestaltung der Produkte zuständig sind. Ferner arbeitet Rosenthal ständig

119

115 + 116 »Entwicklungsstufen des Messers Kurve« und »Besteck Kurve«. Design: Tapio Wirkkala.

117 + 118 »Pokalserie Stem« und »Glasserie Twist«. Design: Michael Boem.

119 »Teile des Rosenthal-Programms Plus« Design: Wolf Karnagel.

mit international bekannten Designern zusammen, die als freie Mitarbeiter etwa zwei Drittel der anfallenden Gestaltungsarbeiten abwickeln.
Ausgangspunkt der Produktentwicklung ist die Situation, daß für eine bestimmte Fabrik der Rosenthal AG und deren produktionstechnische Gegebenheiten neue Produkte geschaffen werden müssen. In einem Arbeitsprogramm wird meist genau festgehalten, welchen ungefähren Charakter die Produkte aufweisen sollten, um in das schon vorhandene Produktprogramm zu passen. Für diese vorwiegend produktionsorientierte Produktplanung ist ferner wichtig, was die Mitbewerber anbieten und welchen Erfolg diese mit den Produkten haben. Individuelle Vorstellungen und Wünsche von möglichen Käufergruppen werden dabei nicht direkt berücksichtigt. Es werden auch keine Befragungen anhand von Prototypen durchgeführt, weil Produkte mit deutlichem Neuheitsgrad der Gestaltung bei solchen Befragungen erfahrungsgemäß zunächst auf Befremden stoßen.
Der Designprozeß verläuft in der Weise, daß die Designer für ein Problem so viele Lösungen wie möglich in Form von Zeichnungen oder Hilfsmodellen vorlegen, die dann in Produktbesprechungen diskutiert werden. Handelt es sich um Weiterentwicklungen, werden zunächst die bei den Besprechungen notierten Aspekte berücksichtigt und die Ergebnisse in weiteren Gesprächen erneut diskutiert.
Einige Sicherheit über den voraussichtlichen Erfolg bestimmter Produkte ergibt sich aus den laufenden Beobachtungen des Marktes und den Verkaufserfolgen der Vergangenheit. Die gemachten Erfahrungen werden bei Produktentwicklungsgesprächen für Entscheidungen nutzbar gemacht, ob ein Produkt gefertigt wird oder nicht. Ohne einigermaßen begründete Aussichten auf Verkaufschancen werden keine Produkte weiterentwickelt. Die

Entscheidung über die Aufnahme eines Produktes in das Produktprogramm fällt meist Philip Rosenthal selbst, nachdem er die Meinungen von Designern, Technikern und Marktexperten angehört hat.

7.6 Industrial Design bei Olympia

Die Olympia Werke in Wilhelmshaven gehören heute zu den führenden Herstellern von Büromaschinen und Bürosystemen. Diese starke Marktposition beruht u. a. zweifellos auf der Aufgeschlossenheit der Unternehmensleitung gegenüber konsequenter Produktgestaltung. Alle im Werk entwickelten Produkte wie Elektronikrechner, Buchungsmaschinen, Schreibmaschinen und integrierte Büroplatz-Systeme für Textverarbeitung werden in der Designabteilung gestaltet. Es handelt sich nach der Kategorisierung unter 3.3 um Produkte für den Gebrauch durch bestimmte Gruppen, hier konkret um Geräte für den Gebrauch in der Arbeitssphäre durch unterschiedliche Benutzer. Dies bedeutet, daß den Industrial Designern für die Gestaltung solcher Produkte genaue Daten über Handhabung und Verhalten bei der Bedienung der Produkte im Gebrauchsprozeß zur Verfügung stehen oder von ihnen erarbeitet werden müssen.
Die Tätigkeit der Industrial Designer bei Olympia soll hier als Beispiel gelten für die Gestaltung von Produkten, die folgende Merkmale aufweisen:

- Die Geräte befinden sich ständig in der Weiterentwicklung.
- Wandlung von mechanischer zu elektronischer Funktionsweise ergibt Miniaturisierung der Produkte.
- Integration verschiedener Einzelgeräte zu Arbeitsplätzen.
- Mittlere strukturelle Komplexität.
- Hohe Kosten für Werkzeugentwicklung.
- Hoher fertigungstechnischer Aufwand, viele Einzelteile, Fließbandproduktion bzw. -montage.
- Die Gestaltung konzentriert sich auf den Produktaufbau und die äußere Erscheinung der Geräte und deren Kombinationsfähigkeit. Dabei muß den Bedienungsgegebenheiten der Geräte und den Beziehungen Benutzer – Produkt besondere Aufmerksamkeit geschenkt werden.

Die Designabteilung der Olympia Werke ist eine selbständig arbeitende Zentralabteilung, die mit den weiteren Abteilungen für Entwicklung Schreiben, Entwicklung Rechnen, Entwicklung Datentechnik, Entwicklung Allgemein und Patente/Technische Dokumentation dem Vorstand Entwicklung unterstellt ist. Sieben Industrial Designer und neun weitere Mitarbeiter sind für die Gestaltung der Produkte verantwortlich, die in enger Zusammenarbeit mit den anderen Stellen der Entwicklung durchgeführt wird.
Grundlage für die Gestaltungsarbeit der Industrial Designer bildet meist ein von Vertrieb und Entwicklung gemeinsam erarbeitetes Pflichtenheft, in dem alle produktbeeinflussenden Faktoren oder eine vom Designer in irgendeiner Technik festgehaltene Produktidee vermerkt werden. Es handelt sich vorwiegend um Faktoren in bezug auf Baustruktur, praktische Funktionsweise und Herstellungstechnik.
Für die Art der Produktgestaltung existieren anfangs keine präzisen Formu-

120

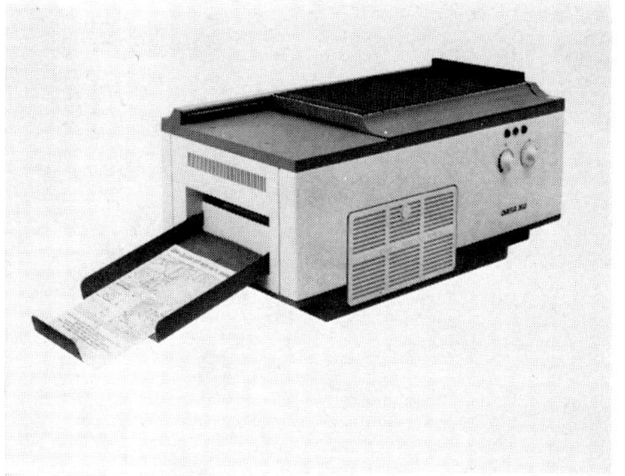

121

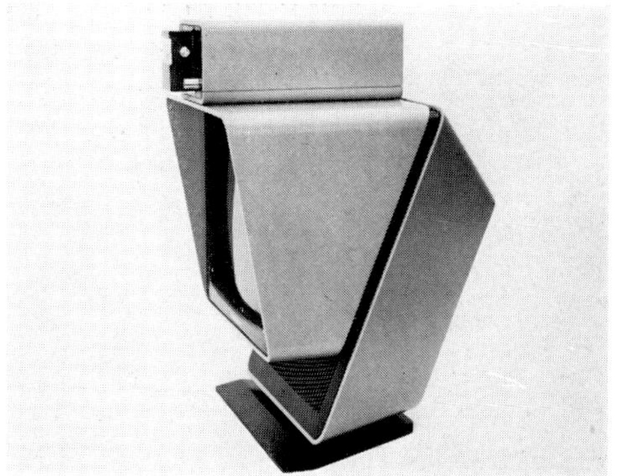

Industrial Design bei Olympia:

120 »Modellstudie für das Kopiergerät Omega 203«.

121 »Modellstudie für ein Bildsprechgerät«.

lierungen. Das bedeutet für die Industrial Designer relativ freie Bearbeitung der Aufgaben. Jeder Designer bei Olympia ist für das ihm übertragene Projekt vom Entwicklungsbeginn bis zum Produktionsanlauf verantwortlich. Fast regelmäßig werden mindestens zwei Projekte gleichzeitig bearbeitet, während weitere Aufgaben zur Bearbeitung anstehen. Im Gegensatz zur Designtätigkeit bei Rosenthal, bei der die Einzelprodukte eines Gläsersatzes beispielsweise gleiche Gestaltelemente aufweisen müssen, damit der Eindruck einer »Produktfamilie« entsteht, werden bei Olympia die Produkte unabhängig voneinander gestaltet. Durchgehende Produktreihen mit gleichen Gestaltmerkmalen werden nicht angestrebt, weil dies oft für das Einzelprodukt eine schlechte Kompromißlösung bedeutet. Außerdem ist bis heute nicht nachprüfbar, ob ein positiver Markteffekt im Bereich der Büromaschinen damit verbunden wäre.

Einen direkten Kontakt zu den späteren Benutzern der Produkte haben die Designer bei Olympia nicht. Derartige Informationen erhalten sie durch Verkaufsförderung, Kundendienst, Vertrieb sowie auf Messen durch Vertreter- und Händlerkontakte. Für die Gestaltung von Bedienungselementen, Tastaturen usw. werden allgemeine Erkenntnisse der Ergonomie oder Ergebnisse von betriebsextern durchgeführten Untersuchungen verwendet.

Bei Olympia läuft ein Designprozeß in den meisten Fällen nach folgendem Schema ab:

1. Phase. Zuerst werden vom Designer, der das Projekt bearbeitet, Ideenskizzen und Hilfsmodelle angefertigt unter Berücksichtigung einer Produktgestaltungs-Checkliste. Darauf findet eine Diskussion aller in der Designabteilung tätigen Designer und Konstrukteure statt, wobei eine Selektion der vorgelegten Entwürfe unter weitgehender Berücksichtigung der Checklistenpunkte erfolgt.

2. Phase. Das gemeinsam diskutierte

122

123

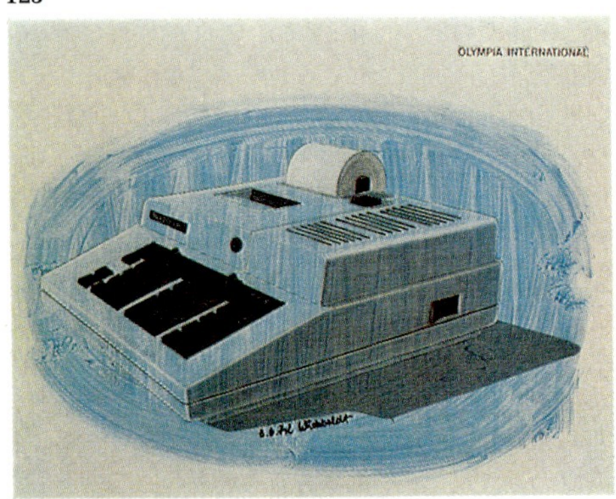

124

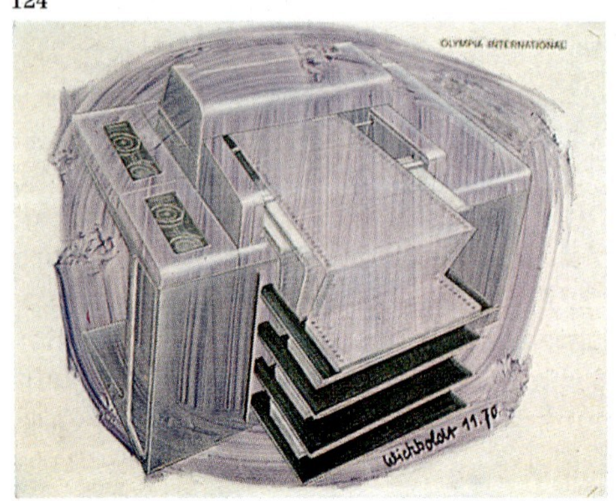

125

126

127

128

Industrial Design bei Olympia:

122–124 »Entwürfe für Büromaschinen«.
125 »Modellentwicklung«.
126 »Design-Modelle aus Polyurethan-Hartschaum«.
127 »Design-Modelle für Entscheidungsgespräche«.
128 »Abteilungsinterne Produktbesprechung«.
129 »Integriertes Büroplatz-System für Textverarbeitung IS 2000 WP«.

129

Problem kann nun nach Auswahl geeigneter Entwürfe im Kontakt mit Konstruktion, Vertrieb und Fertigung weiterbearbeitet werden. Dies geschieht durch Anfertigung von konkreteren Zeichnungen und Modellen. Bei allgemeiner abteilungsinterner Zustimmung wird der Vorstand Entwicklung anhand der gesamten erarbeiteten Unterlagen informiert.

3. *Phase.* Bei positiver Beurteilung durch den Vorstand Entwicklung werden die Entwürfe endgültig ausgearbeitet, d. h. Anfertigung von verbindlichen Zeichnungen für die Entwicklungsabteilungen, Herstellung eines endgültigen Anschauungsmodells mit letztem Finish und Zusammenfassung sämtlicher gestaltungsbeeinflussenden Daten als Ergänzung der Checklisten für die Entscheidungsvorbereitung. Abschließend entscheidet der Gesamtvorstand des Unternehmens über das zur Ausführung kommende Design.

Der Designer betreut bei positiver Entscheidung das Projekt bis zum Beginn der Produktion und übernimmt u. U. notwendige Korrekturen.

Die Arbeit der Industrial Designer bei Olympia wird in sehr hohem Maße durch technische Aspekte beeinflußt. Es ist ihre primäre Aufgabe, die in den praktischen Funktionen festgelegten Produkte den Bedingungen des Benutzungsvorganges anzupassen. Darüber hinaus müssen sich die Produkte positiv von denen der Mitbewerber unterscheiden.

7.7 Industrial Design bei Opel

Gleichzeitig mit der Konzentration in der Automobilindustrie erfolgte eine breite, vielfältig abgestufte Differenzierung der Produktprogramme für die unterschiedlichsten Käuferwünsche. Dabei erhält die Produktgestaltung von den Unternehmensleitungen eine besondere Wichtigkeit zuerkannt.

Bei Automobilen handelt es sich um Gebrauchsprodukte, die vorwiegend durch begrenzte Gruppen benutzt werden, die sich aber auch beim Gebrauch in der Öffentlichkeit in besonderer Weise dazu eignen, individuellen sozialen Status zu repräsentieren. Die Produktpolitik der Automobilhersteller, für viele unterschiedliche soziale Schichten entsprechende Modelle anzubieten, bedeutet für die Designer, daß sie schichtenspezifische Vorlieben für bestimmte ästhetische Erscheinungen weitgehend bei der Gestaltung zu berücksichtigen haben.

Die Arbeit der Designer bei Opel soll hier als Beispiel gelten für die Gestaltung von Produkten, die folgende Merkmale aufweisen:

- Bei allen Konkurrenzunternehmen feststellbare gleiche technische Reife der Automobile als Fahrzeuge.
- Zwang, sich von den Mitbewerbern zu unterscheiden. Daher wird der Produktgestaltung besondere Aufmerksamkeit geschenkt.
- Hohe strukturelle Komplexität.
- Hoher fertigungstechnischer Aufwand.
- Enorm hohe Werkzeugkosten.
- Die Gestaltung muß den emotionalen Bereich der Benutzer »richtig ansprechen«.

• Für so hochkomplexe Produkte mit entsprechendem Preis haben die Serien eine verhältnismäßig hohe Stückzahl.
Die Designabteilung bei Opel ist eine eigenständige Hauptabteilung, die der Unternehmensleitung (Generaldirektion) direkt unterstellt ist. Zwanzig Industrial Designer sind dort beschäftigt. In drei- bis vierköpfigen Teams führen sie in entsprechenden Studios die Gestaltung der verschiedenen Modelle durch. Ähnlich zusammengestellte Teams bearbeiten die Innengestaltung der jeweiligen Modelle.
Die Arbeitsteilung innerhalb der Designabteilung ist bei Opel so weit fortgeschritten, daß der Designer ausschließlich für den Entwurf von Automobilen in Form von meist farbigen Zeichnungen zuständig ist. Für die dreidimensionale Realisation stehen den zwanzig Designern etwa 130 weitere Mitarbeiter zur Verfügung: Ingenieure, Modelleure und Facharbeiter für Holz, Metall und Kunststoffe.
Die Aufgaben für Produktentwicklungen werden von der Unternehmensleitung gestellt. Die Anregungen für die formale Gestaltung kommen dabei ausschließlich von der Designabteilung. Diese Ideen werden wiederum durch eigene Vorstellungen und durch Marktbeobachtung der eigenen Modelle und der der Mitbewerber beeinflußt. Dabei werden die Erfahrungen früherer Entwicklungen und Kundenwünsche berücksichtigt, die von den Verkaufsabteilungen in Form von Statistiken, Erfahrungsberichten der Händler über Kundenreaktionen und Ergebnissen der Marktforschung eingehen.
Und so etwa läuft die Gestaltung eines Automobils bei Opel ab:
Nach Aufgabenstellung durch die Unternehmensleitung wird die weitere Zielsetzung in internen Studiodiskussionen erarbeitet, danach erfolgt die gleichzeitige Entwicklung von technischem und formalem Konzept. Das technische Konzept zeigt die Anordnung von Fahrer und Passagieren, die ergonomischen Bedingungen und die Anordnung von technischen Aggregaten und Abmessungen der Karosserie, Gepäckstauraum usw. Das formale Konzept wird anhand der technischen Forderungen zuerst in zweidimensionalen Darstellungen und dann dreidimensional als Modell im Maßstab 1 : 3 entwickelt. Jeder Designer hat dabei die Möglichkeit, sich alle für seine Arbeit nötigen Informationen zu beschaffen, ein umfangreiches technisches Archiv und eine Datenabteilung stehen ihm zur Verfügung. Designvorschläge werden mit Vertretern der einzelnen Hauptabteilungen diskutiert, es werden Lösungen erörtert und kritisiert. Die Zusammenarbeit verläuft reibungslos, weil die Kompetenzen klar definiert sind. Nur die Designabteilung ist für Design zuständig und verantwortlich.
Für die Designer bei Opel ist es nicht schwierig, neue Formen für die Automobile zu finden, die größten Schwierigkeiten bestehen vielmehr darin, das Design der Geschäftsleitung zu »verkaufen« und das Konzept des Entwurfs trotz Berücksichtigung aller einschränkenden Faktoren wie Kosten, Einbau vorgesehener Aggregate, Produktionsmöglichkeiten am Fließband, Straßenverkehrsvorschriften, Aerodynamik usw. ohne einschneidende Änderungen beizubehalten. Das ist nur möglich bei

130

131

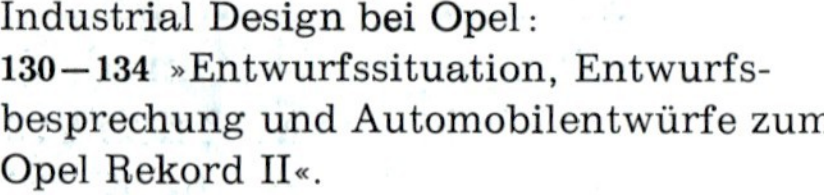

Industrial Design bei Opel:
130–134 »Entwurfssituation, Entwurfsbesprechung und Automobilentwürfe zum Opel Rekord II«.

135 »Ergonomie-Studie«.
136 »Ein Plastilin-Modell wird mit Farbfolie überzogen«.
137 »1 : 1-Modell für den Rekord/Commodore«.

132

SCHMIDT

133

134

135

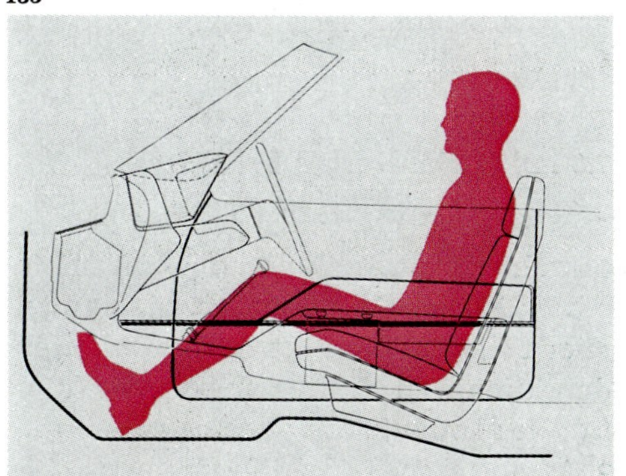

136

137

138

139

138 »Opel Rekord II auf dem Produktionsband«.
139 »Opel Rekord II – endgültige Lösung«.

frühzeitiger Einbeziehung all dieser Punkte in den Entwurf. Prototypen im Maßstab 1:1 werden nach vielen Entwicklungsgesprächen getestet und mehreren tausend Testpersonen vorgeführt. Solche Tests werden von Marktforschungsinstituten durchgeführt. Getestete Prototypen werden dem Vorstand des Unternehmens zur Entscheidung vorgestellt. Dieser besteht aus den Vertretern der Hauptabteilungen Verkauf, Konstruktion, Design, Produktion, Finanz, Qualitätskontrolle, Public Relations und Werbung.

Die Hauptmerkmale der Tätigkeit der Designer bei Opel sind die Erzeugung möglichst vieler Alternativvorschläge zu einem Problem in zweidimensionaler Darstellung und die Überwachung der Umsetzung akzeptabler Entwürfe ins Modell. Ferner die Interpretation der Entwürfe bei Gesprächen in der mittleren Entscheidungsebene. Bei den endgültigen Entscheidungen hat nur der Leiter der Designabteilung Mitspracherecht.

7.8 Industrial Design bei Krupp

Der Krupp-Konzern besteht aus vielen einzelnen Unternehmen mit den unterschiedlichsten Fertigungsprogrammen. Hier sollen nur einige aufgezählt werden, damit ein Eindruck von der Vielfalt des Produktprogramms entsteht:

- AG »Weser« – Schiffsturbinen.
- Fried. Krupp GmbH Harburg – Eisen- und Bronzewerk.
- Fried. Krupp GmbH Essen – Industriebau und Maschinenfabrik.
- Fried. Krupp GmbH – Kranbau.
- Fried. Krupp GmbH – Universalbau und Wasseraufbereitung.
- Fried. Krupp GmbH Atlas Elektronik.
- Atlas MaK Maschinenbau GmbH.

Ein weiteres Unternehmen des Krupp-Konzerns ist das Zentralinstitut für Forschung und Entwicklung, welches für die obengenannten und noch weitere Konzerntöchter tätig ist. Innerhalb dieses Zentralinstituts besteht seit 1962 eine Abteilung für Produktgestaltung, die heute mit drei Industrial Designern und zwei weiteren Mitarbeitern für die

140

141

Gestaltungsprobleme des Konzerns zuständig ist. Viele der zur Gestaltung anstehenden Produkte können nach der Kategorisierung unter 3.4 als Produkte bezeichnet werden, zu denen die Allgemeinheit kaum eine Beziehung hat. Sie werden vorwiegend von wenigen Personen für ganz spezielle Zwecke benutzt. Beispiele dafür sind Preßluftwerkzeuge, Schleifmaschinen, Reifenheizpressen oder Scheibenbremsen für Krane.

Darüber hinaus ergeben sich bei den einzelnen Krupp-Unternehmen aber auch Designaufgaben, bei denen intensivere Beziehungen zwischen Benutzer und Produkt berücksichtigt werden müssen. Die Gestaltung von Krankanzeln und Fahrzeugkabinen oder einer Kompaktbahn für innerstädtischen Verkehr sind solche Beispiele.

Die Arbeit der Industrial Designer bei Krupp soll hier als Beispiel gelten für die Gestaltung von Produkten, die folgende Merkmale aufweisen:

142

Industrial Design bei Krupp:
140 »Skizze zum Einsatzbereich einer Krankanzel«.
141–143 »Modellstudie für eine Krankanzel«.

143

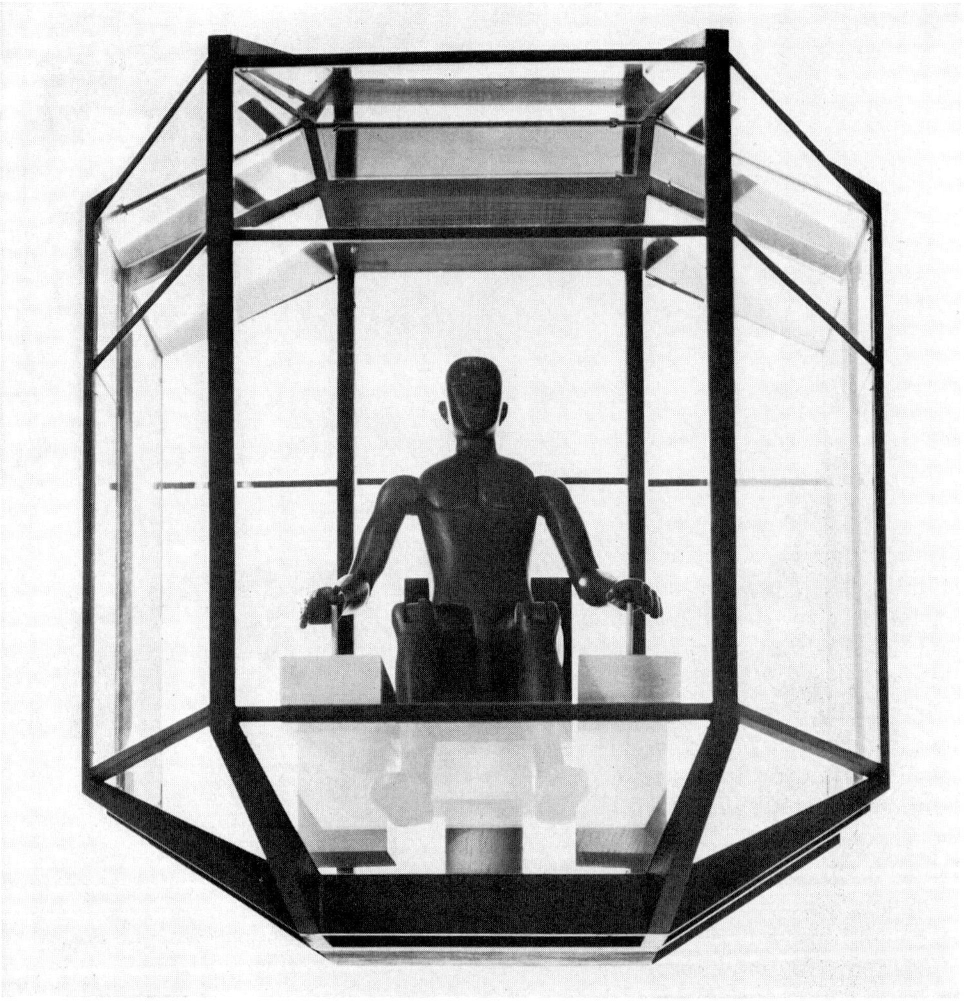

• In sehr hohem Maße wird die visuelle Erscheinung der Produkte durch konstruktive und herstellungstechnische Aspekte geprägt.

• Die Produkte sind meist sehr komplex in ihrer Baustruktur.

• Die Aufgaben sind sehr umfangreich und werden durch eine Vielzahl von Faktoren beeinflußt.

• Meist werden die Produkte in einer geringen Stückzahl gefertigt, oft sind es auch Einzelprodukte.

• Die Arbeit der Industrial Designer konzentriert sich auf die Optimierung der Produkte entsprechend den Bedienungsvoraussetzungen, wobei die Erkenntnisse der Ergonomie (Arbeitswissenschaft) Anwendung finden. Ferner

144 »Modell der Krupp-Kompaktbahn für innerstädtischen Verkehr«.
145 »Entwurf für eine Kompaktbahn-Haltestelle«.

144

145

sind Fertigungserleichterungen und Reduzierung der Bauelemente neben Vereinfachung der visuellen Erscheinung Ziele der Gestaltungsarbeit.

Die Designabteilung innerhalb des Zentralinstituts für Forschung und Entwicklung in Essen erhält von den einzelnen Krupp-Unternehmen Gestaltungsaufträge, die aufgrund des zu investierenden Aufwands stundenmäßig begrenzt sind und entsprechend berechnet werden. Für Überschreitung der festgesetzten Kosten steht der Designabteilung ein zusätzlicher Etat zur Verfügung.

Ob ein Krupp-Unternehmen die Designabteilung des Zentralinstituts beauftragt, ist von der jeweiligen Unternehmensleitung abhängig, ferner von der Situation im Markt. Produktionsbereiche, die keiner Konkurrenz im Markt begegnen, stehen den Anregungen der Designer ablehnend gegenüber. In Bereichen, in denen von Konkurrenzunternehmen Produktgestaltung praktiziert wird, ist ein gewisser Zwang vorhanden, ebenfalls durch Konsultation der Designabteilung die Gesamtqualität der eigenen Produkte zu verbessern.

Die Designer bei Krupp haben gegenüber den einzelnen Krupp-Unternehmen vorwiegend beratende Funktion und bearbeiten immer nur begrenzte Aufgaben. Es gibt selten eine Dauerberatung zu einem Problem vom Beginn bis zur Realisation. Daraus ergibt sich, daß nach der Präsentation einer erarbeiteten Lösung die Designer wenig Einfluß auf die Realisation oder noch mögliche Änderungen eines Projekts haben, was zum Teil auch durch die räumliche Distanz bedingt ist. Da die Industrial Designer bei den meisten Projekten mit Konstrukteuren zusammenarbeiten und auf Wunsch von »oben« nur beratende Funktion haben, ergibt sich oft die Situation, daß die von den Designern erarbeiteten Lösungen durch die nachträgliche Bearbeitung anderer Stellen verfälscht werden. Nachteilig für die Legitimation der Designer wirkt sich aus, daß von der Planung eines Projektes bis zur Realisation oft Jahre vergehen und der Erfolg der Designaktivitäten nicht meßbar ist, weil derartige Produkte beim Kauf vorwiegend nach praktisch-funktionalen Kriterien beurteilt werden. Letzteres ist u. a. ein Grund dafür, daß Industrial Designer bei der Gestaltung von sogenannten Investitionsgütern heute noch einen schweren Stand haben.

8.0 Der Designprozeß

Die in Abb. 3 gezeigten Zusammenhänge sind bisher so weit behandelt worden, daß die Bedeutung von Industrieprodukten für die Benutzer und die Beziehungen zwischen Benutzer und Produkt im Gebrauchsprozeß deutlich wurden. Ferner konnte die Bedeutung des Industrial Designs für den Hersteller betrachtet und die Eingliederung der Designabteilung in das Industrieunternehmen herausgestellt werden. Die Relationen zwischen Industrial Designer und Designobjekt (= Industrieprodukt) wurden als Designprozeß bezeichnet, der nun noch genauer behandelt werden soll.
Bei der Betrachtung des Designprozesses sind drei Aspekte wichtig, die in Abb. 146 besonders herausgestellt sind. Ausgangspunkt ist der Industrial Designer als kreative Person, die sich in einen kreativen Prozeß einläßt, vier verschiedene Phasen durchläuft und bestrebt ist, als kreatives Produkt ein Industrieprodukt mit einer hohen Anzahl von Gebrauchseigenschaften zu entwerfen.

8.1 Der Industrial Designer als Kreativer

Die Forderungen der Unternehmensleitung an den Industrial Designer sind vielfältig und wurden zum Teil schon genannt. Vor allem wird von einem Industrial Designer die Fähigkeit erwartet, neue Lösungen für Industrieprodukte zu produzieren. Der Industrial Designer kann somit als Ideenproduzent betrachtet werden, der Informationen zum anstehenden Problem aufnimmt, diese verarbeitet und in brauchbare Problemlösungen überführt. Neben intellektuellen Fähigkeiten, d. h. Fähigkeiten, Informationen zu sammeln und diese in verschiedenen Situationen zu gebrauchen, bedarf es kreativer Fähigkeiten. Wie bei allen kreativen Personen (Künstlern, Wissenschaftlern usw.) äußert sich die Kreativität des Industrial Designers darin, daß er, aufbauend auf Wissen und Erfahrung, gegebene Informationen zu einem Problem zu verknüpfen und neue Beziehungen zwischen diesen herzustellen vermag. Voraussetzung dafür ist, daß bekannte Sachverhalte aus anderen Perspektiven betrachtet werden, die Sicherheit des Bekannten und Bewährten verlassen und das Wagnis eingegangen wird, neue Antworten zu einem Problem zu suchen, die den bekannten Bezugsrahmen erweitern. Die Forderung an den Industrial Designer, originell zu sein, Produkte zu entwerfen, die von den bisher bekannten abweichen, wurde bereits mit dem Zwang zum Neuen begründet, dem viele Hersteller von Industrieprodukten durch die Konkurrenzsituation im Markt unterliegen. Damit der Industrial Designer der Forderung nachkommen kann, originelle Ideen zu einem Problem zu entwickeln und diese im Designprozeß in ein Gebrauchsprodukt mit ungewöhnlicher Erscheinung zu überführen, be-

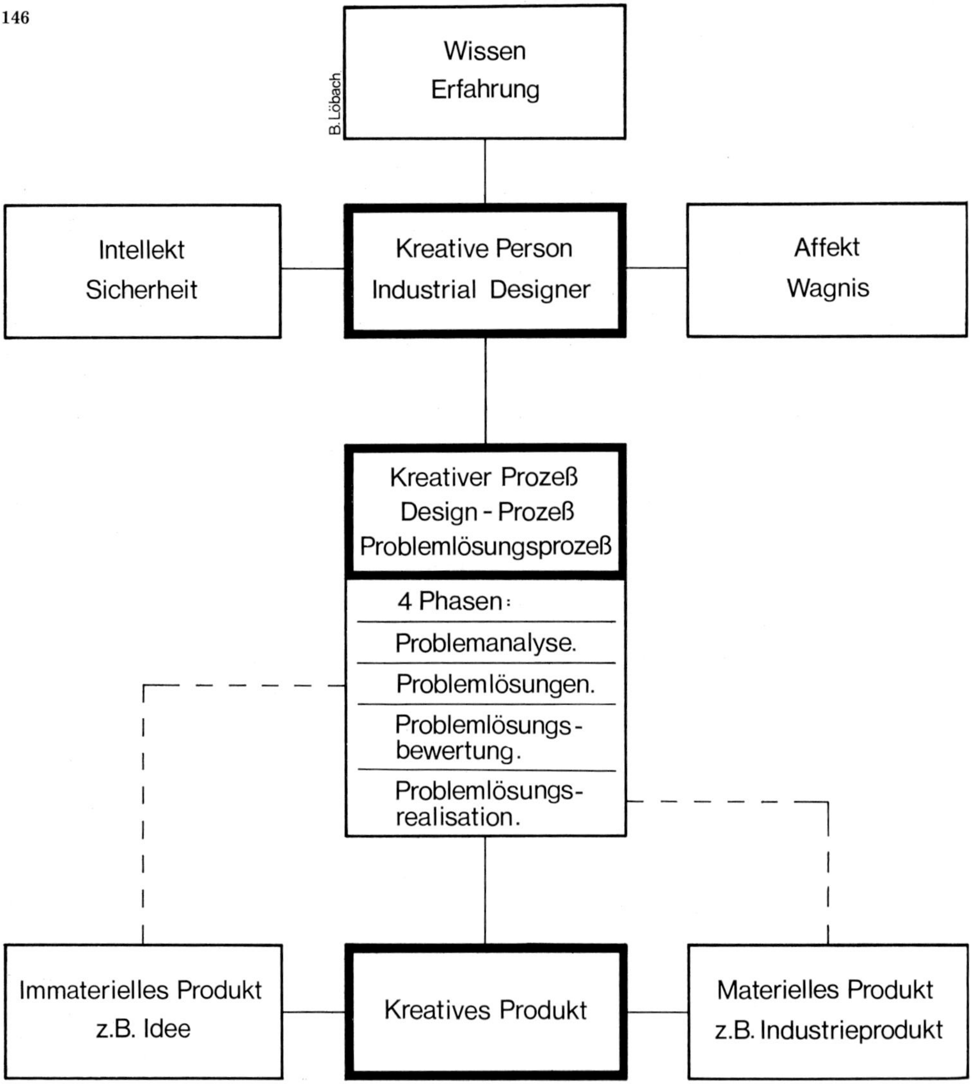

B. Löbach
Wissen
Erfahrung
Intellekt
Sicherheit
Kreative Person
Industrial Designer
Affekt
Wagnis
Kreativer Prozeß
Design - Prozeß
Problemlösungsprozeß
4 Phasen:
Problemanalyse.
Problemlösungen.
Problemlösungs-bewertung.
Problemlösungs-realisation.
Immaterielles Produkt
z.B. Idee
Kreatives Produkt
Materielles Produkt
z.B. Industrieprodukt

darf es verschiedener Voraussetzungen. Das Wissen über einen Sachverhalt oder über ein Problem ist die Voraussetzung, auf der alle Aktivität des Industrial Designers aufbaut. Daher ist es von großer Bedeutung für die angestrebte Problemlösung, alles verfügbare Wissen zu sammeln und auszuwerten. Je vieldimensionaler ein Problem angegangen wird, desto mehr Verknüpfungen sind zwischen den Einzelaspekten möglich, und es erhöht sich dadurch die Wahrscheinlichkeit, zu neuen Lösungen für Produkte zu gelangen. Um Wissen und Erfahrung im Designprozeß anwenden zu können, muß der Industrial Designer über ein gewisses Maß an Neugierde und Wissensdrang verfügen, das sich in der Aufgeschlossenheit der Außenwelt gegenüber zeigt. Zu einem bestimmten Zeitpunkt aber muß der Industrial Designer beim Entwurf von Industrieprodukten auch für einige Zeit alles Wissen ausklammern können, um durch schöpferisches Handeln neue Einblicke in bekannte Dinge zu gewinnen. Daher gehören zu den Voraussetzungen auch Naivität und Spontaneität. Gerade weil der kreative Industrial Designer jederzeit auf das erarbeitete Wissen zurückgreifen kann, wächst die psychologische Sicherheit, die es ihm ermöglicht, das Wagnis des Ungewissen einzugehen.

8.2 Der Designprozeß – ein Problemlösungsprozeß

Jeder Designprozeß ist sowohl ein kreativer Prozeß als auch ein Problemlösungsprozeß:

- Ein Problem ist vorhanden und wird entdeckt;
- Informationen über das Problem werden gesammelt, ausgewertet und kreativ (schöpferisch) verknüpft;
- es entstehen Problemlösungen, die nach aufgestellten Kriterien beurteilt werden;
- die geeignetste Lösung wird realisiert (z. B. in ein Produkt überführt).

Das Spezifische am Designprozeß ist (wie bereits erwähnt) die Bemühung des Industrial Designers, durch Entwerfen eines Industrieproduktes mit entsprechenden Eigenschaften eine Problemlösung zu finden, durch deren Gebrauch menschliche Bedürfnisse dauerhaft gedeckt werden können. Wie solch ein Designprozeß abläuft und welche Phasen der Industrial Designer dabei durchläuft, ist in Abb. 147 als Überblick vermittelt und soll parallel zum Text durch Abbildungen an einem Krankenhauskinderbett verdeutlicht werden, welches von Karsten Büntzow und Peter Esselbrügge als Abschlußarbeit an der Fachhochschule Bielefeld entwickelt wurde.

8.3 Phasen des Designprozesses

Da sich ein Designprozeß als äußerst komplexer Vorgang entwickeln kann (abhängig vom Umfang des Problems), erscheint es für dessen Betrachtung nützlich, den Gesamtvorgang in verschiedene Phasen zu gliedern, obwohl diese Phasen im realen Ablauf nie genau begrenzbar sind. Sie sind miteinander verwoben, es gibt ein Vor und Zurück.

Die in Abb. 147 dargestellte Einteilung des Prozesses in 4 Phasen ermöglicht es, Designprozesse erfaßbar und überschaubar zu machen.

Kreativer Prozeß	= Problemlösungsprozeß	= Designprozeß (Produktentwicklung)
1. Vorbereitungsphase	**Problemanalyse**	**Designproblem-Analyse**
	Problemerkennung	Bedarfsanalyse
	Informationsbeschaffung, Wissensauswertung	Sozialbezugsanalyse (Mensch–Produkt) Umweltbezugsanalyse (Produkt–Umwelt) Historische Entwicklung Marktanalyse/Produktanalyse Funktionsanalyse (Praktische Funktionen) Strukturanalyse (Baustruktur) Gestaltanalyse (Ästhetische Funktionen) Analyse von Material und Herstellung Patente, Bestimmungen, Normen Produktsystemanalyse (Produkt–Produkt) Vertrieb, Montage–Kundendienst, Wartung
	Problemdefinition, Problemklärung, Zieldefinition	Festlegung der Wertigkeiten Anforderungen an das neue Produkt
2. Inkubationsphase	**Problemlösungen**	**Designlösungen**
	Wahl der Problemlösungsmethoden, Ideenproduktion, Problemlösungen	Designkonzept Prinziplösungen Ideenskizzen Hilfsmodelle
3. Erleuchtungsphase	**Problemlösungsbewertung**	**Designlösungsbewertung**
	Einsicht in die Lösungen, Selektionsvorgang, Bewertungsvorgang ..	Auswahl der besten Lösung Rückkopplung mit den Anforderungen an das neue Produkt
4. Verifizierungsphase	**Problemlösungsrealisation**	**Designlösung**
	Realisation der Problemlösung, nochmalige Lösungsbewertung	Konstruktion Struktureller Aufbau Detailgestaltung (Radien, Bedienelemente) Modellentwicklung Zeichnungen Dokumentation

8.3.1 1. Phase: Problemanalyse

Problemerkennung

Die Entdeckung eines Problems bildet den Ausgangspunkt und die Motivation für den Designprozeß, der dann in seinem Ablauf durch die Art des Problems vorbestimmt ist. Es wäre also die erste Aufgabe des Industrial Designers, Probleme zu erkennen, die mit den Möglichkeiten des Industrial Designs lösbar erscheinen. Bei der heutigen Organisation industrieller Produktion wird dem Industrial Designer aber die Aufgabe der Problemerkennung von der Unternehmensleitung oder den Spezialisten der Markt- und Verbraucherforschung abgenommen. Der Industrial Designer im Unternehmen hat in der Regel wenig Einfluß auf die Aufgabenstellung. Sein Problem besteht darin, für eine gestellte Aufgabe eine Lösung in Produktform zu erarbeiten.

Informationsbeschaffung, Wissensauswertung

Wenn ein Problem als solches erkannt ist und die Absicht besteht, dafür eine Lösung zu erarbeiten, erfolgt die sorgfältige Analyse des Problems. Von seinem Umfang und von der Wichtigkeit seiner Lösung hängt es ab, ob sich die Analyse auf das eigentliche Problem mit seinen Teilaspekten beschränkt oder auch das Problemumfeld mit analysiert wird. In der ersten Phase des Designprozesses, der Problemanalyse, ist es aber in jedem Falle wichtig, alle nur erreichbaren Informationen zu sammeln und für eine Auswertung aufzubereiten. Bedeutend ist dabei die Sammlung von Wissen über das Problem ohne Zensur. Alle Daten können als Basis wichtig sein, auf der die Lösung aufgebaut werden kann. Bei der Lösung eines Problems durch die Entwicklung eines Industrieproduktes sind zahlreiche produktbeeinflussende Faktoren zu analysieren; sie sind in Abb. 147 unter dem Begriff Designproblem-Analyse aufgeführt.

In einer *Bedarfsanalyse* müßte überschaubar werden, wie viele Personen an der ins Auge gefaßten Problemlösung in Form eines Industrieproduktes interessiert wären. Davon macht die Leitung eines Industrieunternehmens im Hinblick auf den Markterfolg die Entwicklung eines solchen Produktes abhängig.

Eng mit der Bedarfsanalyse verknüpft ist die *Sozialbezugsanalyse*. Hier wird untersucht, welche Beziehungen der mögliche Benutzer mit dem geplanten Produkt eingehen kann, von welchen sozialen Schichten die noch nicht genau bekannte Problemlösung benutzt würde und inwieweit die Problemlösung geeignet wäre, soziales Prestige zu stiften bzw. als Statussymbol zu dienen.

148

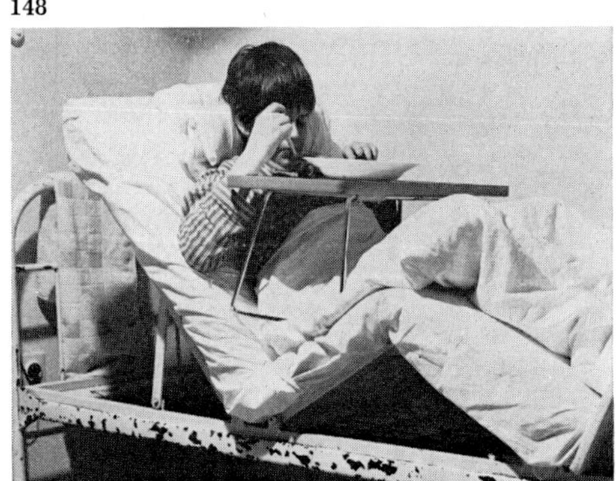

148 Krankenhauskinderbett, Istsituation: Kinderkrankenhaus »Seehospiz«, Nordseebad Norderney.

149

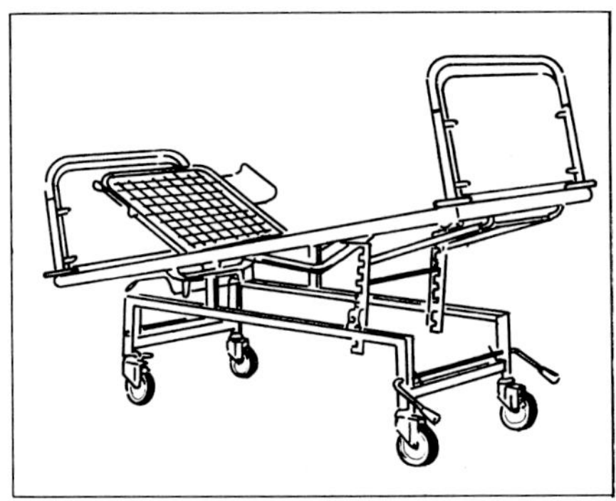

Hersteller: Fa. L&C ARNOLD, Schorndorf Typ: 52-64o97	
Abmessungen:	
-Liegefläche cm	17ox8o
-Gesamtlänge cm	193
-Gesamtbreite cm	86
-Kopfteilhöhe cm	-
-Fussteilhöhe cm	-
-Bodenfreiheit cm	33
-Lagerhöhe cm	55
Matratzenrahmen:	
-Rechteckprofilrohr	○
-Rundrohr	●
-Winkelstahl	●
-Stahlgitterboden	○
-Federboden	●
Verstellb.Liegefläche	○
Verstellb.Rückenlehne	○
-Klemmechanismus	○
-Gasdruckfeder	●
Verstellb.Beinlehne	○
-Klemmechanismus	○
-Gasdruckfeder	●
-Dachform	●
-Hochlage	○
-Tieflage	○
Kopfteilfüllung	
-Holz	○
-Stäbe	●
Fussteilfüllung	
-Holz	○
-Stäbe	●
Handgriffe	○
Stossabweiser	○
Fahrbar	○
Farbe:	
-Lichtgrau	○
-Weiss	●
-Sonstige	○
Zubehör:	
-Handtuchhalter	X
-Aufrichtevorrichtung	X
-Extensionsmuffe	X
-Seitenteile	X

○ = Ja ● =Nein X= Wahlweise

150

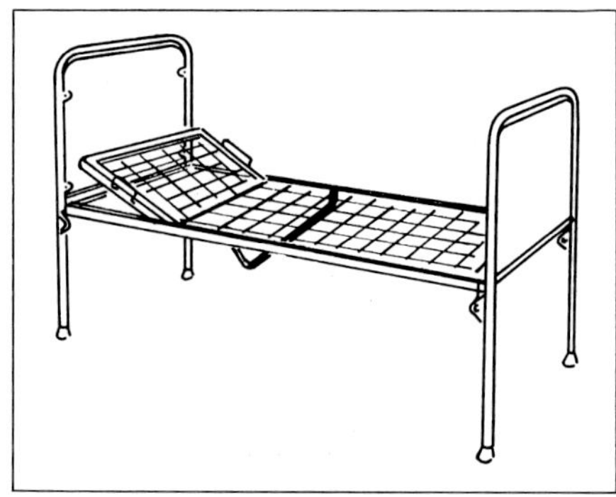

Hersteller: Fa. L&C ARNOLD, Schorndorf Typ: 52-38-o37	
Abmessungen:	
-Liegefläche cm	17ox7o
-Gesamtlänge cm	178
-Gesamtbreite cm	74
-Kopfteilhöhe cm	115
-Fussteilhöhe cm	1o5
-Bodenfreiheit cm	45
-Lagerhöhe cm	5o
Matratzenrahmen:	
-Rechteckprofilrohr	○
-Rundrohr	●
-Winkelstahl	●
-Stahlgitterboden	○
-Federboden	●
Verstellb.Liegefläche	●
Verstellb.Rückenlehne	○
-Klemmechanismus	○
-Gasdruckfeder	●
Verstellb.Beinlehne	●
-Klemmechanismus	●
-Gasdruckfeder	●
-Dachform	●
-Hochlage	●
-Tieflage	●
Kopfteilfüllung	
-Holz	○
-Stäbe	●
Fussteilfüllung	
-Holz	○
-Stäbe	●
Handgriffe	○
Stossabweiser	●
Fahrbar	●
Farbe:	
-Lichtgrau	○
-Weiss	●
-Sonstige	●
Zubehör:	
-Handtuchhalter	○
-Aufrichtevorrichtung	●
-Extensionsmuffe	●
-Seitenteile	○

○ = Ja ● = Nein X= Wahlweise

149 + 150 Marktanalyse/Vergleichende Produktanalyse (2 von 8 analysierten Betten).

151

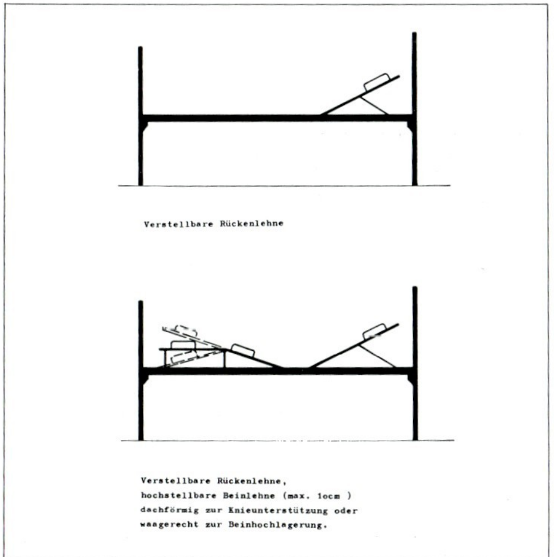

152

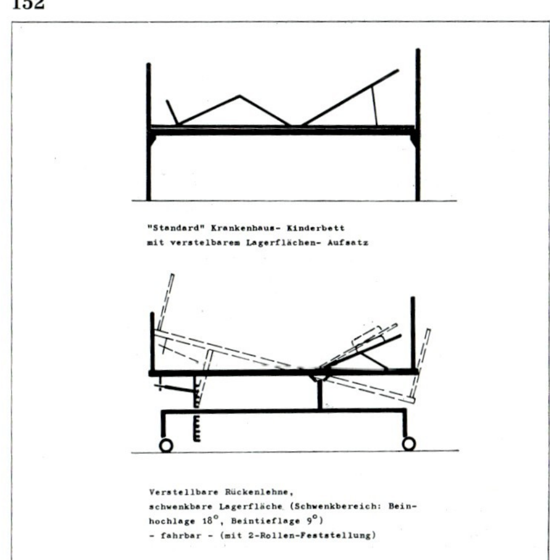

153

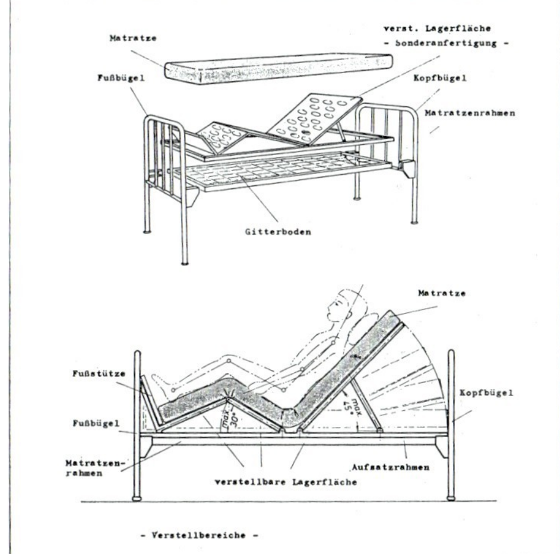

154

151–153 Baustruktur verschiedener Bettentypen.

154 Sozialbezugsanalyse – graphische Darstellung.

In der *Umweltbezugsanalyse* werden alle denkbaren Wechselbeziehungen zwischen der möglichen Problemlösung und der Umwelt, in der sie benutzt werden wird, aufgezeigt. Dabei handelt es sich um Vorhersagen aller Umstände und Situationen, welchen das Produkt während seiner Lebensdauer ausgesetzt ist. Zum einen werden die Einwirkungen der Umwelt auf das Produkt analysiert (Witterung, Beschmutzung usw.), zum anderen die Einwirkungen des Produktes auf die Umwelt (Signalwirkung, Umweltbelastung usw.).

Je nach Problemstellung kann es interessant sein, in einer Analyse die *historische Entwicklung* eines Produkttyps darzustellen, um daraus eventuelle Schlüsse für eine Neuentwicklung zu ziehen.

In einer *Marktanalyse* werden alle im Markt angebotenen Produkte eines Produkttyps überschaubar gemacht. Sie erhält für ein Unternehmen dann besondere Wichtigkeit, wenn die anstehende Problemlösung dahin zielt, ein vorhandenes Produkt zu verbessern und vom Angebot der Mitbewerber zu differenzieren. Der Vergleich der verschiedenen im Markt angebotenen Produkte erfordert gemeinsame Bezugspunkte, an denen die Produktkritik ansetzen kann. Um solche Bezugspunkte zu schaffen, muß der Industrial Designer das Produkt in seine Eigenschaften strukturieren. Nur wenn alle Einzelheiten bekannt sind, kann das Produkt durchschaut werden, sind Ansatzpunkte für eine Verbesserung gegeben. Daher wird diese Art der Analyse als produktorientiertes Analyseverfahren der Marktforschung (im Gegensatz zu verbraucherorientierten Verfahren) oder als vergleichende *Produktanalyse* bezeichnet.

Solche vergleichenden Produktanalysen sollen Istzustände der bereits vorhandenen Produkte darstellen, ihre Schwächen herausstellen und Sollwerte für die Verbesserung des zu entwickelnden Produktes aufstellen. Zur Durchführung von Produktanalysen gibt es spezielle Verfahren wie z. B. Funktionsanalyse, Strukturanalyse usw.

Eine *Funktionsanalyse* gibt Auskunft über die technische Funktionsweise eines Produktes. Damit ist die Arbeitsweise eines Produktes gemeint, die auf physikalischen oder chemischen Gesetzen beruht, welche im Gebrauchsvorgang als praktische Funktionen erfahrbar werden. Diese Arbeitsweise eines Produktes kann durch rationale Prüfverfahren wie Messen, Wiegen, Röntgen, Dauerbelastung usw. geprüft werden. Die Funktionsanalyse ist eine Methode zur Strukturierung der technischen Funktionseigenschaften eines Produktes, durch die seine Funktionsqualitäten überschaubar werden. Durch die Funktionsanalyse wird das Produkt in seine Teilfunktionen zerlegt. Das Mittel für die Darstellung ist der »Topographische Baum«. In diesem graphischen Bild werden alle Teilfunktionen und deren Nachbarschaftsbeziehungen in eine logische Rangfolge gebracht. Die Abhängigkeiten der Teileigenschaften werden festgehalten und nach Komplexitätsgraden geordnet. Durch dieses Verfahren werden selbst komplexe Industrieprodukte einer objektiven Beurteilung zugängig gemacht. Dies ist wichtig für die Frage nach den Möglichkeiten der Verbesserung eines Produktes.

Ziel der *Strukturanalyse* ist das Durchschaubarmachen der Baustruktur eines Produktes, das Aufzeigen der strukturellen Komplexität. Aufgrund der Analyse der Baustruktur eines Produktes kann entschieden werden, ob die Anzahl der Bauteile reduziert werden kann, ob Bauteile zu Baugruppen zusammengezogen werden können, kurz, wie die technologische Reife eines Produktes verbessert werden kann.

Innerhalb einer Designproblem-Analyse wird durch die *Gestaltanalyse* die ästhetische Erscheinung vorhandener Produkte untersucht, um daraus Schlüsse für eine Neugestaltung ziehen zu können. In einer Gestaltanalyse werden alle Gestaltmerkmale eines Produktes aufgezeichnet und mit den Varianten verglichen. Bei umfassender Ausführung kann eine Gestaltanalyse auch Baukasten für formale Detaillösungen des neuen Produktes sein, wenn alle möglichen formalen Lösungen aufgezeichnet werden. In die Gestaltanalyse werden meist auch Farbgebung, Oberflächenausbildung usw. einbezogen.

Es würde in diesem Rahmen zu weit führen, alle Quellen von Informationen näher zu beschreiben und alle Verfahren zu erläutern, mit denen eine Designproblem-Analyse durchgeführt werden kann. Weitere wichtige Aspekte sind bei der Entwicklung von Industrieprodukten die *Analysen* von verwendeten *Materialien und* möglichen *Herstellungsverfahren;* ferner muß geprüft werden, inwieweit mögliche Problemlösungen durch *Patente, Bestimmungen und Normen* beeinflußt werden. Bei Produkten, die Teil eines Systems sind, wird durch eine *Produktsystemanalyse* ermittelt, inwieweit eine Wechselbeziehung zwischen den Systemteilen besteht und in welcher Weise diese Tatsache das einzelne Produkt beeinflußt. Art des *Vertriebs, Montage* des Produktes, *Kundendienst* und *Wartung* sind weitere Aspekte, die bei einer anstehenden Problemlösung beachtet werden müssen.

Problemdefinition, Problemklärung, Zieldefinition

Durch die Sammlung allen verfügbaren Wissens und die Vermehrung spezifischen Wissens aufgrund analytischer Verfahren wird allmählich das Problem mit seinem Umfeld überschaubar, und es wird möglich, das Problem umfassend zu definieren. Die Definition des Problems und die Visualisierung aller Sachverhalte sind wichtig, wenn am Designprozeß mehrere Personen beteiligt sind. Dies ist bei der Entwicklung und Gestaltung von Industrieprodukten im Industrieunternehmen fast

155

Anforderungen an das neue Krankenhaus- Kinderbett

1. Ermöglichung der Serienherstellung
2. Berücksichtigung einer kindgerechten Farbgebung
3. Verwendung einer einteiligen Matratze
4. Ermöglichung einer einfachen Herstellung
5. Berücksichtigung eines stabilen Aufbaues
6. Ermöglichung einer einfachen Montage
7. Ermöglichung der Austauschbarkeit von Einzelteilen
8. Beachtung einer dem Patient, Arzt und Pflegepersonal gerecht werdenden Lagerflächenhöhe
9. Gewährleistung der Funktionssicherheit
1o. Anbringung von Handgriffen
11. Vermeidung eines verrutschens des Kopfkissens
12. Ermöglichung einer sicheren Armlage bei Infusionen
13. Vermeidung scharfer Ecken und Kanten
14. Verringerung des Gesamtgewichtes
15. Berücksichtigung von Ablagemöglichkeiten
16. Berücksichtigung einer verst. Kopfstütze
17. Berücksichtigung einer verst. Rückenstütze
18. Berücksichtigung einer verst. Beinlehne
19. Berücksichtigung einer verst. Armlehne
2o. Berücksichtigung einer kippbaren Lagerfläche
21. Berücksichtigung einer verstellbaren Fußstütze
22. Berücksichtigung eines variablen Arm-Stützkeils
23. Erhöhung der Leichtgängigkeit mechanischer Teile
24. Unterstützung der Kopfhaltung
25. Ermöglichung stufenloser Verstellung
26. Erleichterung der Armhaltung bei Infusionen
27. Berücksichtigung einer durchbrochenen Lagerfläche
28. Mehrfachverwendung des Bett-Tisches
29. Berücksichtigung der Materialkosten
3o. Berücksichtigung der Fertigungskosten
31. Erleichterung des Versandtransports
32. Erreichung beständiger Oberflächen
33. Vereinfachung der Reinigung des Bettes
34. Einsatz wartungsfreier mech. Teile
35. Beachtung der Hygenievorschriften
36. Berücksichtigung der eventuellen täglichen Körperpflege im Bett
37. Ermöglichung der Anbringung von Zubehörteilen
38. Erleichterung der Manöverierfähigkeit
39. Ermöglichung einer raumsparenden Lagerung
4o. Dämpfung der Verstellgeräusche
41. Berücksichtigung der schwächeren Konstitution der Kinder
42. Berücksichtigung der Fußbodenreinigung
43. Berücksichtigung der räumlichen Verhältnisse im Krankenhaus
44. Verwendung einfacher techn. Bauteile
45. Ermöglichung der Farbkoordination im Krankenhaus
46. Berücksichtigung einer kindgerechten Farbgebung
47. Beachtung der kindlichen Neugier
48. Vermeidung von hinderlichen Zubehörteilen
49. Ermöglichung eines schnellen Einsatzes
5o. Verdeutlichung der Funktion

155 Anforderungen an das neue Krankenhauskinderbett.

156

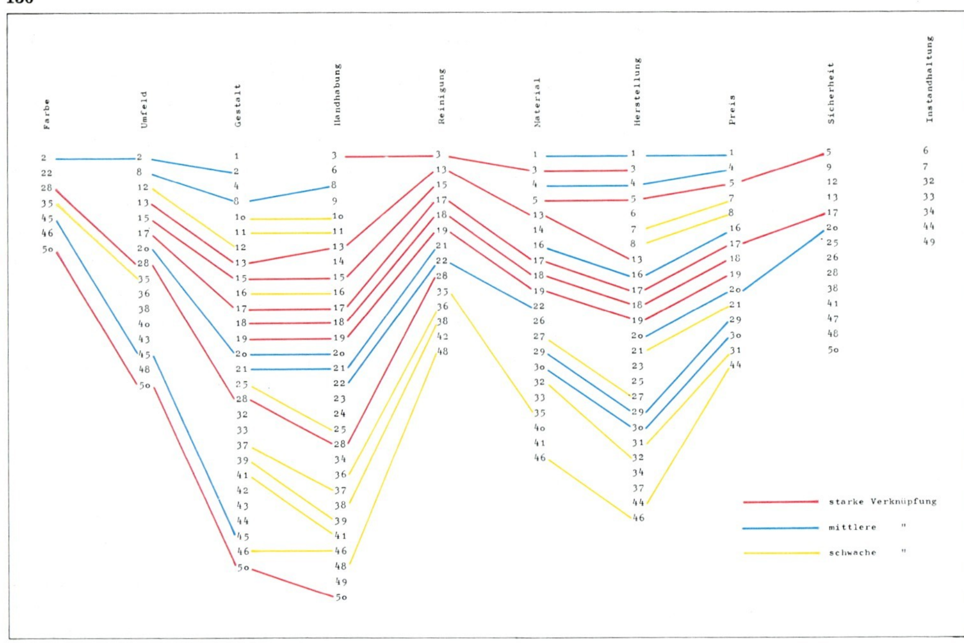

156 Verknüpfung der Anforderungspunkte und Festlegung der Wertigkeiten.

157–160 Prinziplösungen für das neue Krankenhauskinderbett: Ideenskizzen.

157

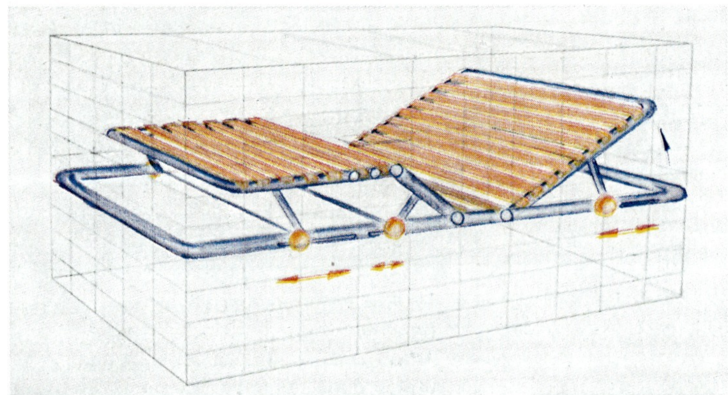

158

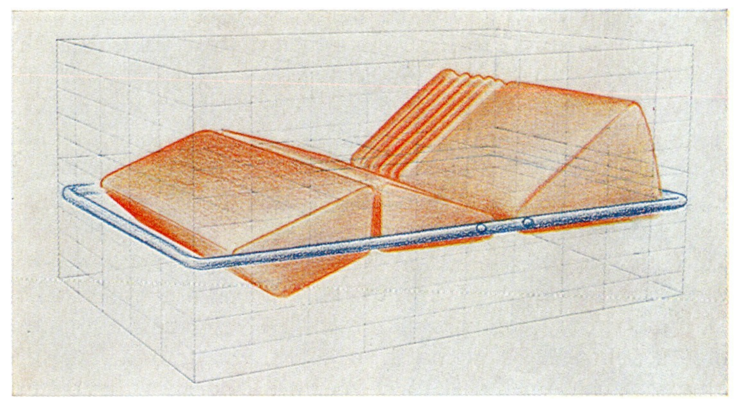

159

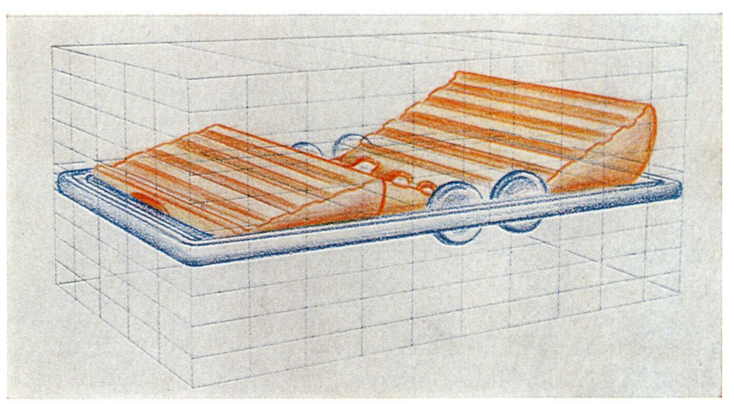

160

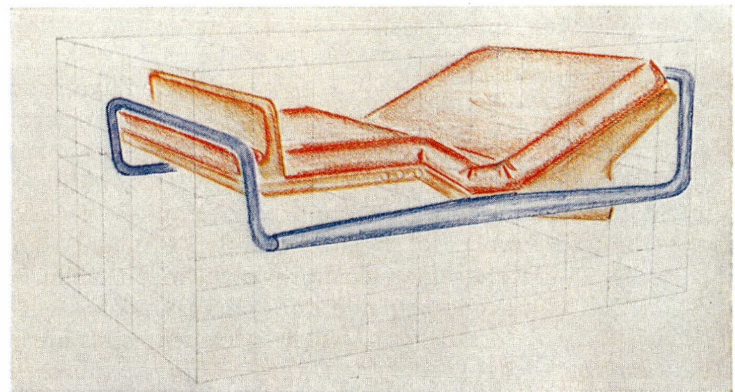

immer der Fall, eine umfassende Problemanalyse und die Darstellung der Fakten sind daher unumgänglich.
Ziel der Problemdefinition ist die Offenlegung des Problems, die Verbalisierung und Visualisierung aller Gedanken und analytischen Ergebnisse, die das Problem diskutierbar machen. Durch die Problemdefinition ergibt sich die Problemklärung, wobei alle am Designprozeß Beteiligten Einblick in die anstehende Problematik erhalten. Nun ist auch ein Urteil über Wichtigkeit und Unwichtigkeit der Fakten möglich. Alle Ergebnisse der Designproblem-Analyse können nun als Anforderungen an die neue Problemlösung formuliert und mit Wertigkeiten versehen werden. Das Festlegen der Wertigkeiten der produktbeeinflussenden Faktoren kann mit Hilfe eines Verknüpfungsverfahrens geschehen, wie es am Beispiel des Krankenhauskinderbettes praktiziert wurde (Abb. 156). Durch vorhergegangene Darstellung der Beeinflussungsfaktoren entstehen die Ziele, die durch die Aktion im kreativen Prozeß verwirklicht werden sollen. Problemdefinition und Problemklärung sind neben Zieldefinition die Auslöser des kreativen Entwurfsprozesses.

8.3.2 2. Phase: Problemlösungen

Nachdem in der ersten Phase des Designprozesses das Problem mit seinem Umfeld analysiert wird, werden in der zweiten Phase Problemlösungen produziert. Es ist die Phase der Ideenproduktion durch Rückblick auf die analytischen Ergebnisse und durch Vorausschau auf mögliche Lösungen. Diese Phase der Ideenproduktion ist jene, die bisher am schwierigsten erforschbar war. Es ist die Phase der Intuition, der Eingebung von Ideen aus dem scheinbaren Nichts, die auch als die eigentliche kreative Phase bezeichnet wird. Tiefenpsychologen erklären diesen Vorgang so, daß das Unbewußte im Menschen verschiedene Schichten hat. In der obersten dieser Schichten werden alle möglichen Lösungskonstellationen durchkombiniert. Nur die brauchbaren Kombinationen dringen ins Bewußtsein und werden dort einer Kontrolle unterzogen, die sich auf festgehaltene Kriterien stützt. Als unzusammenhängend angesehene Sachverhalte werden vereint, wobei chaotische Komplexität z. T. in überschaubare einfache Ordnung gebracht werden muß.

Wahl der Problemlösungsmethoden
Für die Produktion von Problemlösungen sind zwei verschiedene Arten des Vorgehens möglich, die aber auch als Mischformen auftreten können:

- Versuch und Irrtum
- Warten auf Inspiration

Dies sind Lösungswege, die oft von Künstlern bevorzugt werden.
Bei der Suche nach Problemlösungen für Gebrauchsprodukte durch den Industrial Designer bietet sich der organisierte Zugang zur Problemlösung an. Beim organisierten Suchen von Problemlösungen können geeignete Methoden gewählt werden, um mit wenig Zeitaufwand gezielt zu dem anstehenden Problem eine brauchbare Lösung zu finden. Beim Beispiel des Krankenhauskinderbettes wurden in Diskussionen alle nur denkbaren *Prinziplösungen* durchgespielt und die als brauchbar erscheinenden in Form von

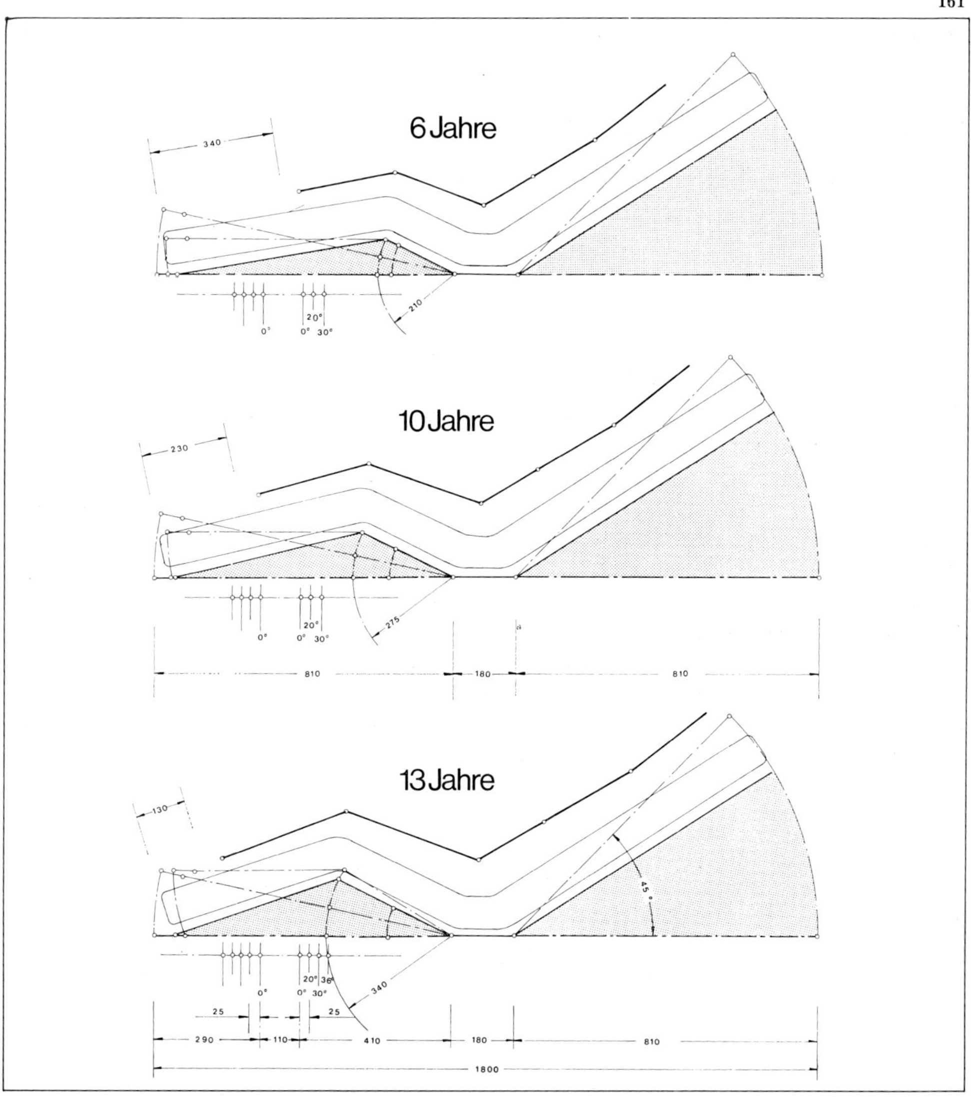

161 Variationsbereiche des Krankenhauskinderbettes für verschiedene Altersstufen.

Ideenskizzen in ein Maßraster gezeichnet (Abb. 157–160). Durch den Einsatz von geeigneten Problemlösungsmethoden kann die Wartezeit auf die Inspiration durch zielgerichtete Aktivität verkürzt und auf jeder Stufe kontrolliert werden.

162

163

162—164 Prinziplösungen für das neue Krankenhauskinderbett: Hilfsmodelle.
165 Maßverhältnisse: Arzt — Patient — Bett.

166 Krankenhauskinderbett:
Design-Modell M 1 : 3.
Design: Karsten Büntzow, Peter Esselbrügge.

166

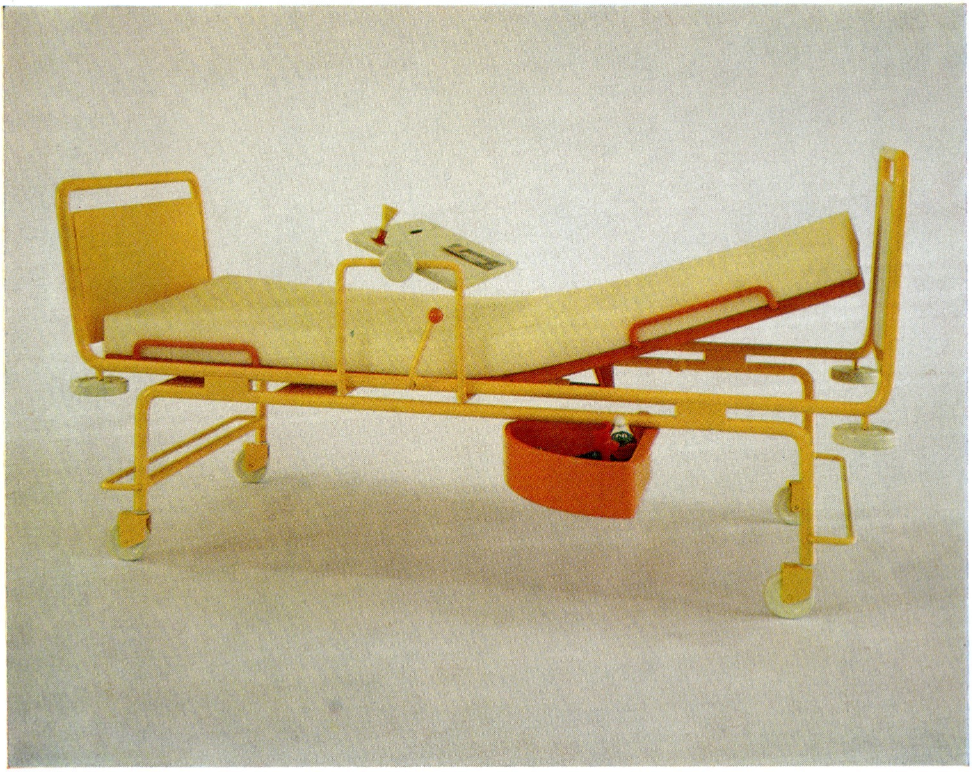

164

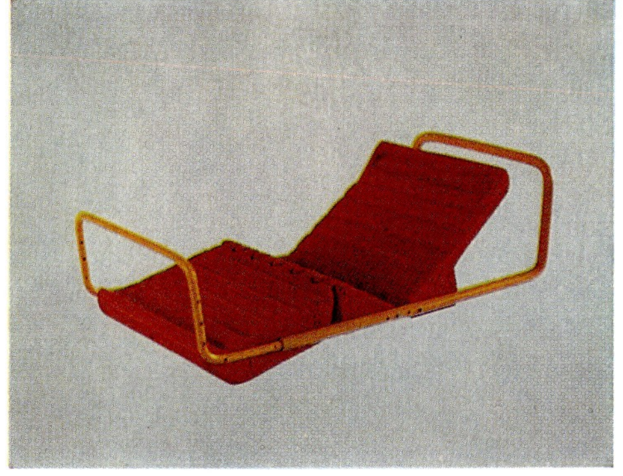

165

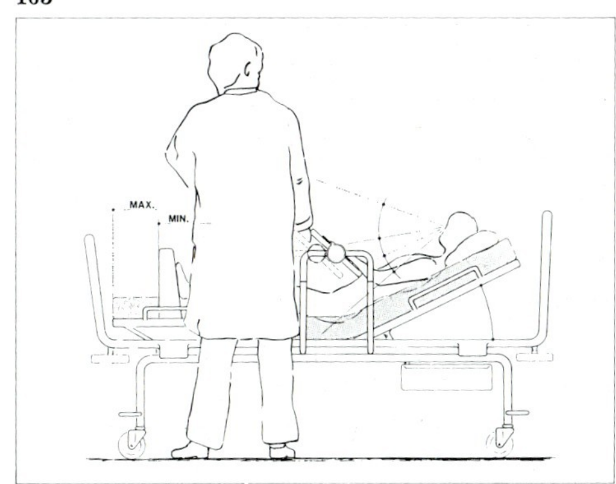

Ideenproduktion, Problemlösungen
Ideenproduktion ist das Erwägen der verschiedenen Möglichkeiten zur Lösung des anstehenden Problems. Wichtig ist dabei die vorübergehende Trennung von den in der analytischen Phase ermittelten Faktoren, die ins Unbewußte zurückgedrängt werden sollten. Dies fällt dem Industrial Designer oft sehr schwer, weil die Problemanalyse meist mit sehr viel Zeitaufwand erstellt wurde und es unsinnig erscheint, in der kreativen Phase all das gesammelte Wissen zu verdrängen. Zu intensives Denken an die Beeinflussungsfaktoren behindert aber den kreativen Vorgang der Ideenproduktion. Wichtig ist, daß in dieser Phase die Lösungen noch wenig bewertet werden. Vorerst muß noch mit einer gewissen Naivität nach weiteren möglichen Lösungen für ein Problem gesucht werden. Die Technik dieser Phase ist die Assoziation von Ideen, die zu immer neuen Gedankenkombinationen führt. Dieser Vorgang kann zwischenzeitlich durch Rückkopplung mit dem analytischen Material immer aufs neue provoziert werden. Es findet also laufend ein Abstandnehmen und ein Sichnähern statt. In dieser kreativen Phase ist es für den Industrial Designer wichtig, *Ideenskizzen* oder *Hilfsmodelle* von allen erdachten Prinziplösungen anzufertigen. Auf diese Art können alle neuen Kombinationen als Alternativen gesammelt und für die Bewertungsphase bereitgestellt werden.

8.3.3 3. Phase: Problemlösungsbewertung

Einsicht in die Lösungen, Selektionsvorgang
Wenn in der Phase der Problemlösungsproduktion alle Ergebnisse überschaubar gemacht, d. h. durch Skizzen oder Hilfsmodelle visualisiert wurden, werden diese nun in der Phase der Problemlösungsbewertung vergleichbar. Es erfolgt die plötzliche Einsicht in die vorliegenden Lösungen. Der Designer hat dann das »Aha-Erlebnis«, bei dem sich das ausgebreitete Ideenmaterial zu einem sinnvollen Ergebnis kristallisieren läßt. Aus den erarbeiteten Alternativen kann nun im Vergleich mit den vorher aufgestellten Sollwerten die brauchbarste Lösung ermittelt werden.

Bewertungsvorgang
Für die Bewertung von Designlösungen ist es wichtig, daß gegen Ende der analytischen Phase des Designprozesses die Anforderungen an das neue Produkt anhand des analytischen Materials festgehalten und diese Fakten mit Wertigkeiten belegt wurden. Nur so kann der Industrial Designer die beste Lösung aus den Alternativentwürfen im Hinblick auf den Benutzer auswählen. Im Industrieunternehmen geschieht dies in der Regel durch alle an der Produktplanung, Produktentwicklung und dem Produktvertrieb beteiligten Bereichsleiter.
Auch für die Bewertung von Designlösungen gibt es verschiedene Bewertungs- und Entscheidungsverfahren, die Bernhard E. Bürdek (24) u. a. in seinem Buch vorstellt.
Für die Bewertung von neuen Industrieprodukten gibt es zwei verschiedene Maßskalen, die sich als Fragen formulieren lassen:

- Welche Bedeutung hat das neue Produkt für den Benutzer, für bestimmte Benutzergruppen, für die Gesellschaft?
- Welche Bedeutung hat das neue Produkt für den finanziellen Erfolg des Unternehmens im Markt?

Alle Bewertungskriterien sind an diese beiden Dimensionen gebunden, und es ist von der Zielsetzung der Produktentwicklung abhängig, wo das Schwergewicht der Entscheidungen liegt.

8.3.4 4. Phase: Problemlösungsrealisation

Der letzte Schritt innerhalb des Designprozesses ist die Konkretisierung der ausgewählten besten Problemlösung. Dabei wird diese nochmals überarbeitet und vervollkommnet. Die für das gestellte Problem beste Lösung in Form eines Industrieproduktes wird in verschiedenen Stufen nun so behandelt, daß ein serienreifer Prototyp entsteht. Konstruktion und struktureller Aufbau des Produktes werden vom Konstrukteur genau fixiert. Der Industrial Designer arbeitet die beste Lösung bis in die Details aus. An einem Gerät werden z. B. Radien und Flächenspannungen aufeinander abgestimmt, Bedienungselemente oder Skalen genau festgelegt. Das Ergebnis ist meist ein Anschauungsmodell mit allen notwendigen Zeichnungen und erarbeiteten Texten. Anhand dieser Unterlagen wird in Industrieunternehmen auf höchster Ebene eine abschließende *Lösungsbewertung* durchgeführt und entschieden, ob das erarbeitete Ergebnis produziert wird.

9.0 Ästhetik des Industrial Designs

Eingangs wurde Industrial Design als Prozeß der Anpassung industriell herstellbarer Gebrauchsprodukte an die physischen und psychischen Bedürfnisse der Benutzer definiert. Durch die Tatsache, daß der Industrial Designer bei diesem Prozeß primär für die Festlegung der ästhetischen und symbolischen Funktionen der Produkte zuständig ist, durch die vorwiegend psychische Bedürfnisse des Benutzers gedeckt werden können, erhält die Ästhetik des Industrial Designs eine besondere Bedeutung. Wie bereits festgestellt wurde, handelt es sich bei den Relationen Industrial Designer – Industrieprodukt (Designprozeß) sowie bei den Relationen Benutzer – Industrieprodukt (Gebrauchsprozeß) (Abb. 3) um dynamische Vorgänge. Beide Prozesse zusammen sind Bestandteile einer Ästhetischen Kommunikation zwischen Industrial Designer und Benutzer und daher einem ständigen Wandel von Vorstellungen, Normen und subjektiven Werthaltungen unterworfen. Dieser gesamte Kommunikationsprozeß mit seinen Teilbereichen ist auch Thema einer Ästhetik des Industrial Designs. Eine Ästhetik, die sich mit veränderlichen Vorgängen auseinandersetzt, muß eine Prozeßästhetik sein, die alle Teilbereiche dieses Prozesses in ihrer Veränderbarkeit reflektiert. Es ist von Wichtigkeit, daß sie sich nicht auf die Beschreibung der ästhetischen Objekte alleine beschränkt, sondern immer die Beziehungen zwischen Menschen und Objekten im Auge behält. Der Begriff Ästhetik kommt aus dem griechischen Wort »aisthesis« und bedeutet soviel wie sinnliche Wahrnehmung. Damit wird allerdings nur ein Aspekt der Ästhetik angesprochen. Umfassender ist die Definition: Ästhetik = Wissenschaft von den sinnlich wahrnehmbaren Erscheinungen (z. B. Objektästhetik), deren Wahrnehmung durch den Menschen (Ästhetische Wahrnehmung) und deren Bedeutung für den Menschen als Teil eines sozio-kulturellen Systems (Wertästhetik). Ferner die Theorie von der ästhetischen Produktion des Menschen (Generative Ästhetik). Wenigstens mit diesen Aspekten hat sich die Ästhetik des Industrial Designs auseinanderzusetzen (Abb. 167).

In der *Objektästhetik* werden ästhetische Merkmale und Eigenschaften an Objekten beschrieben. Diese Beschreibung kann einmal mittels mathematischer Methoden durch eine »Numerische Ästhetik« (25) erfolgen, wobei allerdings die Bedeutung der Objekte für den Benutzer aufgrund des gesetzten Zieles der Wissenschaftlichkeit, d. h. Objektivität und Allgemeingültigkeit der Aussagen, ausgeklammert wird. Die zweite Art der Beschreibung ist die verbale Aussage über ästhetische Objekte und deren Wirkung auf den Betrachter, wodurch Teilaspekte der Ästhetischen Wahrnehmung und der Wertästhetik berührt werden müssen. Diese Methode wird hier angewendet. In der *Informationstheorie* und der

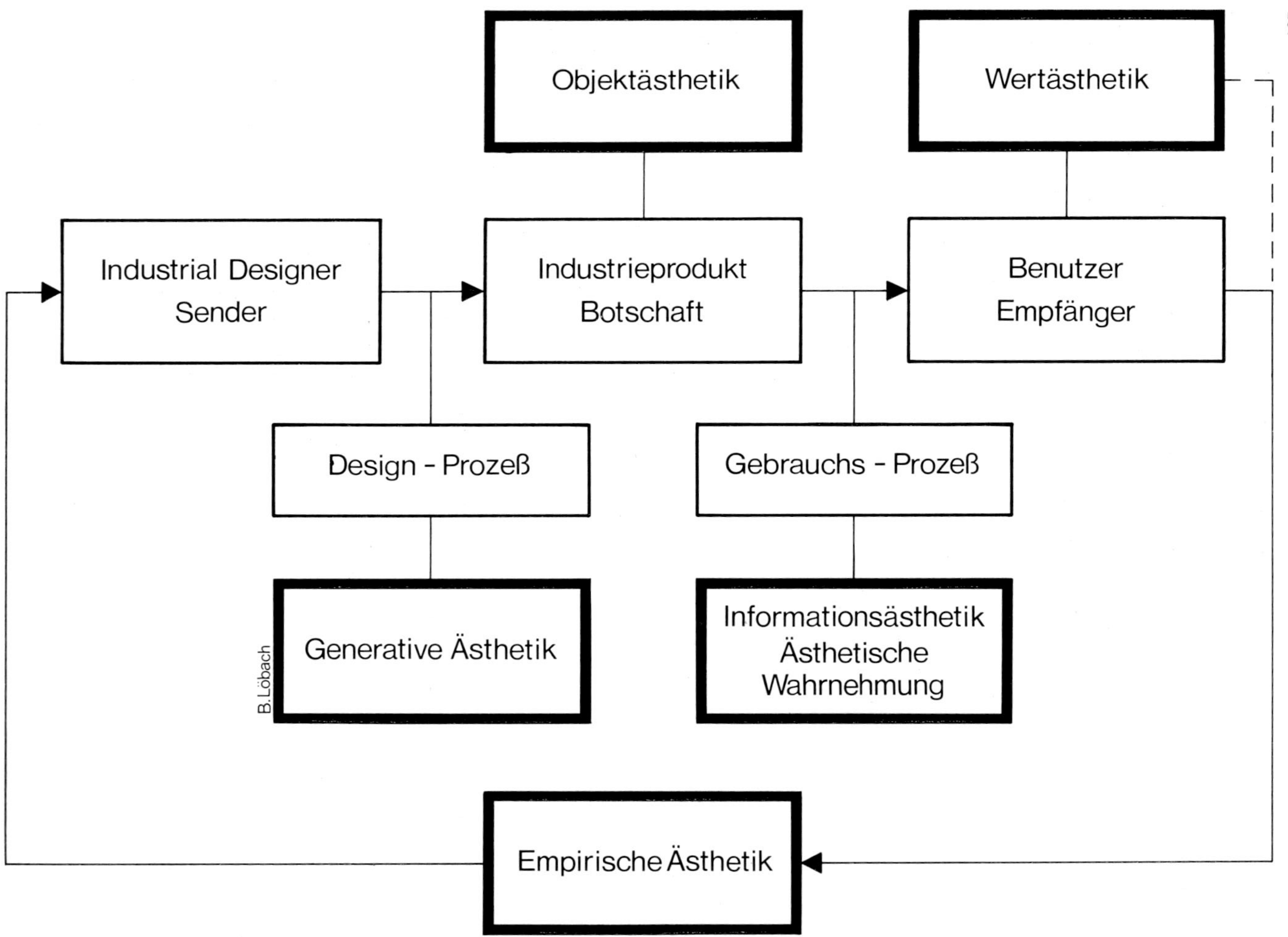

Objektästhetik
Wertästhetik
Industrial Designer
Sender
Industrieprodukt
Botschaft
Benutzer
Empfänger
Design - Prozeß
Gebrauchs - Prozeß
Generative Ästhetik
Informationsästhetik
Ästhetische
Wahrnehmung
B.Löbach
Empirische Ästhetik

Ästhetischen Wahrnehmung werden Aussagen gemacht über den Prozeß der visuellen Konsumtion ästhetischer Objekte. Hauptaspekte der Betrachtung sind dabei das Wahrnehmungsangebot, der Wahrnehmungsvorgang und die subjektive Wahrnehmungsverarbeitung.
Die Bedeutung ästhetischer Objekte für den Benutzer in Abhängigkeit von subjektiven Wertvorstellungen und vom sozio-kulturellen Normensystem ist dann Thema der *Wertästhetik*. Die Erforschung ästhetischer Wertvorstellungen ausgewählter Personengruppen ist u.a. Inhalt der *Empirischen Ästhetik*, die Wissen bereitstellt, welches im Hinblick auf ästhetische Vorlieben der Benutzer im Designprozeß vom Industrial Designer angewendet werden kann. Die Anwendung ästhetischer Theorie in der ästhetischen Praxis (Designprozeß, Kunstproduktion) ist Thema der *Generativen Ästhetik*.

9.1 Ästhetische Kommunikation

Die in Abb. 167 dargestellten Zusammenhänge zeigen einen Prozeß, der, wie bereits erwähnt, als Ästhetische Kommunikation bezeichnet werden kann. Der Industrial Designer ist dabei der Sender einer Botschaft in Form eines Industrieproduktes. Diese Seite der Kommunikationskette wird als ästhetische Produktion oder als Designprozeß bezeichnet.
Der Benutzer des Industrieproduktes ist Empfänger der im Industrieprodukt enthaltenen Botschaft. Diese Seite der Kommunikationskette kann als ästhetische Konsumtion oder als Gebrauchsprozeß bezeichnet werden. Durch empirische Untersuchungen ästhetischer Vorlieben der Benutzer erhält der Industrial Designer Informationen, die als produktbestimmende Faktoren seine Produktion beeinflussen. Dadurch wird die Kommunikationskette zu einem Regelkreis der ästhetischen Kommunikation geschlossen, dessen Teilbereiche nun näher betrachtet werden sollen. Da die Aktivität des Industrial Designers bei der Festlegung ästhetischer Produktfunktionen sowie der Designprozeß schon eingehend betrachtet wurde, gilt zunächst die Aufmerksamkeit der Objektästhetik.

9.2 Objektästhetik

Objektästhetik ist als Teilbereich einer Prozeßästhetik zu betrachten, bei der die das reale ästhetische Objekt betreffenden Aspekte in bezug auf die mögliche Wahrnehmung durch den Betrachter untersucht werden. Zentrales Problem der Objektästhetik ist daher das Erkennen und Beschreiben der an ästhetischen Objekten wahrnehmbaren Gesichtspunkte. Dadurch wird eine weitgehend präzise Beschreibung ästhetischer Realität möglich, eine Voraussetzung für die Wertästhetik und Generative Ästhetik; denn nur wenn alle ästhetischen Aspekte eines Industrieproduktes bekannt und nennbar sind, kann im Hinblick auf festgelegte Werte im Designprozeß ein neues Industrieprodukt entstehen, welches den ästhetischen Bedürfnissen der Benutzer entspricht. Denn gerade die materialen Eigenschaften der Produkte sind es, die im Designprozeß durch den Industrial Designer als ästhetische Botschaft geformt werden. Kenntnisse über Objektästhetik sind die Voraussetzung dafür. Die Aspekte der Objektästhetik wie Gestalt, Gestaltelemente, Gestaltaufbau können zwar unabhängig von der menschlichen Wahrnehmung und den menschlichen Wertvorstellungen beschrieben werden; dies wäre aber eine eindimensionale Ästhetik, die etwas zu kurz zielt, weil alle Themenstellungen einer in Abb. 167 dargestellten Prozeßästhetik letzten Endes miteinander in Beziehung stehen.

9.2.1 Gestalt

Der zentrale Begriff der Objektästhetik ist der der Gestalt, wobei Gestalt als Oberbegriff für die Gesamterscheinung eines ästhetischen Objektes, also auch für ein Industrieprodukt, steht. Die Gestalt eines Industrieproduktes ist die Summe von Gestaltelementen und deren Wechselbeziehungen, die im Gestaltaufbau festgelegt sind. Weil bei der Tätigkeit des Industrial Designers Gestaltelemente nach einem Gestaltprinzip zu einer Gestalt gefügt werden, wird dieser Vorgang auch als Gestaltung bezeichnet.
Die Gestalt eines Industrieproduktes wird beeinflußt durch die bestimmte Art der Gestaltstruktur, die entsprechend ihrer Ausprägung auf den Benutzer der Produkte eine Wirkung ausübt. Diese Wirkung ruft im Betrachter oder Benutzer des Produktes eine Haltung hervor, die sich als Zustimmung oder Ablehnung des Produktes oder als Neutralität dem Produkt gegenüber äußern kann. Eines der Hauptprobleme des Industrial Designers ist es nun zu wissen, in welcher Weise das Produkt auf die unterschiedlichen Benutzer wirken soll. Dementsprechend muß er die Gestaltelemente nach einem geeigneten Gestaltprinzip ordnen, um die gewünschte Wirkung zu erreichen. Daran wird deutlich, wie wichtig für den Industrial Designer die Fähigkeit ist, Erkenntnisse der Objektästhetik und Empirischen Ästhetik im Designprozeß umzusetzen.
Gestalthafte Industrieprodukte mit einer ungewöhnlichen Anordnung der Gestaltelemente haben für die absatzwirtschaftlichen Ziele der Unternehmen solchen Produkten mit geringerer Gestalthaftigkeit gegenüber den Vorteil, daß mögliche Interessenten entsprechend der allgemeinen Vorliebe für gestalthafte Erscheinungen diese Produkte bevorzugen. Der Einsatz von Erkenntnissen der Ästhetik mit absatzwirtschaftlichen Zielsetzungen wurde bereits an anderer Stelle betrachtet und braucht hier nicht weiter verfolgt zu werden.
Die Gestalt ist ein Wert, der von der menschlichen Wahrnehmung bevorzugt wird gegenüber der Nicht-Gestalt. Daher ist es verständlich, daß gerade solche Industrieprodukte bewußt gestaltet werden (den menschlichen Wahrnehmungsbedingungen angepaßt werden müssen), die dauerhaft benutzt werden sollen. Ob ein Gegenstand gestaltet sein sollte, ist offensichtlich davon abhängig, ob die Absicht besteht, damit zu leben, sich damit zu umgeben. Die Wirkung der Gestalt bzw. die Sprache eines Industrieproduktes ist durch die Konstellation der Gestaltelemente festgelegt. Eine Verwandlung der Wirkung ist möglich durch die Veränderung der Anordnung der Elemente. Das wahre Wesen eines Produktes, z. B. die

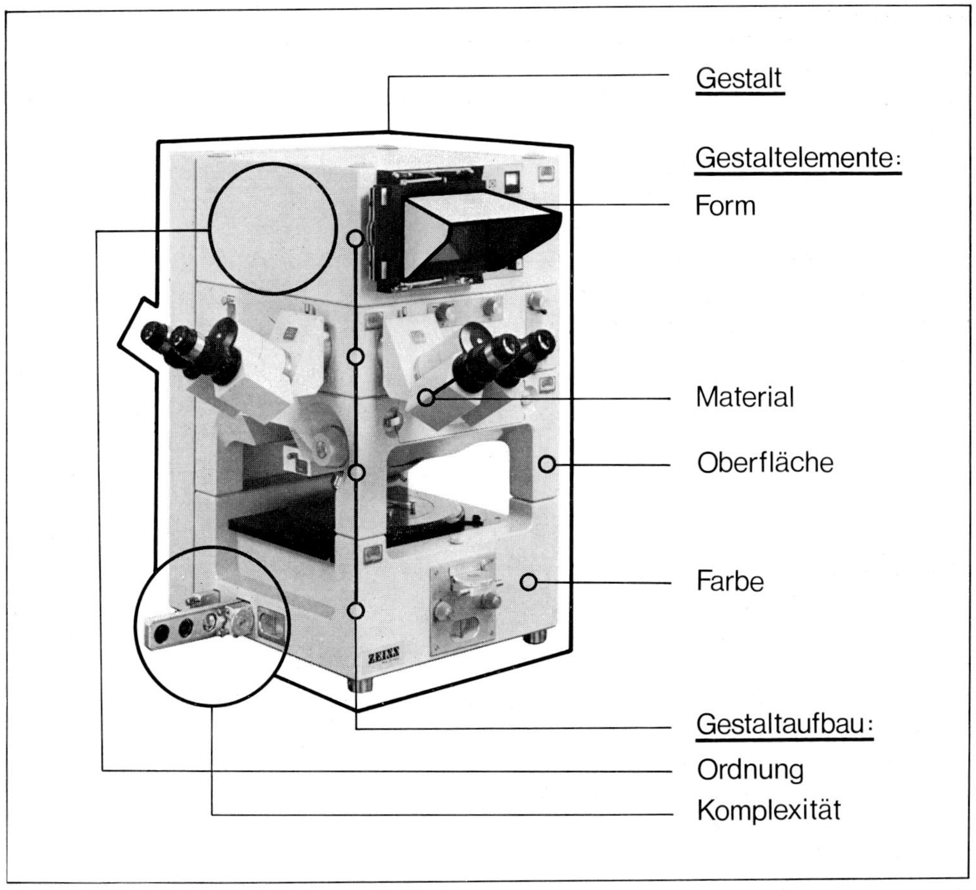

168 Gestalt – Gestaltelemente – Gestaltaufbau, dargestellt am Forschungsmikroskop »Axiomat«.
Designer: K. Michel.
Hersteller: Carl Zeiss, Oberkochen.

Konstellation der durch die praktischen Funktionen festgelegten Bauelemente eines Fernsehgerätes, kann in seiner Wirkung auf den Benutzer durch Anlegen einer Hülle – eines Gehäuses – durch den Industrial Designer beeinflußt werden. Zum einen kann die Qualität der praktischen Funktionen durch die Präzision des Gehäuses ausgedrückt werden (»Die Technik hält, was die Form verspricht« – Werbeslogan der Firma Wega), zum anderen kann aber auch durch eine entsprechend beein-

169

Farbgebung an Industrieprodukten:
169 Produkte, die möglichst vielen unterschiedlichen Benutzerwünschen entsprechen sollen, werden heute von den Herstellern in vielen Fällen mit neutraler sowie mit aktiver Farbgebung angeboten.
»Elektrorasierer Braun casset«.
Hersteller: Braun AG, Kronberg.

170

170 Mit Farbe kann der Industrial Designer die Gestalt eines Produktes bewußt beeinflussen. Gewichtsvorstellungen können erzeugt, Monotonie aufgehoben, konstruktive Merkmale hervorgerufen werden usw. »Mobile Bauunterkunft«. Design: Jürgen Sohns, 1972.

flußte Gestalt eines Produktes eine praktisch-funktionale Qualität vorgetäuscht werden, die nicht vorhanden ist. Hierbei wird klar, daß durch die gezielte Beeinflussung der Gestalt die Sinnlichkeit und Vorstellungen der Produktbenutzer beeinflußbar sind.

9.2.2 Gestaltelemente

Die ästhetischen Eigenschaften der Gestalt eines Industrieproduktes sind durch die Gestaltelemente bestimmt. Diese Gestaltelemente können nach Makroelementen und Mikroelementen unterschieden werden. Makroelemente sind solche, die beim Wahrnehmungsvorgang oft bewußt wahrgenommen werden wie Form, Material, Oberfläche, Farbe usw., wodurch die Gestalt im wesentlichen bestimmt wird. Mikroelemente sind solche, die nicht unmittelbar beim Wahrnehmungsvorgang in Erscheinung treten, allerdings auch den Gesamteindruck der Gestalt mitprägen. An einem Industrieprodukt wären dies beispielsweise kleine Schrauben, Trennfugen an Bauteilen oder Nietköpfe. Die Gestaltelemente können als Träger der ästhetischen Information eines Produktes bezeichnet werden. Von ihrer Auswahl und Konstellation durch den Industrial Designer ist es abhängig, welche Haltung der spätere Benutzer dem Produkt gegenüber einnimmt. Dem Industrial Designer müssen die mit den Gestaltelementen zu erzielenden Wirkungen durch Experimentieren klarwerden, denn nur aufgrund solcher Erfahrungen ist es möglich, durch Addition von Gestaltelementen gewollte Wirkungen zu erreichen. Damit wird auch verständlich, daß ein Student des Industrial Designs nicht durch Aneignen von Wissen allein ein fähiger Gestalter wird, sondern es muß die Möglichkeit bestehen, durch Gestaltungsexperimente zu erfahren, welche Wirkungen mit welchen Gestaltelementen erreichbar sind. Durch die Anordnung der Gestaltelemente zu einem Industrieprodukt unter Berücksichtigung der Erkenntnisse der Ästhetischen Wahrnehmung kann bewirkt werden, daß solche Produkte beim Gebrauchs- bzw. Wahrnehmungsvorgang den menschlichen Sinnen zugänglicher werden.

Gestaltelemente besitzen unabhängig von der Gestalt wenig Bedeutung. Diese entsteht erst durch deren Addition. In einen neuen Zusammenhang gebracht, ergibt die Kombination der gleichen Elemente eine völlig andere Bedeutung. Es sind viele verschiedene Gestaltelemente bekannt, von denen hier nur die wesentlichsten betrachtet werden können, die auch in Abb. 168 dargestellt sind.

9.2.2.1 Form

Das wesentlichste Element einer Gestalt ist die Form, womit zwei verschiedene Ausprägungen gemeint sein können. Es kann zwischen räumlichen und flächigen Formen unterschieden werden. Räumliche Form ist die Form eines dreidimensionalen Produktes, die durch den Verlauf der Oberfläche (konkav – konvex) bestimmt wird. Diese Form verändert sich bei Drehung des Produktes und hat bei unterschiedlichen Betrachtungspositionen unterschiedliche Wirkung.

Flächige Form ist die durch Projektion eines Produktes auf eine Fläche entstandene Form, die durch die Kontur festgelegt ist. Diese Form bleibt konstant auch bei Veränderung des Betrachtungsstandpunktes. Daraus kann abgeleitet werden, daß die räumliche Form eines Industrieproduktes immer vieldimensional deutbar ist entsprechend der unterschiedlichen Präsentation der Gestalt beim Wahrnehmungsvorgang. Diese Vieldeutigkeit kann durch die flächige Form (angewendet bei der Werbung für ein Produkt) eingegrenzt werden, es kann dadurch lediglich »die beste Seite« eines Produktes gezeigt werden. Hieran wird deutlich, daß die flächige Form als zweidimensionale Abbildung im Bereich der Werbung ein weiteres Mittel ist, über die räumliche Form des Produktes einen bewußt gewollten Eindruck im Bewußtsein der möglichen Interessenten zu prägen.

9.2.2.2 Material

Wie bereits angedeutet wurde, wird die Gestalt eines Industrieproduktes nie allein von der ästhetischen Absicht des Industrial Designers im Hinblick auf den möglichen Benutzer beeinflußt, sondern in hohem Maße durch verwendete Materialien und deren ökonomischste Verarbeitungsverfahren. Eines der Hauptkriterien industrieller Produktion ist der ökonomische Einsatz entsprechend geeigneter Materialien. Die Herstellung von Heizlüftern aus abgekantetem Blech ist kostengünstiger als das Spritzen eines biomorph geformten Kunststoffgehäuses, welches sehr wahrscheinlich bessere Gebrauchseigenschaften bieten würde. So sind die Wahl eines geeigneten Materials für ein Produkt (u. a. auch ein ästhetisches Problem) und dessen Verarbeitung primär von wirtschaftlichen Gesichtspunkten abhängig. Zum Beispiel wird ein bestimmtes Material, welches aus gewinnvermehrenden Motiven verkauft werden soll, in verschiedenen Produktionsbereichen zum produktbestimmenden Faktor. Der Industrial Designer erhält in der Rolle des Materialverkaufsförderers die Aufgabe, Produktideen zu entwickeln, bei deren Realisation das bestimmte Material zur Anwendung kommen muß. Die Auswahl des Materials geschieht dabei nicht aus dem Grund, weil es sich für die Herstellung eines Produktes bzw. für die beabsichtigte ästhetische Wirkung eignet, sondern aus verkaufsfördernden Gründen. Daran soll deutlich werden, daß die Auswahl von Gestaltelementen nicht ausschließlich nach ästhetischen Kriterien in Orientierung am Benutzer erfolgt.

9.2.2.3 Oberfläche

Die Oberflächenbeschaffenheit von Industrieprodukten hat großen Einfluß auf deren visuelle Wirksamkeit und ist meist direkt von der Wahl des verwendeten Materials abhängig. Die Oberflächen verschiedener Materialien und deren Kombination sind wichtiger Auslöser von Assoziationen beim Produktbenutzer wie Sauberkeit, Wärme, Kälte, Frische usw. Durch die verschiedensten Materialien und deren Oberflächenbeschaffenheit (blank, matt, glatt, aufgerauht) bzw. Oberflächenverformung (konkav, plan, konvex) sind gezielt entsprechende Wirkungen durch den Industrial Designer zu erreichen. Charak-

171

Gestaltmerkmal:
Hohe Ordnung – geringe Komplexität.

171 In den frühen 50er Jahren begann die Firma Braun in Frankfurt, sich durch für die damalige Zeit ungewöhnlich gestaltete Produkte von den Mitbewerbern abzuheben. Diese Produkte zeichneten sich aus durch hohe Ordnung und geringe Komplexität der visuellen Erscheinung.
»Fernsehgerät HF 1/1958«.

Design: Herbert Hirche.
Hersteller: Braun AG,
(Frankfurt 1958) Kronberg.
In der ästhetischen Theorie des Bauhauses begründet, durch die Firma Braun erstmals über längere Zeit marktmäßig realisiert, sind solche informationsarmen Produkte heute Inbegriff der »Guten Form«.

172

Gestaltmerkmal:
Hohe Komplexität – geringe Ordnung.

172 Wenn informationsarme Produkte zur Norm geworden sind, bietet sich durch den Konkurrenzdruck im Markt an, sich wiederum durch ungewöhnliche Produktgestaltung von den Mitbewerbern zu unterscheiden. Dies geschieht durch Umkehrung des vorherrschenden Gestaltprinzips – hohe Ordnung wird in hohe Komplexität verwandelt durch den Einsatz ästhetischer Mittel wie Ziffern, Strichkränze, Bedienelemente, Rahmen usw.
»Rundfunkempfänger Captain 55«.
Hersteller: Sony, Japan.
Katalogtext: »Da ist nichts von Dekoration. Kein modischer Schnick-Schnack. Da ist alles ... Funktion. Bei wem dieses Gerät Beifall findet, ist letztlich eine Frage der Wellenlänge.«

teristisch für die Oberflächenbeschaffenheit von Industrieprodukten ist deren Makellosigkeit. Die glatte, glänzende, makellose Oberfläche vieler Industrieprodukte verleiht ihnen einen Hauch von Sauberkeit, Perfektion und Ordentlichkeit. Dies sind ohnehin Kriterien, die innerhalb unserer Gesellschaft hoch eingeschätzt werden. Die perfekte, fehlerlose Oberfläche von Industrieprodukten suggeriert eine Perfektion bezüglich der Gebrauchseigenschaften, die nicht immer vorhanden ist. Dieser Oberflächenperfektionismus an den Produkten (das Automobil ist ein gutes Beispiel dafür) kann beim Benutzer ein ausgeprägtes Pflegeverhalten hervorrufen, welches treffend mit Oberflächenfetischismus bezeichnet werden kann. Dieses Beispiel zeigt, daß Industrieprodukte durch entsprechende Gestaltung sehr wohl dazu imstande sind, das menschliche Verhalten tiefgreifend zu beeinflussen.

9.2.2.4 Farbe

Ein weiteres wesentliches Element der Gestalt ist die Farbe. Allein das Thema Farbe am Industrieprodukt ist so umfangreich, daß dies hier nur umrissen werden kann. Farbe ist in besonderer Weise geeignet, die Psyche des Produktbenutzers anzusprechen. Das eine Prinzip der Farbgebung am Industrieprodukt ist die Anwendung aktiver, kräftiger Farben. Dies kann einmal vom Industrieunternehmen mit der Absicht geschehen, den Kaufakt zu provozieren, die Aufmerksamkeit der Kaufinteressenten von den farbneutralen Produkten der Mitbewerber auf die eigenen zu lenken. Farbintensiv gestaltete Produkte haben für den Benutzer den Vorteil, daß sie sich in den meisten Fällen von der Umgebung, in der sie verwendet werden, abheben. Dies kann einmal geschehen, um in einer monotonen Umgebung Akzente zu setzen (z. B. intensive Farbgebung an Gartengeräten, die sich von dem überwiegenden Grün der Gartenlandschaft abheben sollen), zum anderen aber, um die intensive Farbe als Aufmerksamkeitserreger und Symbol für mögliche Gefahr einzusetzen (z. B. an Straßenbaumaschinen und Ackerfahrzeugen). Besonders in der Produktionssphäre und im Straßenverkehr ist die Anwendung von Farbe am Produkt als Signal für mögliche Gefahr sehr verbreitet.

Das andere Prinzip der Farbgebung an Industrieprodukten ist die Verwendung passiver, neutraler Farben. Industrieprodukte mit neutraler Farbgebung haben die Eigenschaft, sich unauffällig in eine Umgebung einpassen zu lassen. Gerade weil Produkte unterschiedlichster Hersteller, die unabhängig voneinander gestaltet wurden, durch die Auswahl des Benutzers in dessen Umwelt zusammengefügt werden und dessen Lebensbereich prägen, erscheint es sinnvoll, wenn nicht jedes Produkt durch aktive Farbe die Aufmerksamkeit fesselt. Eine solche Umwelt wäre auf die Dauer sicher zu anstrengend und dann nicht zu ertragen. Durch die Entwicklung farbbeständiger Kunststoffe, die von den Rohstoffherstellern in einer breiten Farbskala angeboten werden, ist es vielen Herstellern der Produkte möglich, verschiedene Farbvarianten eines Produktes für die verschiedensten Benutzerwünsche anzubieten, ohne daß die Herstellungskosten

wesentlich steigen würden. So werden heute oft benutzte Gebrauchsprodukte meist in neutraler Farbgebung und in verschiedenen aktiven Farben angeboten (Abb. 169). In verschiedenen Produktbereichen (z. B. in der Automobilindustrie) hat sich seit einigen Jahren eingespielt, daß die Farbgebung wie in der Mode für eine begrenzte Saison festgelegt wird.
Für den Industrial Designer besteht über die Anwendung von neutraler oder intensiver Farbgebung hinaus die Möglichkeit, Farbe für eine differenzierte Gestaltung der Produkte einzusetzen. Es eignet sich Farbe besonders für die Erzeugung von Kontrasten. So kann bei verschiedenen Bauteilen eines Produktes durch deren unterschiedliche Farbgebung eine visuelle Strukturierung erzeugt werden (Abb. 170). Große Farbflächen und kleine Farbflächen erzeugen an der Gestalt eine Kontrastspannung, wodurch eine Monotonie der Form aufgehoben werden kann. Zudem können durch verschiedene Farben Gewichtsvorstellungen beim Betrachter hervorgerufen werden. Dunkle Farben wirken schwer und erzeugen den Eindruck von Erdverbundenheit. Helle Farbtöne wirken dagegen leicht und schwebend. Durch den Einsatz solcher Erkenntnisse kann die Produktgestalt gezielt beeinflußt werden. Voraussetzung dafür ist natürlich eine genaue Vorstellung darüber, welche Wirkung durch die Farbgebung erreicht werden soll. Dies gilt prinzipiell für den Einsatz aller Gestaltelemente, denn wenn kein Ziel vorhanden ist, ergibt sich eine beliebige Lösung.

9.2.3 Gestaltaufbau

Der Gestaltaufbau eines Industrieproduktes bzw. dessen Gestaltstruktur wird festgelegt durch die Art der Gestaltelemente, deren Konstellation, mengenmäßige Verteilung und ihr Verhältnis zum Ganzen. In besonderer Weise kommt den beiden Phänomenen Ordnung und Komplexität beim Betrachten des Aufbaus einer Gestalt Bedeutung zu. Ordnung und Komplexität sind zwei voneinander abhängige Faktoren der Produktgestalt, die einander ausschließen. Demnach besitzt ein Industrieprodukt mit hoher Ordnung geringe Komplexität, ein Industrieprodukt mit hoher Komplexität wenig Ordnung. Dies muß genauer betrachtet werden, weil dieser Zusammenhang die Thematik der Objektästhetik und Ästhetischen Wahrnehmung wesentlich beeinflußt.

9.2.3.1 Ordnung

Die Ordnung an einem Industrieprodukt wird bestimmt durch eine geringe Anzahl von Gestaltelementen und durch eine geringe Menge von Anordnungseigenschaften (Abb. 89, 171). Für die menschliche Wahrnehmung bedeutet hohe Ordnung ein Wahrnehmungsangebot mit geringem Informationsgehalt. Dies hat zur Folge, daß die Gestalt schnell erfaßt wird, die Aufmerksamkeit des Betrachters nicht lange gefesselt bleibt und sich gelangweilt abwenden und anderen Dingen zuwenden kann. Dies bedeutet aber auch, daß jede Art von Ordnung dem Menschen ein Gefühl der Sicherheit verleiht, weil er die Objekte mit hoher Ordnung bis in alle

173

173 Ergänzung des in der Natur angelegten Vertikalprinzips der Bäume durch ein künstliches Horizontalprinzip von Papierbändern. Ergebnis aus der Lehrveranstaltung »Kreative Prozesse nach Konzepten von Studenten«, Fachhochschule Bielefeld, Wintersemester 1974/75.

Einzelheiten schnell erfassen und begreifen kann und die Wahrnehmung frei wird für andere Angebote. In einer hochkomplexen Umwelt dagegen, in der die vielfältig auf die menschliche Wahrnehmung einströmende Information nicht restlos verarbeitet werden kann, bleibt eine Unsicherheit zurück, die sich negativ auf die menschliche Psyche auswirken kann. Prinzipiell bevorzugen wir daher gestalthafte Objekte mit einer relativ hohen Ordnung. An irgendeinem Punkt auf der Skala zwischen den extremen Punkten Ordnung und Komplexität liegt die Vorliebe der verschiedenen Personen. Wodurch diese Vorliebe beeinflußt wird, soll unter dem Thema Ästhetische Wahrnehmung noch genauer betrachtet werden.

Die Ordnung an einem Industrieprodukt ist beeinflußbar durch die Anwendung verschiedener Ordnungsprinzipien, von denen hier nur die wesentlichsten genannt werden können. Mukarovsky (6) geht der Frage nach, ob ästhetische Prinzipien existieren, die sich aus der anthropologischen Veranlagung des Menschen ergeben. Er vermutet, daß ästhetisches Wohlgefallen entsteht, wenn der Mensch in der gegenständlichen Umwelt Prinzipien erkennt, denen sein eigener Körper unterliegt. Dies ist vor allem das Horizontal-Vertikal-Bezugssystem. Erdboden und Himmel, begrenzt durch die Horizontlinie, zudem die Vertikallinien von Bäumen (Abb. 173) waren seit je Orientierungspunkte für die menschliche Wahrnehmung. Der überwiegende Teil der gemachten Umwelt des Menschen, die Objekte der Architektur ebenso wie Industrieprodukte (Abb. 168, 171), unterliegen dem Ordnungsprinzip des Horizontal-Vertikal-Bezugsrahmens.

Ein weiteres Ordnungsprinzip ist die Symmetrie, die Spiegelbildlichkeit oder Gleichförmigkeit. Auch bei der Symmetrie eines Produktes kann diese dem Horizontal-Vertikal-Bezugsrahmen entsprechen, wobei dann zwischen Horizontalsymmetrie und Vertikalsymmetrie unterschieden wird. Horizontalsymmetrische Produkte werden aufgrund der horizontalen Orientierung des menschlichen Wahrnehmungsfeldes und des damit verbundenen geringeren Wahrnehmungsaufwands prinzipiell vertikalsymmetrischen Produkten gegenüber bevorzugt. Aus den bisher betrachteten Ordnungsprinzipien kann geschlossen werden, daß all jene Objekte eine hohe Ordnung besitzen, die wenig Information aussenden, dadurch geringen Aufmerksamkeitswert besitzen und mit wenig Wahrnehmungsaufwand schnell erfaßbar sind. Rhythmus, die sich gleichmäßig wiederholende Bewegung oder Anordnung, ist ebenso im menschlichen Körper (Atmung, Herzschlag) enthalten wie in der Natur (Gezeiten, Jahreszeiten). Dementsprechend ist Rhythmus an vom Menschen gemachten Dingen als bevorzugt verwendetes Ordnungsprinzip vorzufinden. Rhythmus entsteht durch Reihung von Gestaltelementen wie Luftschlitzen, Stäben, Bedienelementen, Ziffern oder Ornamenten. Je klarer der Rhythmus wahrnehmbar ist, d.h., je weniger Aufwand bei der Wahrnehmung entsteht, desto höher ist der Grad der Ordnung, aber auch der Eindruck der Monotonie. Verletzt ein Element den Rhythmus der Anordnung (ein Mittel, um Aufmerksamkeit zu erzeugen), erhöht sich die Komplexität und somit der Wahrnehmungsaufwand.

9.2.3.2 Komplexität

Das extreme Gegenteil der Ordnung als Aspekt des Gestaltaufbaues ist die Komplexität (Abb. 172). Die Komplexität an einem Industrieprodukt wird bestimmt durch eine hohe Anzahl von Gestaltelementen und durch eine umfangreiche Menge von Anordnungseigenschaften. Für die menschliche Wahrnehmung bedeutet hohe Komple-

xität ein Wahrnehmungsangebot mit umfangreichem Informationsgehalt. Dies hat zur Folge, daß die Aufmerksamkeit des Betrachters über längere Zeit gefesselt bleibt. Durch komplexe Erscheinungen der Umwelt entsteht beim Wahrnehmenden jene Unsicherheit, die zum Teil durch analytische Betrachtung der Gestaltstruktur und das Erkennen ihrer Zusammenhänge abgebaut werden kann. Dadurch wird aber das Interesse des Betrachters in hohem Maße an die Gestalt gebunden, der Versuch provoziert, die dargebotene Information durch visuelles Begreifen zu reduzieren.

Der Gestaltaufbau eines Industrieproduktes kann durch gezielten Einsatz entsprechender Prinzipien so beeinflußt werden, daß hohe Komplexität entsteht. Dies ist in vielen Fällen durch die Umkehrung der Prinzipien zu erreichen, mit denen hohe Ordnung möglich wird.

Jede Abweichung vom Horizontal-Vertikal-Bezugsrahmen (z. B. Diagonale, freie Form) erhöht die Komplexität eines Produktes, löst die Statik auf in Dynamik und Ungleichgewicht. Dies ist auch durch das Prinzip der Asymmetrie zu erreichen.

Das Gegenprinzip von Rhythmus ist das Kontrastprinzip. Kontraste im Gestaltaufbau werden gebildet durch gleichzeitige Verwendung großer und kleiner Formen, glatter und strukturierter Oberflächen, durch aktive und passive Farben usw. Kontraste sind besondere Reize für unsere Wahrnehmung, sind in besonderer Weise dazu geeignet, die Komplexität der Gestaltstruktur zu erhöhen und unsere Aufmerksamkeit zu fesseln.

Die Beeinflussung der menschlichen Psyche durch die Faktoren Ordnung und Komplexität an Industrieprodukten wird bei der Ästhetischen Wahrnehmung nochmals aufgegriffen werden müssen.

9.3 Ästhetische Wahrnehmung

Die konkrete ästhetische Erscheinung eines Industrieproduktes, vom Industrial Designer entworfen, mit Produktionsmitteln tausendfach reproduziert, ist bei jedem Exemplar gleich. Trotzdem wirkt dieses Produkt in verschiedenen Lebenssituationen auf verschiedene Betrachter/Benutzer in einer anderen Weise.

Es wurde schon an anderer Stelle darauf hingewiesen, daß es für den Industrial Designer sehr schwierig ist, ein praktisch-funktionales Gebrauchsprodukt in seiner ästhetischen Erscheinung so zu beeinflussen, daß es von möglichst vielen unterschiedlichen Benutzern akzeptiert wird, daß es diesen gefällt und sie sich im Gebrauchsvorgang mit dem Produkt identifizieren können. Dies erscheint aber fast unmöglich aufgrund der Tatsache, daß jeder Mensch seine Umwelt in einer ihm ganz spezifischen Weise wahrnimmt. Daher ist es für den Industrial Designer im Hinblick auf eine benutzerorientierte Produktgestaltung unumgänglich, Erkenntnisse aus dem Wissensbereich Ästhetische Wahrnehmung bei seiner Tätigkeit zu berücksichtigen. Aus diesem Grund muß auch hier auf die wesentlichsten Aspekte eingegangen werden, durch die die individuelle Wahrnehmung beeinflußt wird. Diese Beschränkung ist notwendig, weil das gesamte Gebiet der visuellen

Wahrnehmung sehr umfangreich ist und beispielsweise physiologische Probleme der Wahrnehmung, wie Aufbau und Funktionsweise des menschlichen Wahrnehmungsapparates, an anderer Stelle (26, 27) ausführlich beschrieben wurden.

9.3.1 Wahrnehmen = Sehen und Bewußtwerden

Der Prozeß der Wahrnehmung gegenständlicher Umwelt, der in Abb. 177 als Ausschnitt von Abb. 167 dargestellt ist, läuft in zwei Teilprozessen ab. Die erste Phase der Wahrnehmung ist der Sehprozeß (Perzeption). Das auf die Gegenstände fallende Licht wird von diesen reflektiert, dringt in unsere Augen und erzeugt auf dem Augenhintergrund (Netzhaut oder Retina) ein Projektionsbild. Dieses Projektionsbild wird über die in der Netzhaut eingelagerten Zapfen und Stäbchen (Rezeptoren) durch chemische Reaktionen in Nervensignale umgewandelt und zum Gehirn weitergeleitet. Dieser Sehprozeß verläuft bei jedem Betrachter prinzipiell in gleicher Weise. Die zweite Phase der Wahrnehmung ist der Bewußtwerdungsprozeß (Apperzeption), der bislang der Forschung noch viele ungelöste Rätsel aufgibt. Kann der funktionelle Aufbau des Auges noch empirisch erforscht werden, so entzieht sich der Vorgang der Verarbeitung von Wahrnehmungsinhalten im Gehirn weitgehend unserer konkreten sinnlichen Erfahrung. Trotz der offenen Fragen zu diesem Thema gibt es viele Aspekte, die als gesichert angenommen werden können und die im Zusammenhang mit der Ästhetischen Wahrnehmung von Interesse sind.

Wahrnehmung ist ein Prozeß, bei dem die Wirkung ästhetischer Erscheinungen in Bedeutung umgewandelt wird. Dies ist ein subjektiver Vorgang, der einmal beeinflußt wird durch das aktuelle Wahrnehmungsbild, zum anderen durch Gedächtnisinhalte, wie früher gemachte Erfahrungen, Wertvorstellungen und sozio-kulturelle Normen. Daraus kann abgeleitet werden, daß der Bewußtwerdungsprozeß beim Wahrnehmenden und somit die Bedeutung des Wahrnehmungsobjektes aufgrund von individuellen und gruppenspezifischen Faktoren geprägt wird, worauf später noch eingegangen werden soll. Die Unterschiede in der Wahrnehmung von Industrieprodukten durch verschiedene Personen beruhen also im wesentlichen auf den Unterschieden in den bisher gemachten Erfahrungen mit Gegenständen. Ferner ist die Art der Wahrnehmung von den momentanen Bedürfnissen des Betrachters abhängig. Dies ist nämlich eine weitere wesentliche Tatsache, daß unsere Wahrnehmung durch Interessen gelenkt wird.

9.3.2 Interessengeleitete Wahrnehmung

Wahrnehmen ist nicht alleine ein Prozeß, bei dem Projektionsbilder durch Verknüpfung mit Gedächtnisinhalten in Bewußtseinsbilder transformiert werden, sondern ist ebenso vom Interesse des Wahrnehmenden abhängig. Aus dem komplexen Wahrnehmungsfeld werden nur solche Wahrnehmungsangebote ausgewählt, die für den Betrachter wichtig erscheinen. Situationsbedingungen, Erfahrungen, Werte, Be-

174

175

174 Zifferblatt einer Armbanduhr mit hoher Ordnung.
Hersteller: Obrey, Frankreich.
175 Zifferblatt einer Armbanduhr mit hoher Komplexität.
Hersteller: Lanco, Schweiz.
176 Eine Menügabel mit hoher Ordnung und eine Menügabel mit hoher Komplexität in Abweichung von einem Horizontal-Vertikal-Bezugsrahmen.

dürfnisse, Zwänge, all diese Aspekte sind an der Organisation der Wahrnehmung beteiligt. Durch die bewußte Auswahl von Wahrnehmungsobjekten kann von einer interessengeleiteten Wahrnehmung gesprochen werden, die auch notwendig ist als Schutz vor einer Reizüberflutung. Das menschliche Bewußtsein hat nur eine begrenzte Aufnahmekapazität pro Zeit, wodurch der Wahrnehmende gezwungen ist, nur wesentliche Aspekte aus dem Wahrnehmungsangebot auszuwählen. Diese allgemeinen Erkenntnisse der visuellen Wahrnehmung bezüglich der bewußten, interessengeleiteten Auswahl sollen nun im Hinblick auf die Ästhetische Wahrnehmung von Industrieprodukten konkretisiert werden.

Der Gestaltaufbau eines Industrieproduktes, die ganz spezielle Konstellation der Gestaltelemente nach einem Gestaltprinzip, bleibt dem visuell wenig geschulten Betrachter unbewußt, weil er das Produkt als Ganzheit wahrnimmt. Er ist nicht an den Einzelheiten interessiert, sondern am gesamten Produkt und seinen praktischen Funktionen. Die Gewohnheit, Industrieprodukte als Ganzheit wahrzunehmen und nicht die einzelnen Gestaltelemente, beruht darauf, daß unbewußt der Mensch aus den Sinnesreizen eine Gestalt abstrahiert und diese als Ganzes begreift. Ferner ist die Aufmerksamkeit vorwiegend auf solche Aspekte des Wahrnehmungsangebotes gerichtet, die für das physische Wohlbefinden des Menschen wichtig sind. Es wurde schon an anderer Stelle erwähnt, daß die praktischen Funktionen der Industrieprodukte auf-

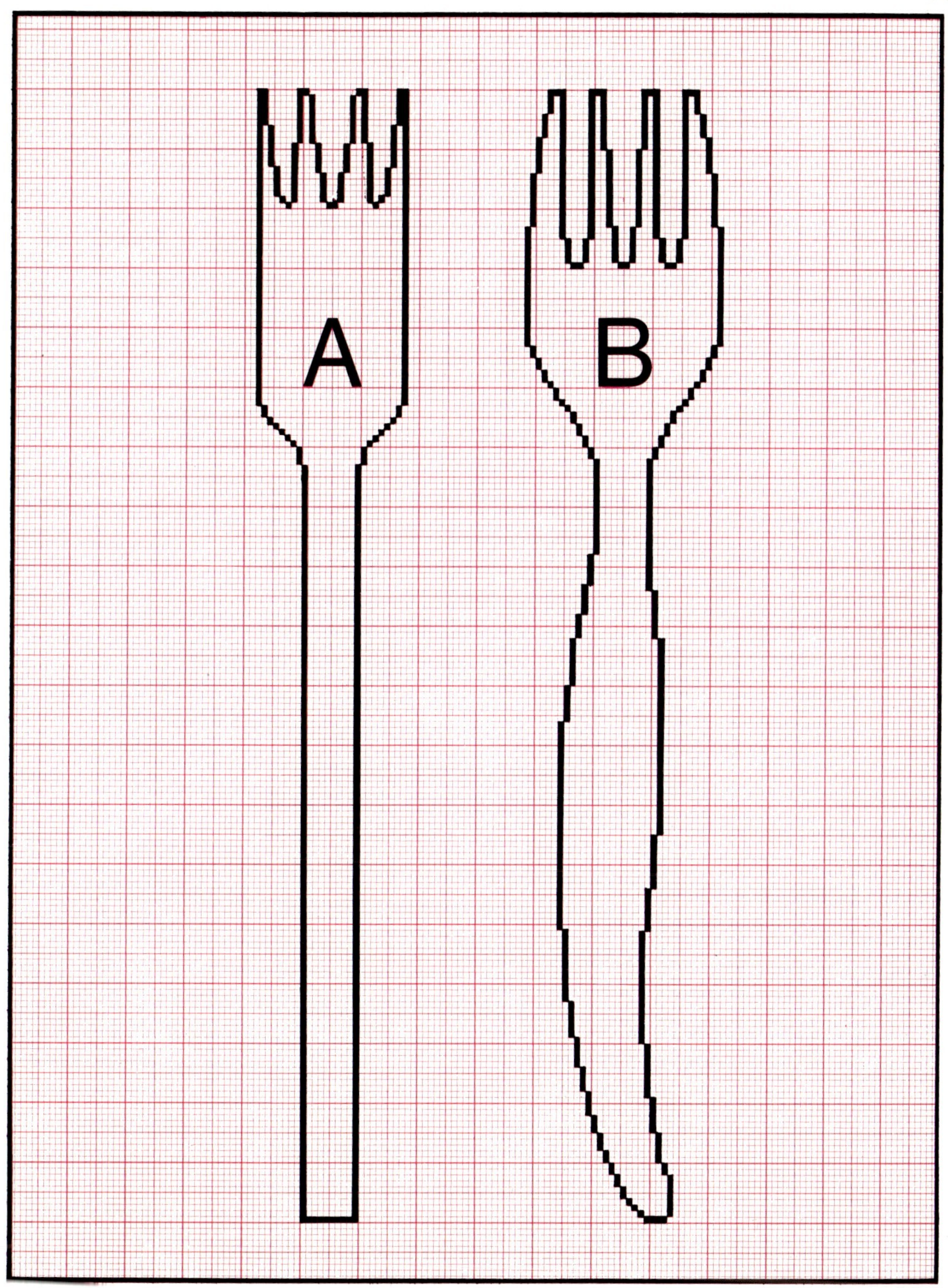
A
B

177

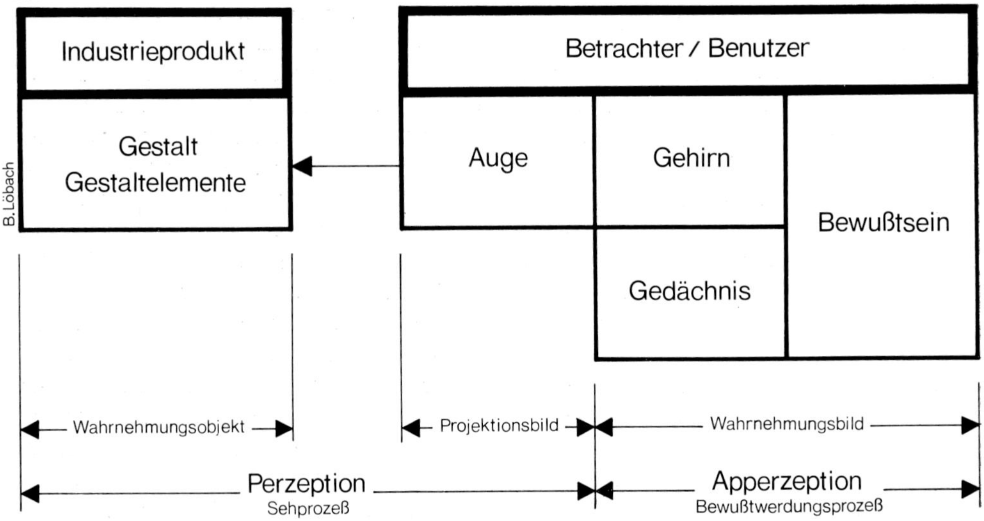

Industrieprodukt

Gestalt
Gestaltelemente

B. Löbach

Betrachter / Benutzer

Auge

Gehirn

Bewußtsein

Gedächnis

Wahrnehmungsobjekt

Projektionsbild

Wahrnehmungsbild

Perzeption
Sehprozeß

Apperzeption
Bewußtwerdungsprozeß

grund der Befriedigung physischer Bedürfnisse primäre Bedeutung haben und durch die interessengeleitete Wahrnehmung bewußt werden. Die ästhetischen Dimensionen bleiben oft unbewußt und werden gefühlsmäßig erlebt. Das Erleben ästhetischer Produktfunktion wird erst bei visueller Schulung bewußter oder aber bei der Entwicklung des Bedürfnisses nach ästhetischem Erleben. Dann wandelt sich die ganzheitliche Wahrnehmung in einen Vorgang des Abtastens der Gestaltstruktur, wobei der Aufbau der Gestalt und die Konstellation der Gestaltelemente bewußter erfahrbar und die Absicht des Industrial Designers rückvollziehbar wird. Die bewußte Wahrnehmung ästhetischer Produktfunktion ist eine Ausweitung der menschlichen Sinneserkenntnis und eine Bereicherung des Bewußtseins.

9.3.3 Bedeutung von Informationsarmut und Informationsreichtum für die Wahrnehmung

Ein wesentlicher Aspekt der Ästhetischen Wahrnehmung ist ein ausreichendes Informationsangebot des Wahrnehmungsobjektes. Es wurde bereits erwähnt, daß das Industrieprodukt als Nachricht aufgefaßt werden kann, die aus Information und Redundanz besteht. Information ist dabei der Teil der Nachricht, der für den Wahrnehmenden neu ist, Redundanz ist dabei der bekannte oder unwesentliche Teil der Nachricht, der allerdings nicht überflüssig ist. Damit ein Industrieprodukt einen gewissen Aufmerksamkeitswert besitzt, muß es ein Überangebot an Information bieten. Dies wird ermöglicht durch eine entsprechende Komplexität der ästhetischen Erscheinung. Der Betrachter/Benutzer hat dann die Möglichkeit der Auswahl und reduziert im Wahrnehmungsvorgang die Nachricht auf eine ausreichende Information. Dadurch bleibt das Interesse an der ästhetischen Erscheinung lange erhalten. Soll ein Industrieprodukt möglichst dauerhaft als Objekt Ästhetischer Wahrnehmung fungieren, muß die Gestaltstruktur es dem Benutzer ermöglichen, ständig neue Ordnungsbeziehungen zu erkennen.

Eine These von Manfred Kiemle (28) besagt, daß ein großer Teil der modernen Architektur für einen ästhetischen Wahrnehmungsprozeß zu informationsarm ist. Dies trifft in gewisser Weise auch für Industrieprodukte zu. Ein Industrieprodukt wird meist unbewußt u. a. an den für einen ästhetischen Wahrnehmungsprozeß notwendigen Kriterien gemessen. Eines dieser Kriterien ist eine für den Betrachter/Benutzer interessante Gestalt mit einem hohen Informationsgehalt. Ist ein Industrieprodukt zu informationsarm, verliert es die Fähigkeit, einen ästhetischen Wahrnehmungsprozeß über längere Zeit aufrechtzuerhalten. Der Benutzer hat dann keine Möglichkeit, es psychisch zu besetzen. Je mehr Betrachtungsebenen ein Industrieprodukt der menschlichen Wahrnehmung bietet, desto länger kann durch diese ästhetische Qualität die Aufmerksamkeit des Benutzers aufrechterhalten bleiben. Man könnte fragen, weshalb das so wichtig ist, da doch das Bewußtsein frei wird für die Aufnahme wesentlich anderer Inhalte. Erst wenn ein Produkt ständig die Aufmerksamkeit des Benutzers wachhält, wird eine psychische Besetzung solcher Produkte über den praktischen Gebrauch hinaus möglich. Es ist durch entsprechende Untersuchungen erkannt worden, daß die durch die Theorie des Bauhauses verdrängten gefühlsansprechenden Aspekte der gestalteten Umwelt wichtig sind für die psychische Ausgeglichenheit der Menschen.

Heide Berndt (15) berichtet von Untersuchungen über Wohnzufriedenheit der Bewohner amerikanischer Slums. Es wurde dabei eine sehr starke emotionale Gebundenheit an ihre Umwelt (an die sie umgebenden Dinge) festgestellt. Der Wechsel aus den seit vielen Jahren bewohnten Häusern mit meist recht komplexer Umgebung in moderne Hochhäuser mit geringer ästhetischer Information und wenig Möglichkeiten gefühlsmäßiger Beziehungen zu dieser neuen Umwelt führte bei vielen Bewohnern zu nicht unerheblichen psychischen Belastungen bzw. Störungen. Die Ästhetische Wahrnehmung der Umwelt und deren Wirkung auf die Psyche des Menschen ist bisher noch zuwenig erforscht worden. Aus solchen Ansätzen läßt sich aber erahnen, daß es von besonderer Bedeutung für die menschliche Psyche ist, w i e die täglich erlebte gegenständliche Umwelt gestaltet ist. Industrieprodukte, tausendfach reproduziert, haben daran einen besonders großen Anteil.

Schon bei der Betrachtung der praktisch-funktional gestalteten Produkte des Bauhauses konnte festgestellt werden, daß diese Produkte durch die Reduktion auf geometrische Formen einen geringen Anteil an ästhetischer Information für die Wahrnehmung anboten. Damals besaßen diese Produkte im Kontext mit den üblichen Industrieprodukten allerdings dank ihrer ungewöhnlichen ästhetischen Erscheinung einen Überraschungswert. Durch die allgemeine Verwirklichung der Bauhausidee bei der Produktgestaltung, besonders nach 1945, wurden diese für die Wahrnehmung informationsarmen Produkte zur Norm. Mit zunehmender Realisation dieser ästhetischen Norm, die einer ökonomischen Produktion und einer gewinnorientierten Produktpolitik entgegenkam, machte sich das unzureichende Informationsangebot der Industrieprodukte bemerkbar. Die puritanisch-rationalistischen Produkte werden von vielen Benutzern als unpersönlich, anonym und kalt empfunden. Nicht selten ist feststellbar, daß Benutzer solche informationsarmen Produkte durch eigene Aktivitäten mit Abziehbildern, Spraydosenfarbe oder sonstigen Mitteln verändern. Durch die Erhöhung der Komplexität der Produkte wird somit eine Originalität erreicht, die das Produkt den individuellen Vorstellungen und Emotionen anpaßt.

9.3.4 Intellektuelle und emotionale Aspekte der Wahrnehmung

Unter 9.3.1 konnte entwickelt werden, daß Wahrnehmungsinhalte einmal durch das aktuelle Projektionsbild und zum anderen durch Gedächtnisinhalte im Bewußtsein zu einer Einheit werden. Dieser Vorgang beruht auf intellektuellen Fähigkeiten des Menschen. Es wurde aber auch schon angedeutet, daß gerade ästhetische Aspekte des Wahrnehmungsangebotes unbewußt bleiben und emotional erlebt werden. Selbst wenn ein visuell geschulter Betrachter aufgrund des bewußten Wahrnehmens der

Gestaltstruktur den Informationsgehalt des Wahrnehmungsobjektes reduziert, bleibt ein Rest, der emotional, d. h. gefühlsmäßig erfahren wird. Die menschliche Erkenntnis über die gegenständliche Umwelt wird demzufolge durch den Intellekt und durch das Gefühl beeinflußt. Bei jedem Menschen sind beide Faktoren mehr oder weniger stark ausgeprägt entwickelt. Bei dem einen überwiegt mehr der Intellekt, beim anderen mehr das Gefühl bei der Konfrontation mit Wahrnehmungsobjekten. Der überwiegend mit intellektuellen Fähigkeiten ausgestattete Betrachter von Industrieprodukten ist bestrebt, bei der Wahrnehmung so schnell wie möglich eine Faßbarkeit zu erzielen und den Informationsgehalt der ästhetischen Erscheinung so stark wie möglich zu reduzieren. Der Intellekt entwickelt eine Vorliebe für Ordnung und Klarheit, weil dadurch der Wahrnehmungsaufwand geringer bleibt. Damit wird erklärbar, daß die Produkte der Firma Braun in den frühen 50er Jahren, die sich wie Bauhausprodukte durch Informationsarmut auszeichneten (Abb. 171), vorwiegend von einer »intellektuellen Oberschicht« bevorzugt wurden.

Im Gegensatz zum Intellekt gilt für das Gefühl, daß es von einer Fülle an Information berauscht und überschwemmt werden will. Damit erklärt sich die Vorliebe gefühlsbetont wahrnehmender Menschen für hohe Komplexität gegenständlicher Umwelt und die Forderung nach emotionalen Werten. Es ist mit der zunehmenden Rationalisierung aller Lebensbereiche in der heutigen Zeit zu erklären, daß der intellektuellen Seite menschlicher Fähigkeiten mehr Be-

deutung beigemessen wird. Vernachlässigt und als unwichtig hingestellt werden die gefühlsmäßige Wahrnehmung der gegenständlichen Umwelt und die Entwicklung emotionaler Fähigkeiten. Einige Psychoanalytiker führen die immer häufiger auftretende psychische Unausgeglichenheit vieler Zeitgenossen auf die Verkümmerung emotionaler Fähigkeiten zurück. Einen nicht geringen Anteil an dieser Verkümmerung hat mit Sicherheit die aus ökonomischen Gründen mit wenig emotional wirksamer Information ausgestattete gegenständliche Umwelt.

Der Uniformität und Informationsarmut der modernen Industrieprodukte wird von einigen Kritikern der praktisch-funktionalen Industrieproduktgestaltung die Forderung nach Individualität gegenübergestellt (29). Die Forderung nach Individualität führt zur Forderung nach Originalität der visuellen Erscheinung der Produkte. Dieser Forderung der Kritiker des heutigen Industrial Designs kommen einige Industrieunternehmen bereits nach durch die verstärkte Ausstattung der Produkte mit ästhetischen Funktionen bzw. erhöhter Komplexität (Abb. 172). Der Drang zu emotionalen Werten, zur Informationssteigerung, zur Originalität der Produkte führte bisher lediglich zur Erweiterung der Mikrostruktur der Produkte. Durch bewußte Gestaltung mit Lüftungsschlitzen, Lautsprecherbespannungen, durch verstärkte graphische Gestaltung von Anzeigenelementen und Schriftzügen wird die Informationsarmut praktisch-funktionaler Gestaltung heute teilweise überwunden und ermöglicht in begrenztem Umfang Ansprache der emotionalen Ebene der Benutzer. Die Makrostruktur der Produkte dagegen bleibt in den meisten Fällen noch unverändert (»rechtwinkelige Kiste«), da eine Veränderung hin zur biomorphen Gestalt zu hohe Kosten für den Herstellungsprozeß verursacht.

Das Reduzieren der Produktinformation durch hohe Ordnung und die darauf folgende Steigerung der Produktinformation durch hohe Komplexität der ästhetischen Erscheinung erscheinen wie eine blinde Reaktion der Hersteller auf vermutete Käuferwünsche. Wir leben in einer Zeit, in der die meisten Gebrauchsprodukte technisch so ausgereift sind, daß der Markterfolg der Unternehmen in hohem Maße davon abhängig ist, wie die Produkte dem Benutzer gefallen. Da die Zustimmung zu einem Produkt oder seine Ablehnung durch Interessenten heute vorwiegend von der Art der Gestaltung ausgelöst wird, erhalten Erkenntnisse der Wertästhetik und der Empirischen Ästhetik für das Industrial Design immer mehr Bedeutung.

9.4 Wertästhetik

»Dieses Auto finde ich schön, es gefällt mir sehr gut, viel besser als diese häßliche Kiste.«

In dieser verbalen Aussage sind ästhetische Werturteile enthalten, die auf Wertvorstellungen des Urteilenden basieren. Solche und ähnliche ästhetische Urteile werden im täglichen Leben häufig gefällt, und es stellt sich die Frage, ob dies auf emotionaler Basis geschieht oder ob solche Aussagen anhand von Wertkriterien auf rationaler Basis formuliert werden. Dies ist eines von vie-

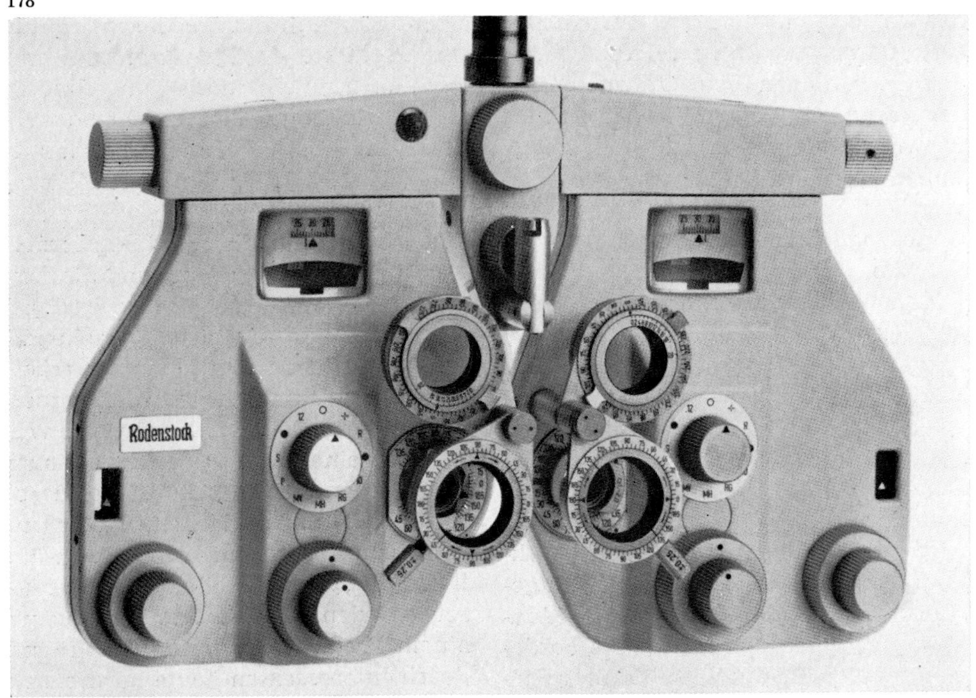

178 Dieses Produkt kann dank der biomorphen Gestalt und dem reichhaltigen Informationsangebot der Mikrostruktur einen ästhetischen Wahrnehmungsprozeß über längere Zeit aufrechterhalten.
»Phoropter – Gerät für die Bestimmung von Brillengläsern«.
Hersteller: Rodenstock Instrumente GmbH, München.
Designer: Willy Herold.

len anderen ästhetischen Problemen, die auch bei der Beurteilung von Industrieprodukten auftreten und die im Bereich der Wertästhetik behandelt werden.

In der Vergangenheit sind Wertprobleme in den Geisteswissenschaften behandelt worden. Diese Geisteswissenschaften haben die Ordnung des Lebens in Staat, Gesellschaft, Recht, Sitte, Erziehung, Wirtschaft und Technik zum Gegenstand und die Deutung der Welt in Sprache, Mythus, Kunst, Religion, Philosophie und Wissenschaft (30). In der Werttheorie als Zusammenfassung aller Erkenntnisse und Spekulationen über Werte gibt es solche, die für alle diese Bereiche zutreffen, und solche, die nur für spezielle Bereiche gelten. Aufgrund der umfangreichen Problematik der Werttheorie muß hier eine Beschränkung auf Wertprobleme erfolgen, die innerhalb des Bereiches der Ästhetik auftreten. Im Zusammenhang Wertästhetik – Industrial Design erhalten dann drei Aspekte besondere Bedeutung:

- Ästhetische Werte
- Konstitution ästhetischer Werte zu ästhetischen Normen
- Ästhetische Wertung durch Personen und Gruppen innerhalb eines soziokulturellen Rahmens

9.4.1 Ästhetische Werte

Industrieprodukte können wie jede andere gegenständliche Erscheinung unserer Umwelt als Träger ästhetischer Werte betrachtet werden. Wichtig ist dabei die Unterscheidung, daß das Industrieprodukt lediglich als Wertträger fungiert, der Wert als Kategorie außerhalb des Wertträgers im individuellen oder kollektiven Bewußtsein der Menschen besteht und die Produkte mit den Werten belegt werden. Voraussetzung für die Bildung des Wertbegriffes im menschlichen Bewußtsein ist allerdings die ästhetische Erscheinung der Produkte.

Wie früher bereits festgestellt wurde, wird diese vor allem durch die ästhetische Funktion festgelegt. Die ästhetische Funktion der Industrieprodukte hat für die Herausbildung des ästhetischen Wertes primäre Bedeutung, dieser wird aber auch durch die anderen Produktfunktionen bestimmt. Prinzipiell kann aber festgehalten werden, daß die ästhetische Funktion des Industrieproduktes die Kraft ist, die den ästhetischen Wert schafft. Der ästhetische Wert ist dann das Maß für das ästhetische Wohlgefallen an der visuellen Erscheinung des Industrieproduktes beim Betrachter/Benutzer und abhängig von dem Umfang, in dem seine ästhetischen Bedürfnisse dadurch befriedigt werden.

Es gibt also keine absoluten, von Personen und deren individueller Einstellung unabhängigen ästhetischen Werte. Genauso wie sich einzelne Personen und Personengruppen in ihrer Bewußtseinsstruktur und, dadurch bedingt, in der Art der Wahrnehmung ihrer gegenständlichen Umwelt voneinander unterscheiden, genauso werden, durch diese Faktoren bedingt, ästhetische Werte immer durch eine individuelle oder gruppenspezifische Haltung festgelegt. Der ästhetische Wert gehört also seinem Wesen nach zu den sozialen Erscheinungen, die wie alle gesellschaftlichen Erscheinungen einer ständigen Wandlung unterliegen und schichtenspezifisch sind. Daher können ästhetische Werte auch nur aus dem gesamtgesellschaftlichen Zusammenhang heraus betrachtet werden. So gibt es keine für alle Menschen verbindlichen ästhetischen Werte (Volksmund: »Die Geschmäcker sind verschieden, der eine ißt gerne grüne Heringe und der andere lieber schwarze Seife.«), sondern diese sind durch die verschiedenen Faktoren des gesellschaftlichen Lebens beeinflußt, wie unter 6.0 bereits ausgeführt werden konnte (ästhetischer Wert des Mercedes-Benz – ästhetischer Wert des Citroën 2 CV, Abb. 94–95).

Die Art und Weise, wie sich die gesellschaftlichen Gruppen zu ästhetischen Dimensionen der Industrieprodukte verhalten, wird bestimmt durch die konkrete Gestaltung der Produkte und ihre ästhetische Wirkung, auf die der Industrial Designer direkten Einfluß hat. Zum anderen durch das individuelle oder normative Verhältnis der Betrachter/Benutzer zu den Produkten. Wie bereits unter 7.3 erwähnt wurde, sind ästhetische Werte dynamisch, d. h. in der Zeit veränderlich. Das Industrieprodukt, welches von einem Benutzer als schön (ästhetisch wertvoll) empfunden wurde, kann ihm morgen vielleicht schon nicht mehr gefallen, weil durch ein neues Produkt neue ästhetische Werte gesetzt wurden, an denen sich zu orientieren er bereit ist. Durch Veränderungen in der Zeit und in den verschiedenen Bereichen der sozialen Umwelt verändern sich auch ästhetische Werte. Somit ist die Wandelbarkeit ästhetischer Werte sozialer Art und in der Organisation unserer Gesellschaft angelegt. Diese schafft sich unter anderem Einrichtungen, wie z. B. Designschulen, Designzentren, Designzeitschriften, Designauszeichnungen usw., durch die mittels Publikation von Werthaltungen bezüglich der Industrieprodukte und deren Gestaltung Einfluß auf die ästhetischen Wertvorstellungen der Benutzer ausgeübt wird. Jede übernimmt dabei die ihr spezifischen Aufgaben. Sie haben großen Anteil an der Herausstellung ästhetischer Werte und sind zugleich an der Bildung ästhetischer Normen beteiligt.

In einer Gesellschaft bestehen immer mehrere Rangstufen des ästhetischen Wertes, die sich u. a. in der unterschiedlichen Ausbildung ästhetischer Funktionen von Industrieprodukten äußern. Die Rangstufen des ästhetischen Wertes sind aufs engste mit der sozialen Abstufung der Menschen verbunden. Unter 6.1.1 wurde bereits näher darauf eingegangen, daß jeder Mensch als Mitglied einer Gesellschaft einen sozialen Status innehat und innerhalb einer Rangskala eine Position einnimmt, deren extreme Punkte mit oben und unten bezeichnet werden. Diese einzelnen sozialen Schichten besitzen ihre eigenen ästhetischen Werte (Abb. 94, 95), die sich aber bisweilen durchkreuzen und durchdringen. Ein Wert, der seine Geltung in einer bestimmten sozialen Schicht hat, kann von Mitgliedern anderer Schichten angestrebt werden. So trägt die Dynamik der sozialen Schichten dazu bei, daß der Prozeß der Formung und Umformung ästhetischer Werte ebenfalls dynamisch verläuft.

Unser System ästhetischer Werte ist also ein dynamisches Wertsystem, welches ständigen Veränderungen unterworfen ist. Die Ursachen für solche Veränderungen sind vielfältig, daher können hier nur einige wesentliche genannt werden. Zum einen basieren Veränderungen jeder Art auf dem Bedürfnis des Menschen nach Neuem, auf dem Neugierverhalten. Zum anderen sind es heute ökonomische Zwänge, die aufgrund des ständigen wirtschaftlichen Wachstums auch kontinuierlich neue ästhetische Werte hervorbringen. Dies ist einer der Hauptgründe, weshalb im Vergleich zu früheren Zeiten heute einmal entstandene Werte selten über längere Zeit hinweg Bestand haben.

Die Konzentration der Aufmerksamkeit vieler unterschiedlicher Interessenten auf ein ganz bestimmtes Industrieprodukt läßt vermuten, daß es sich dabei um einen ästhetischen Wert handelt, den man als annähernd objektiven Wert bezeichnen könnte, weil er nicht alleine einem individuellen Wertempfinden entspricht, sondern von vielen Mitgliedern einer Gesellschaft akzeptiert wird. Dabei wird ein ästhetischer Wert zu einer ästhetischen Norm.

179

179 Durch kontinuierliche Anwendung eines Gestaltungsprinzips über Jahre hinweg entstand das Braun-Design als ästhetische Norm für moderne Industrieproduktgestaltung. »Auswahl von Produkten der letzten Jahre aus dem Produktprogramm der Firma Braun«.

9.4.2 Ästhetische Normen

Ästhetische Normen sind also von einer überwiegenden Mehrheit einer Gesellschaft anerkannte ästhetische Werte. Wenn ein Betrachter ein Industrieprodukt nach solchen ästhetischen Normen bewußt oder emotional beurteilt, unterwirft er die individuelle Situation der allgemeinen Regel, die vorher als gültig akzeptiert wurde. In diesem Zusammenhang muß der Frage nachgegangen werden, wer außer den bereits genannten Institutionen an der Bildung ästhetischer Normen im Industrial Design beteiligt ist. Ästhetische Normen der Produktgestaltung werden einmal bestimmt durch die Unternehmen und ihre Produktpolitik, den Industrial Designer und seine Entwurfstätigkeit und dann natürlich durch den Benutzer, sein Kaufverhalten und die Art des Produktgebrauchs.

Nicht die ästhetischen Vorlieben der Produktbenutzer alleine sind unbedingt Einflußfaktoren für die Art der Produktgestaltung, sondern heute in sehr

hohem Maße auch die wirtschaftliche Herstellung der Produkte und die ökonomische Verwendung bestimmter Materialien. Durch die dauerhafte Konfrontation mit der ästhetischen Erscheinung solcherart beeinflußter Produkte kann beim Benutzer ein auf Sehgewohnheiten basierendes positives Werturteil entstehen und dieses für gesellschaftliche Gruppen zur Norm werden. Die Produktpolitik der Firma Braun ist ein Beispiel dafür, daß durch die kontinuierliche Anwendung eines Gestaltungsprinzips ästhetische Normen von relativ langer Gültigkeit für das Industrial Design entstanden (Abb. 179).

Auch der Industrial Designer als u. a. ästhetisch geschulter Experte hat prinzipiell die Möglichkeit, bestehende ästhetische Normen anzuwenden oder aber neue Normen aufzustellen. Dies ist davon abhängig, in welchem Bereich er tätig ist. Es gibt immer einige sogenannte Avantgarde-Designer, die dafür bekannt sind, vorhandene ästhetische Normen umzustoßen und neue Wege zu zeigen (Abb. 180, 181). Die Ergebnisse sind aber selten für eine breite Käuferschicht konzipiert, sondern eher mit der Absicht, die Aufmerksamkeit der Käufer auf das konventionelle Angebot des Unternehmens zu lenken. Solche neuen ästhetischen Werte werden meist nur von einem kleinen Kreis von Kennern akzeptiert und sind häufig auch so kostspielig in der Herstellung, daß dies ein zweiter Grund für die geringe Verbreitung ist. Die meisten Industrial Designer können bei der Gestaltung von Industrieprodukten nur in sehr begrenztem Umfang vorhandene ästhetische Normen durchbrechen, weil die meisten Produkte einen breiten Markt abdecken müssen, d. h. von möglichst vielen unterschiedlichen Käufern akzeptiert werden sollen. Diese akzeptieren in der Regel aber nur solche Produkte, die den eigenen Wertvorstellungen entsprechen. Solchen Produkten, die in ihrer ästhetischen Erscheinung neu sind, also neue Wertmaßstäbe setzen, wird meist mit Skepsis begegnet.

Die Käufer von Industrieprodukten haben natürlich gerade in einer Zeit der teilweise gesättigten Märkte durch ihr Kaufverhalten in einigen Bereichen einen ziemlich starken Einfluß auf die Realisation ästhetischer Werte in der Produktgestaltung. Träger und Verbreiter neuer ästhetischer Werte, die dann zu ästhetischen Normen werden können, sind oft Jugendliche, die in einer Oppositionshaltung zur älteren Generation oder zum Angebot der Industrieunternehmen stehen und eine Vorliebe für ästhetische Erscheinungen entwickeln, die radikal mit den bestehenden ästhetischen Normen brechen. Beispiele dafür sind die Jeans- und Parka-Ästhetik oder die Kleidung der Anhänger der Hippie-Bewegung, die plötzlich eine neue Vorliebe für Blumen und selbstgemalte, großformatige Blumenmuster entwickelten, weil sie sich mit den ästhetischen Wertvorstellungen der älteren Generation nicht mehr identifizieren wollten. Dies hatte bekanntlich Auswirkungen auf einen breiten Teil der industriellen Produktion und ist Beispiel dafür, wie schnell die Industrie bereit ist, die in der Gesellschaft sich abzeichnenden neuen ästhetischen Vorlieben aufzugreifen und zu verkommerzialisieren. Selbst dann, wenn wie in diesem Fall eine Philosophie des Langzeitkonsums dahintersteht, der die permanente Warenproduktion und die damit verbundenen Konsumzwänge in Frage stellt. Die Wandlung ästhetischer Normen geschieht dort am auffälligsten, wo der Bruch mit den bestehenden ästhetischen Normen eines der wesentlichsten Mittel ist, Wirkung zu erzeugen. Beim Industrial Design ist dies bei Gebrauchsprodukten für den individuellen Gebrauch der Fall. Im möglichen Rahmen der industriellen Produktion muß bei diesen Produkten erreicht werden, daß sie sich auffällig von den Mitbewerbern unterscheiden und ihre ästhetische Erscheinung häufig verändert wird. Solche Produkte werden auch Modeprodukte genannt, weil sie wie in der Mode von vornherein nur für eine bestimmte Zeit festgelegt sind und schon bei Produktionsaufnahme feststeht, daß sie demnächst durch neue Produkte verdrängt werden. Es gibt eine Vielfalt ästhetischer Normen, die in verschiedenen Lebensbereichen nebeneinander existieren und sich zum Teil gegenseitig durchdringen (Industrial Design – beeinflußt durch Kunst, Mode, Graphic Design usw.). Besonders Normen, die sich in irgendeinem Lebensbereich fest verankert haben, können sehr lange bestehen und beeinflussen weitere Bereiche. Neue ästhetische Werte schichten sich daneben und erhalten durch das Akzeptieren breiter Bevölkerungsschichten normenhaften Charakter. So bestehen innerhalb einer Gesellschaft für die vielen unterschiedlichen ästhetischen Erscheinungen Normen, die sich gegeneinander behaupten. Viele Benutzer von Industrieprodukten einer Benutzergruppe glauben, daß ganz bestimmte ästhetische Normen auch für alle anderen Mitmenschen gelten müssen. Jede Norm hat die Tendenz, alleine gelten zu wollen. Ästhetische Werte und Normen spezifischer Gruppen zu erfassen und dafür entsprechende Methoden der Forschung bereitzustellen ist das Problem der Empirischen Ästhetik.

9.5 Bedeutung der Empirischen Ästhetik für das Industrial Design

Bisher konnte unter dem Stichwort »Ästhetik des Industrial Designs« der Teilbereich des Prozesses der Ästhetischen Kommunikation, betrachtet werden, der als ästhetische Konsumtion bezeichnet wird. Behandelt wurde dabei die Relation Industrieprodukt – Benutzer, d. h. die Erscheinung der Industrieprodukte (Objektästhetik), deren Wahrnehmung (Ästhetische Wahrnehmung) und die Bedeutung der Produkte für den Betrachter/Benutzer (Wertästhetik). Für die benutzerorientierte ästhetische Produktion des Industrial Designers ist es nun von besonderer Wichtigkeit, die ästhetischen Vorlieben der zukünftigen Benutzer der Produkte zu kennen. Daher erhält die Empirische Ästhetik für das Industrial Design eine besondere Bedeutung, weil es primäres Ziel der Empirischen Ästhetik ist, den Gebrauch ästhetischer Objekte zu erfassen und dabei entstehende Werturteile der Benutzer zu ermitteln. Diese Ergebnisse können dann als Sollwerte und produktbestimmende Faktoren in die Produktgestaltung einfließen.

Es wurde bereits an anderer Stelle ausgeführt, daß die Gebrauchsgüterproduktion und die produzierten Produkte in den hochentwickelten Industriestaa-

180

180 + 181 Entwürfe von sogenannten Avantgarde-Designern basieren oft auf der Zielsetzung, vorhandene ästhetische Normen umzustoßen und neue Wege der Produktgestaltung aufzuzeigen.
»Wohnsituation, Visiona II«.
Auftraggeber: Farbenfabriken Bayer AG, Leverkusen.
Designer: Verner Panton.

ten heute einen relativ hohen technischen Stand erreicht haben. Das besagt, daß durch die ausgereiften praktischen Funktionen der Produkte alle physischen Bedürfnisse der Benutzer weitgehend gedeckt werden können. Zum anderen wurde aber auch schon herausgestellt, daß die verschiedenen Hersteller dieser Produkte sich im Markt als Konkurrenten begegnen und gezwun-

181

gen sind, die ästhetische Erscheinung ihrer Produkte von denen der Mitbewerber abzuheben, um im Hinblick auf einen gesicherten Absatz Interessenten als Käufer zu gewinnen. Diese Käuferansprache geschieht z. T. durch den Einsatz ästhetischer Mittel, wodurch die Erhöhung des Gebrauchswertes der Produkte zur Befriedigung psychischer Bedürfnisse, wie z. B. das nach ästhetischem Erleben, ermöglicht wird. Bei der Reflexion dieser Zusammenhänge wird verständlich, daß Erkenntnisse der Wertästhetik und Ergebnisse Empirischer Ästhetik für Industrieunternehmen wichtig sind, um die Industrieprodukte so gestalten zu lassen, daß sie den ästhetischen Wertvorstellungen der Benutzer entsprechen.

Wie im Wertabsolutismus könnte der

Industrial Designer prinzipiell aufgrund seiner ästhetischen Schulung als Autorität auftreten und absolute, für alle Benutzer geltende ästhetische Werte setzen und diese im Industrieprodukt realisieren. Wie aber bereits festgestellt wurde, entwickeln die Benutzer eigene ästhetische Wertvorstellungen, die durch Erlebnisse und Erfahrungen der Vergangenheit geprägt sind und die der Industrial Designer nicht einfach ignorieren kann. Daher kann er auch nicht ausschließlich seine individuellen Ideen verwirklichen und diese zum ästhetischen Maßstab erheben. Weil der Industrial Designer darauf angewiesen ist, daß seine Produkte durch die Benutzer akzeptiert werden, muß er zu seinen eigenen ästhetischen Vorlieben solche der zukünftigen Benutzergruppen berücksichtigen.

In der bisherigen Praxis des Industrial Designs im Industrieunternehmen zeigt sich jedoch, daß die Designer recht wenig Kontakt zu den späteren Benutzern der Produkte haben. Ihnen ist auch selten bekannt, welche ästhetischen Merkmale eines Produktes das Urteil »schön« oder »häßlich« auslösen und welche ästhetischen Aspekte der Benutzer am Produkt berücksichtigt sehen möchte. Ferner können die Industrial Designer in den seltensten Fällen Untersuchungen über die ästhetischen Vorlieben der späteren Benutzer durchführen. Auch beim Auftrag durch die Unternehmensleitung werden meist keine Angaben über Sollwerte der ästhetischen Erscheinung der Produkte gemacht. Festgelegt werden lediglich solche produktbestimmenden Faktoren, die Material, Herstellungsverfahren und praktische Funktionen betreffen. Da die Industrieunternehmen aber in der Produktgestaltung immer mehr von den ästhetischen Wertvorstellungen der Benutzer abhängig werden, wollen sie Verkaufserfolge erzielen, nutzen verschiedene Unternehmen bereits die Möglichkeit, im Rahmen einer personenorientierten Marktforschung (Verbraucherforschung) diesbezügliche Befragungen durchzuführen. Mit Hilfe der Methoden Empirischer Ästhetik, die Jochen Gros u. a. in einer Semesterarbeit 1972 an der Hochschule für Bildende Künste in Braunschweig zusammengestellt hat (31), besteht die Möglichkeit, die Häufigkeit und die Ausprägung subjektiver ästhetischer Vorlieben von Testgruppen zu ermitteln. Um möglichst konkrete Aussagen der zukünftigen Benutzer zu erhalten, wird einer repräsentativen Auswahl von Personen der Zielgruppe eine Anzahl verschiedener Prototypen des Produktes zur Begutachtung vorgestellt. Der Industrial Designer hat bei der Entwicklung dieser Prototypen zwar schon eine Vorstellung davon, wie das Produkt auf die Benutzer wirken soll, weil aus Informationen von Händlern und durch Verkaufszahlen früherer Produkte Erfahrungswerte über ästhetische Vorlieben vorliegen. Solche empirischen Untersuchungen mit Prototypen schaffen aber die Möglichkeit, die differenzierten Ansichten der Benutzer zu hören, bevor die serienmäßige Produktion aufgenommen wird. Durch statistische Auswertung der Befragungsergebnisse kann eine relative Häufigkeit bestimmter Werturteile ermittelt und aus vielen subjektiven Meinungen allgemeingültige Aussagen über Geschmackstendenzen formuliert werden können.

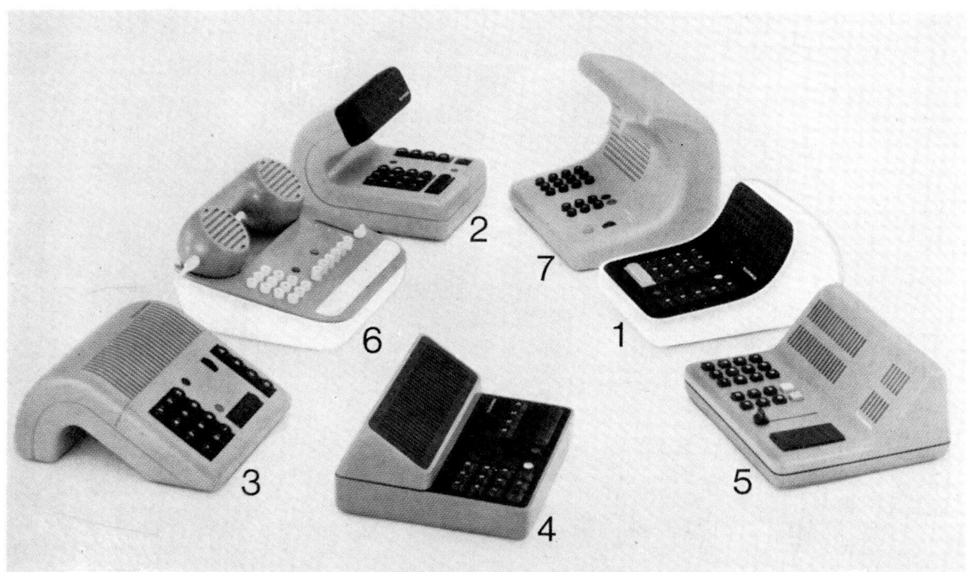

182 Um zu testen, wie die ästhetische Erscheinung eines Produktes bei zukünftigen Benutzern »ankommt«, werden einer repräsentativen Auswahl von Personen einer Zielgruppe verschiedene Prototypen eines Produktes zur Begutachtung vorgestellt.

»Modelle von Bürosprechanlagen«.
Design: Olympia Werke, Wilhelmshaven.
Diese Modelle wurden Besuchern der Hannover-Messe 1973 vorgestellt und die Aussagen statistisch ausgewertet. Die meisten positiven Stimmen erhielt Modell Nr. 1.

Genauso wie das ästhetische Urteil des Industrial Designers alleine keine Grundlage bilden kann für die Gestaltung von Produkten, die durch eine große Anzahl von Personen akzeptiert werden sollen, ebensowenig können ausschließlich die Ergebnisse empirischer Untersuchungen bezüglich ästhetischer Wertvorstellungen produktbestimmend sein, weil dann ewig die gleichen ästhetischen Normen reproduziert würden und eine Entwicklung zu neuen ästhetischen Werten fast ausgeschlossen wäre.

Durch Empirische Ästhetik erhält der Industrial Designer solche Sollwerte für die Produktgestaltung, die von der Mehrzahl einer Zielgruppe erwartet und vom Betrachter/Benutzer als Werte akzeptiert werden. Zusätzlich realisiert der Industrial Designer aufgrund der Erfahrungen aus seiner ästhetischen Produktion seine eigenen ästhetischen Wertvorstellungen, die der Benutzer dann meist als ihm ungewöhnlich erscheinende Neuheit erst skeptisch annimmt und nach einiger Zeit als ästhetische Werte auch akzeptiert.

183

183 Die meisten Industrial Designer müssen bei ihrer Entwurfsarbeit ästhetische Vorlieben der zukünftigen Benutzer berücksichtigen und können darüber hinaus nur in begrenztem Umfang ungewöhnliche Ideen verwirklichen. Die Produkte müssen möglichst viele Käufer ansprechen, damit der Absatz für das Unternehmen gesichert ist.
»WK 462 – Möbel für Einraumwohnung«.
Hersteller: WK-Möbel.

10.0 Tätigkeitsfelder für Industrial Designer

Zu Beginn dieser Schrift konnte Industrial Design als eine Disziplin der Umweltgestaltung von den Nachbardisziplinen abgegrenzt werden; es wurde in der Folge differenzierter betrachtet. Dabei galt die Aufmerksamkeit dem Industrial Designer als Entwerfer von Industrieprodukten innerhalb des Industrieunternehmens. Da aber die Arbeit in Industrieunternehmen nicht die einzig mögliche für Industrial Designer ist, sollen zum Abschluß alle möglichen Tätigkeitsfelder aufgezeigt und dargestellt werden, auf welche Tätigkeitsfelder derzeit das Studium an unseren Design-Schulen ausgerichtet ist.

10.1 Tätigkeitsfelder mit Abhängigkeit von Industrieunternehmen

Im Gegensatz zu den Vertretern solcher Disziplinen der Umweltgestaltung, die im Auftrag von Bund, Ländern und Gemeinden ihre Tätigkeit ausüben und daher immer umfangreicher die Interessen der Öffentlichkeit direkt vertreten können, ist der Industrial Designer als Angestellter im Industrieunternehmen von den wirtschaftlichen Zielen der Unternehmensleitung abhängig. Schon zu Beginn der Entwicklung des Berufes war die Arbeit des »künstlerischen Mitarbeiters« von den wirtschaftlichen Interessen privater Auftraggeber beeinflußt. Dies hat sich bis heute nicht verändert. Daher soll hier die Darstellung der Tätigkeitsfelder nach zwei Kategorien erfolgen.

Unter 10.1 sind Tätigkeitsfelder aufgezeigt, in denen der Industrial Designer beim Entwerfen von Industrieprodukten vorwiegend die wirtschaftlichen Interessen des Unternehmers bzw. der Unternehmensleitung berücksichtigen muß. Unter 10.2 sind Tätigkeitsfelder beschrieben, bei denen der Industrial Designer Bedürfnisse und Interessen der Benutzer der Industrieprodukte weitgehender berücksichtigen kann.

10.1.1 Der Design-Manager

Wie bereits erwähnt wurde, wird in großen warenproduzierenden Unternehmen der Gestaltung der Produkte von den Unternehmensleitungen eine hohe Bedeutung beigemessen. Dies beruht auf der Erfahrung, daß durch Produktgestaltung die Gesamtqualität der Produkte und dadurch die Verkaufschancen verbessert werden können. Solche Unternehmen unterhalten in vielen Fällen eine eigene Designabteilung, in der je nach Umfang der anfallenden Aufgaben zwischen 5 und 20 Industrial Designer tätig sind. Einige wenige Großunternehmen in der Bundesrepublik beschäftigen heute bis zu 40 Industrial Designer. Wie bei den Beispielen unter 7.5 bis 7.8 gezeigt werden konnte, sind diese Designabteilungen meist als Hauptabteilungen in die Unternehmensstruktur eingeordnet und direkt der Unternehmensleitung unterstellt. Der Leiter einer solchen Designabteilung wird in der Regel als Design-

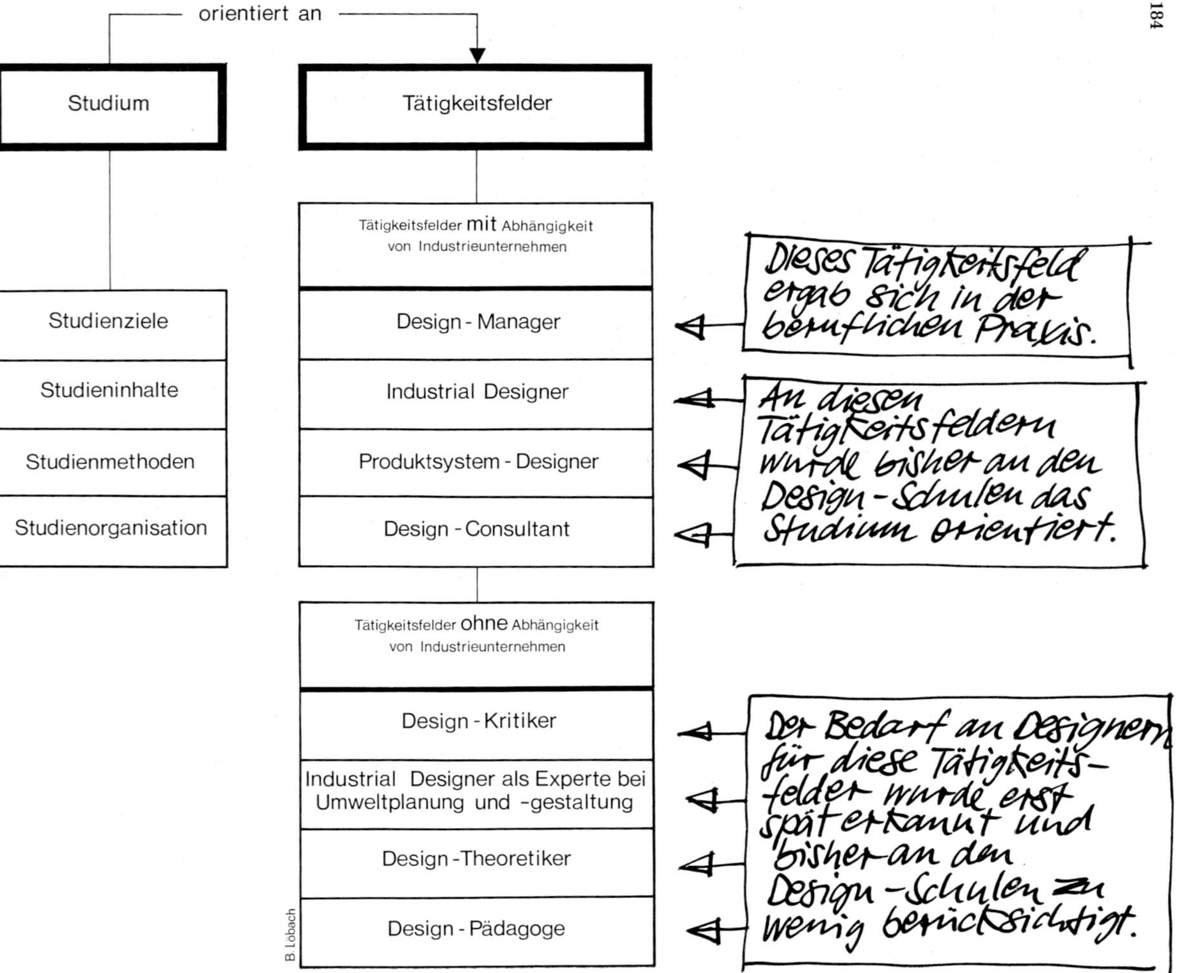
orientiert an
Studium
Tätigkeitsfelder
Studienziele
Studieninhalte
Studienmethoden
Studienorganisation
Tätigkeitsfelder mit Abhängigkeit von Industrieunternehmen
Design-Manager
Industrial Designer
Produktsystem-Designer
Design-Consultant
Tätigkeitsfelder ohne Abhängigkeit von Industrieunternehmen
Design-Kritiker
Industrial Designer als Experte bei Umweltplanung und -gestaltung
Design-Theoretiker
Design-Pädagoge
Dieses Tätigkeitsfeld ergab sich in der beruflichen Praxis.
An diesen Tätigkeitsfeldern wurde bisher an den Design-Schulen das Studium orientiert.
Der Bedarf an Designern für diese Tätigkeitsfelder wurde erst spät erkannt und bisher an den Design-Schulen zu wenig berücksichtigt.
B. Löbach

Manager bezeichnet. Die Position des Design-Managers kann bisher nicht durch ein entsprechendes Studium erreicht werden. Die meisten derzeit als Design-Manager Tätigen sind nach langjähriger praktischer Tätigkeit als Designer oder Entwicklungsingenieure in diese Stellung aufgestiegen.
Der Design-Manager hat Aufgaben zu erfüllen, die nach zwei Richtungen orientiert sind. Zum einen ist er der Unternehmensleitung gegenüber für die gesamte Designpolitik des Unternehmens verantwortlich, zum anderen hat er alle in der Designabteilung anfallenden Designaufgaben zu koordinieren. Da er als direkter Gesprächspartner der Unternehmensleitung bei Produktplanungs- und Produktentwicklungsgesprächen unmittelbaren Einfluß auf das Produktprogramm des Unternehmens nehmen kann, sollte er als verantwortungsbewußter Design-Manager Produktgestaltung nicht nur unter dem Aspekt des kommerziellen Erfolges für das Unternehmen betrachten. Gerade der Design-Manager hat die Möglichkeit, bei Entscheidungsgesprächen mit der Unternehmensleitung und den Vertretern der Bereiche Konstruktion, Produktion, Finanzen, Verkauf, Werbung oder Marketing die Interessen der zukünftigen Benutzer der Produkte zu vertreten.
In größeren Designabteilungen erhält der Design-Manager die weitere Aufgabe, in Zusammenarbeit mit den verschiedenen Sachbereichsleitern die zur Bearbeitung anstehenden Designprojekte zu besprechen und zu entscheiden, welchem Mitarbeiter sie jeweils übertragen werden. Bei zwischenzeitlichen abteilungsinternen Produktbesprechungen achtet der Design-Manager dann auch darauf, daß die einmal festgelegten Gestaltungsrichtlinien für das Erreichen eines Firmenimages eingehalten werden.
Ein Design-Manager muß nicht nur über designspezifische Kenntnisse und Fähigkeiten verfügen, er muß auch über alle Probleme der an der Produktplanung und Produktentwicklung beteiligten Disziplinen informiert sein; das Durchschauen betriebswirtschaftlicher Zusammenhänge wird zur Voraussetzung. Für die Rolle des Vertreters von Benutzerinteressen sind umfangreiche Kenntnisse aus dem Wissensgebiet der Sozialpsychologie wichtig. Bisher haben allerdings erst wenige Industrieunternehmen in der Bundesrepublik ihren Design-Managern ein Mitspracherecht bei Entscheidungen über entwickelte Produkte eingeräumt.

10.1.2 Der Industrial Designer

Obwohl im Rahmen dieser Schrift bereits auf die Tätigkeit des Industrial Designers im Industrieunternehmen eingegangen wurde, soll der Vollständigkeit halber das Tätigkeitsfeld des Industrial Designers hier noch einmal konzentriert dargestellt werden.
Der Industrial Designer gestaltet vorwiegend Einzelprodukte. Der größte Teil dieser Industrial Designer ist heute in Industrieunternehmen beschäftigt. Als ausführender Gestalter hat der Industrial Designer kaum Einfluß auf grundsätzliche Entscheidungen. Art und Umfang der Tätigkeit des Industrial Designers sind davon abhängig, wie die Designabteilung organisiert und in das Unternehmen eingegliedert

ist, ferner von der Branche des Unternehmens bzw. von der Art der hergestellten Produkte.
Ist Industrial Design in der Nähe von Forschung und Zukunftsentwicklung angesiedelt, erhält der Industrial Designer die Funktion eines Beraters, der seine Entwicklungen als mögliche Lösungen vorstellt. Die Chancen einer sofortigen Realisation sind in solchen Fällen meist gering, weil es sich dabei oft um Projekte mit der Zeit vorausgreifendem Charakter handelt. Ist der Industrial Designer im Bereich des Marketings angesiedelt, erhält er schnell die Rolle des Verkaufsförderers, der durch Einsatz ästhetischer Mittel die Produkte verkäuflicher machen muß. Diese Aufgabe stellt sich besonders in jenen Produktbereichen, in denen die praktischen Funktionen der Produkte ausgereift sind und sich die Unternehmen durch die Art der Gestaltung von den Mitbewerbern unterscheiden müssen, um im Markt erfolgreich zu sein. Für diesen Typ von Designer sind die Bezeichnungen Produktkosmetiker oder Produktfriseur geprägt worden.
Wenn der Industrial Designer (besonders in kleineren Unternehmen) als Partner der Produktplanung herangezogen wird, übernimmt er die Rolle des Ideenproduzenten. Orientiert an Ergebnissen der Marktforschung, soll er möglichst viele, originelle Lösungen erfinden, um dann in der Konkretisierungsphase daraus ein im Markt erfolgreiches Produkt zu entwerfen.
Die meisten Industrial Designer in Industrieunternehmen sind jedoch damit beschäftigt, in direkter Zusammenarbeit mit Konstrukteuren in den Entwicklungsabteilungen vorhandene Produkte weiterzuentwickeln, wobei vorgegebene ökonomische und technische Aspekte berücksichtigt werden müssen. Oft handelt es sich auch nur um die Verbesserung von Bedienelementen, Skalen usw. Werden solche Arbeiten in größeren Unternehmen ausschließlich von darauf spezialisierten Industrial Designern vorgenommen, bezeichnet man letztere auch als Detail-Designer.
Voraussetzung für die Tätigkeit als Industrial Designer ist ein entsprechendes Studium, bei dem bis heute vorwiegend formalästhetische Gestaltung, Ergonomie, Produktgestaltung sowie grundlegende technische und betriebswirtschaftliche Kenntnisse den Schwerpunkt bilden.

10.1.3 Der Produktsystem-Designer

In Unternehmen mit breitem Produktionsprogramm ergibt sich besonders bei der Entwicklung technischer Erzeugnisse ein Tätigkeitsfeld für den Produktsystem-Designer. Er geht innerhalb eines begrenzten Rahmens von relativ offenen Problemstellungen aus und konzipiert Produktsysteme im Hinblick auf die Einheit der Einzelprodukte. Er muß die Fähigkeit besitzen, komplexe Probleme zu durchschauen und viele Einzelfaktoren zur Erlangung einer optimalen Gesamtlösung zu koordinieren. Eine besondere Hilfe sind dabei Kenntnisse aus dem Wissensbereich der System- und Planungstheorie. Die Konstruktion und Gestaltung der Einzelprodukte als Teile des Systems und Detaillösungen werden dann oft von Konstrukteuren oder Industrial Designern durchgeführt. Diese Arbeitsteilung innerhalb der Designtätigkeit kann allerdings nur in großen Unternehmen praktiziert werden. In den meisten Fällen wird vom Industrial Designer erwartet, daß er auch die Fähigkeit besitzt, Produktsysteme zu konzipieren.

10.1.4 Der Design-Consultant

Industrieunternehmen, in denen Gestaltungsaufgaben nicht kontinuierlich anfallen, weil vielleicht nur wenige unterschiedliche Produkttypen hergestellt werden, die Produkte wenig formalen Änderungen unterliegen oder weil sich deren Gestalt vorwiegend aus der Konstruktion ergibt, arbeiten oft mit einem freiberuflich tätigen Berater zusammen, dem Design-Consultant. Er hat infolge der räumlichen Entfernung zum Unternehmen eine scheinbar unabhängige Stellung, ist aber genau wie der betriebsintern tätige Industrial Designer vom Auftrag des Unternehmens abhängig. Da der Design-Consultant in der Regel für mehrere Unternehmen der unterschiedlichsten Branchen tätig ist, hat er einen besseren Überblick über das gesamte Marktgeschehen und kann bei der Beratung eines Unternehmens auf Erfahrungen aus anderen Produktbereichen zurückgreifen.
Design-Consultants führen die gleiche Tätigkeit wie Industrial Designer und Produktsystem-Designer aus. Ihren Entwicklungen wird aber oft von seiten der Unternehmensleitung mehr Beachtung entgegengebracht als »dem Prophet im eigenen Unternehmen«. Ein Vorteil des Design-Consultants ist natürlich seine Immunität gegen einseitige Betriebsblindheit, und so kann er auf viele Abteilungen des zu beratenden Unternehmens mit unbelasteten Ideen einwirken.
Werden dem Design-Consultant von der Unternehmensleitung meist viel Vertrauen und große Erwartungen entgegengebracht und alle notwendigen Informationen zur Verfügung gestellt, begegnet er innerhalb des Unternehmens in den einzelnen Abteilungen oft einem gewissen Mißtrauen, weil in ihm ein unerwünschter Konkurrent gesehen wird. Guter Kontakt mit dem Personal des Unternehmens ist aber ebenso wichtig wie die Kenntnis der im Unternehmen angewendeten Herstellungsverfahren und verarbeiteten Materialien.
Verschiedene Industrieunternehmen beauftragen einen Design-Consultant, obwohl eine eigene Designabteilung unterhalten wird. In dieser Situation hat er die Aufgabe, die betriebsinternen Industrial Designer anzuregen, kann aber auch der Unternehmensleitung gegenüber pädagogische Aufgaben erfüllen, indem er den im Unternehmen tätigen Designern zu der ihnen gebührenden beruflichen und organisatorischen Bedeutung verhilft. Die Tätigkeit des Design-Consultants ist sehr von der allgemeinen Konjunkturlage der Wirtschaft abhängig. In Zeiten der Hochkonjunktur sind Unternehmen schneller bereit, für Gestaltungsprobleme einen freiberuflichen Berater zu beauftragen als in Zeiten der Depression. Dann hat der Design-Consultant meist Schwierigkeiten mit der Verlängerung seiner Beratungsverträge, weil viele Unternehmen Sparmaßnahmen treffen und die Gestaltung der Produkte nun wieder mit eigenen Ange-

stellten durchgeführt wird. Die Gesamtsituation in der Bundesrepublik zeigt, daß zur Zeit relativ viele kleine Gestaltungsbüros mit 2 bis 5 Mitarbeitern als Berater für kleine Unternehmen tätig sind, für die sich der Unterhalt einer eigenen Designabteilung aus den eingangs erwähnten Gründen nicht lohnt.

10.2 Tätigkeitsfelder ohne Abhängigkeit von Industrieunternehmen

Für den Industrial Designer ist das Vertreten von Benutzerinteressen bei der Entwicklung von Industrieprodukten im Unternehmen nur insoweit möglich, als dies dem Auftraggeber erwünscht ist. Infolge der ständigen Ausdehnung der industriellen Produktion zeigen sich aber für die Benutzer schon seit längerer Zeit in vielen Produktbereichen negative Nebenerscheinungen wie z. B. jene unüberschaubaren Mengen eines Produkttyps verschiedener Hersteller. Dadurch ergeben sich für den Industrial Designer außerhalb der Industrieunternehmen neue Tätigkeitsfelder, in denen er für die Interessen der Benutzer tätig werden kann. Diese Tätigkeitsfelder sind bisher nicht entwickelt und müssen von den Designern noch erobert werden. Darum ist es wichtig, solche möglichen Tätigkeitsfelder aufzuzeigen, selbst auf die Gefahr hin, daß dies zur Zeit nur unvollkommen geschehen kann.

10.2.1 Der Design-Kritiker

Die Entwicklung und Gestaltung von Industrieprodukten ist weniger an gesellschaftlichen Bedürfnissen orientiert, als vielmehr auf die Befriedigung individueller Bedürfnisse ausgerichtet. Befriedigung individueller Bedürfnisse bedeutet aber, daß auch die negativen Aspekte der Produkte individuell erlebt werden. Wegen der zum Teil negativen Erfahrungen mit bereits gekauften Produkten und der für den Laien unüberschaubaren Vielfalt der Gebrauchsprodukte für den täglichen Bedarf ist es von besonderer Wichtigkeit, daß verstärkte Verbraucheraufklärung und öffentliche Produktkritik von unabhängigen Institutionen praktiziert werden.

Innerhalb der Institute für Verbraucheraufklärung / Benutzeraufklärung und für Produkttest könnte der Industrial Designer in größerem Umfang als bisher für die Kritik an der Produktgestaltung zuständig sein. Gerade er müßte ja die Fähigkeit besitzen, in Kenntnis der physischen und psychischen Bedürfnisse der Produktbenutzer eine Vielzahl ähnlicher Produkttypen in deren Interesse wertend zu beurteilen. Besonders die nicht objektiv meßbaren Aspekte eines Produktes oder ihr Fehlen könnten vom Industrial Designer in der Rolle des Produktkritikers beurteilt werden. Ist er auch als subjektiver Kritiker von seinem eigenen Bezugssystem abhängig, so dürfte es ihm doch möglich sein, sich dank der Unabhängigkeit von Herstellern an den speziellen Interessen der Benutzer zu orientieren.

Solche Kritik kann einmal Verbalkritik sein, die, mit visuellen Darstellungen unterstützt, in Zeitschriften oder anderen Publikationsmedien den Benutzern der Produkte vermittelt wird. Besonders als Kritiker in Testinstituten könnte der Industrial Designer bei vergleichender Produktanalyse zusätzlich Tatkritik anbringen, indem er konkrete Vorschläge für eine Produktverbesserung mit veröffentlicht.

Entgegen einer heute noch z. B. in vielen Zeitschriften für »Wohnkultur« praktizierten, bestätigenden Kritik — mit der wohl eine Anpassung der Käufervorstellungen an die Gebrauchsprodukte erreicht werden soll — könnte durch permanente bewertende Produktkritik das Bewußtsein der Benutzer verändert und sie selbst zu einem kritischeren Kaufverhalten veranlaßt werden.

Das Tätigkeitsfeld »Produktkritiker« für Industrial Designer ist noch wenig entwickelt. Dies könnte aber durch die Zusammenarbeit von Verbraucherverbänden, Warentestinstituten, Designinstitutionen, Gewerkschaften, Forschungsinstituten, Kommunikationsmedien, Bürgerinitiativen oder Schulen mit den Industrial Designern geändert werden.

10.2.2 Der Industrial Designer als Experte bei Umweltplanung und Umweltgestaltung

Ein neues Tätigkeitsfeld für den Industrial Designer wird sich innerhalb der kommunalen Planung anbieten. Es wurde von Bernd Meurer und Gert Selle umrissen (32) und soll durch einen Modellversuch an der Fachhochschule Darmstadt weiterentwickelt werden. Der in diesem Konzept vorgestellte Kommunaldesigner hätte die Aufgabe, die »Strukturierung der Umwelt durch konkrete Planungs- und Entwurfstätigkeit schrittweise zu einem öffentlichen Prozeß mit den Design-Betroffenen werden zu lassen«. Dabei soll es sich nicht um einen speziellen Typ von Kommunaldesigner handeln, sondern um Kommunaldesigner mit unterschiedlichen Schwerpunkten bei gemeinsamer Zielsetzung.

Aufgaben für den Kommunaldesigner wären:

A Beeinflussung der Beziehungen zwischen Öffentlichkeit und Planungs- und Verwaltungsinstanzen

B Beeinflussung der Kommunikations- und Entscheidungsstrukturen innerhalb der Verwaltung und zwischen Verwaltung und Parlament

C Beeinflussung der Entwurfs- und Realisationspraxis für öffentliche Einrichtungen

Während für die Aufgaben unter A vorwiegend Planer und Entscheider und für die unter B Graphik- bzw. Kommunikationsmedien-Designer tätig werden könnten, bietet sich für die Aufgaben unter C an, daß der Industrial Designer in Zusammenarbeit mit der Öffentlichkeit und den anderen am Planungsprozeß und an der Entwicklung Beteiligten Produkte entwirft, die dann im Auftrag der Kommunen industriell hergestellt werden. Dabei wäre durch die direkte Einbeziehung der Benutzervorstellungen mit Sicherheit eine neue Qualität der Produkte zu erreichen.

Aber auch in noch umfangreicheren Planungs- und Entwicklungsprozessen, z. B. bei überregionaler Planung öffentlicher Verkehrssysteme, kann der Industrial Designer als Umweltplaner tätig werden. Er wäre dann in einem Team von weiteren Experten (Stadtplanern, Verkehrsplanern, Soziologen, Psychologen usw.) für die Beziehungen Mensch — Produkt und die entsprechen-

de Gestaltung der Produkte im Nahbereich um den Benutzer zuständig.
In diesen Tätigkeitsfeldern könnte der Industrial Designer im Auftrage der Öffentlichkeit tätig werden. Es ist von zukünftigen Lehrangeboten der Design-Schulen und vom Interesse der Studenten abhängig, ob Industrial Designer hier in verstärktem Maße vordringen und akzeptiert werden.

10.2.3 Der Design-Theoretiker

Ein Industrial Designer, der sich auf geistiger Ebene mit Problemen des Designs auseinandersetzt, kann zum einen Wissen für die Anwendung in der beruflichen Praxis bereitstellen, zum anderen die gesellschaftliche Bedeutung des Designs reflektieren und seine Erkenntnisse als Denkanregung zur Verfügung stellen.
Für den Design-Theoretiker, der die Fähigkeit besitzt, Theorie für die Beeinflussung der täglichen Praxis zu erarbeiten, wird auch die Industrie in Zukunft mehr Interesse zeigen. Da die Durchführung von Designprozessen immer komplizierter wird, wäre es die Aufgabe eines solchen Theoretikers, Aktivitäten zu entwickeln, damit Industrial Design als Instrument immer besser zu handhaben ist. Besonders Methoden der Produktplanung und des Entwerfens müßten von ihm weiterentwickelt werden. Innerhalb des Designprozesses ist es gerade die erste Phase der Designproblem-Analyse, in der Fakten zueinander in Beziehung gesetzt und in eine Produktidee überführt werden müssen. Auch die theoretische Unterbauung aller Designaktivitäten eines Unternehmens gehört zu den Aufgaben eines Design-Theoretikers.
Der zweite Design-Theoretiker-Typ setzt sich mit dem gesellschaftlichen Stellenwert des Designs und seiner Bedeutung auseinander. Seine Bemühungen gelten nicht der Perfektionierung des Designinstrumentariums, sondern der permanenten Veränderung des Designs in bezug auf die Befriedigung aller gesellschaftlichen Gruppierungen.
Dieser Design-Theoretiker fragt bei der Reflexion möglicher Veränderungen im Design und durch das Design erst sekundär nach den bestehenden Voraussetzungen, aus denen Design zu erklären ist. In erster Linie fragt er nach den Zielvorstellungen des Designs, die für die Allgemeinheit wünschenswert wären. Beides gehört aber zu den Aufgaben des Design-Theoretikers: die reflektive Analyse der Ist-Situation und ihre Voraussetzungen sowie die den Ist-Zustand überwindende Weiterführung der Möglichkeiten des Designs.
Dieser Design-Theoretiker entwickelt Ideen, die negativ Gegebenes in wünschenswert Mögliches umzuwandeln helfen sollen. Das Tätigkeitsfeld dieses letztgenannten Typs von Design-Theoretiker ist in Forschungsinstituten, Zeitschriftenredaktionen, Designverbänden, Design-Schulen zu finden. Jedoch kann diese Tätigkeit auch von einem »freien Schriftsteller« ausgeübt werden.
Ein genau umrissener Studienweg zum Design-Theoretiker ist bisher zwar nicht bekannt, eine Entwicklung in dieses Tätigkeitsfeld läßt sich aber schon während eines Designstudiums durch entsprechende Schwerpunktbildung vorbereiten.

10.2.4 Der Design-Pädagoge

Dem vielfältig differenzierten Angebot an Gebrauchsprodukten stehen die Kaufinteressierten heute meist kritiklos gegenüber und entscheiden sich in vielen Fällen emotional für ein Produkt, welches ihnen »sympathisch« ist. In solchen Situationen erhält die Ästhetisierung der Produkte für die absatzinteressierten Unternehmen eine besondere Bedeutung. Um die Aufmerksamkeit des Interessenten auf das Produkt zu lenken, ist der Einsatz ästhetischer Dimensionen eine Technik, auf die Kaufinteressierte intuitiv reagieren, weil sie selten gelernt haben, Gebrauchsprodukte vieldimensional zu begreifen. Und so ist es neben verstärkter öffentlicher Produktkritik in Zukunft wichtig, die heranwachsende Jugend zu befähigen, gegenüber unserer künstlich hergestellten gegenständlichen Umwelt eine emanzipierte Haltung einzunehmen. An den Grund-, Haupt- und Gesamtschulen bietet sich also für Design-Pädagogen in Zukunft ein umfangreiches Tätigkeitsfeld.

Es ist erkannt worden, daß die Lehrinhalte des alten Unterrichtsfaches Kunsterziehung ausgeweitet werden müssen auf die Beschäftigung mit der gesamten vom Menschen gemachten Umwelt und die Bedeutung der Kommunikationsmedien. So ist im Bundesland Nordrhein-Westfalen das alte Fach »Kunsterziehung« in den Lehrplänen für Grund- und Hauptschulen umbenannt worden in »Kunst/Design«. Hermann Sturm, Mitinitiator dieses Faches und der neuen Lehrpläne erkennt richtig, »die Chancen einer ... interdisziplinären Kooperation im gestalterischen und kommunikativen Bereich für eine qualifizierte Ausbildung von Kunst- und Design-Pädagogen sind an den Gesamthochschulen gegeben, wo in Fachbereichen die Studiengänge für Designer und Kunst- und Design-Pädagogen vorhanden sind« (33). Den Lehrplänen für die Grund- und Hauptschulen in Nordrhein-Westfalen für Kunst/Design ist folgende wichtige Aussage zu entnehmen:

»Unterrichtsgegenstände und Unterrichtsmethoden sind vornehmlich bezogen auf die optisch und haptisch wahrnehmbare Umwelt und auf die ästhetisch-politische Wirklichkeit, in der der Schüler lebt, und dienen der Aufgabe, den Schüler zu befähigen, sich über diese Umwelt zu informieren, sich in ihr zu orientieren und sie sich im Individualbezug wie im Sozialbezug nutzbar zu machen, sie gegebenenfalls zu verändern« (34).

11.0 Neue Aktivitäten an den Design-Schulen

Die Motivation eines jungen Menschen, ein Studium zum Industrial Designer zu beginnen, basiert meist auf individuellen Fähigkeiten und Vorlieben für gestalterische Tätigkeiten. Durch das Studium soll der Student dann befähigt werden, Industrieprodukte zu gestalten. Dies bedeutet, individuelle Fähigkeiten auf die Anforderungen in den Tätigkeitsfeldern der beruflichen Praxis hin zu entwickeln.

Ein Student müßte sich zu Beginn seines Studiums daher vor allem die Frage stellen, für welche berufliche Praxis er sich ausbilden und in wessen Interesse er nach dem Studium seine Fähigkeiten einsetzen will. Diese Orientierung erfolgte bisher vorwiegend an sehr deutlich ausgeprägten Tätigkeitsfeldern, wie sie sich für den Industrial Designer in Industrieunternehmen bieten und wie sie unter 10.1 dargestellt sind. Daß die Industrieunternehmen an der Fähigkeit des Industrial Designers interessiert sind, durch Einsatz ästhetischer Mittel u. a. die Verkaufschancen der Produkte zu erhöhen, konnte bereits unter 7.0 herausgestellt werden. Daher verlangt die Industrie von den Design-Schulen auch eine intensive Vermittlung von gestaltungsbefähigendem Wissen und Entwurfstraining, damit die Studenten beim Eintritt in ein Unternehmen sofort produktiv sein können. Dagegen könnte mit Ralf Dahrendorf argumentiert werden: »Die zentrale Aufgabe der Bildung liegt indes nicht darin, Ersatzteile für den Wirtschaftsprozeß zu produzieren, sondern menschliche Fähigkeiten zu entfalten, indem sie die Menschen für vielfältige Wahlmöglichkeiten öffnet und nicht auf angebliche Anforderungen hin trimmt« (35). Das bedeutet, daß die Tätigkeitsfelder, die sich heute in der Industrie bieten, nicht die alleinigen Ausbildungsziele für Studenten des Industrial Designs bleiben müssen. Die Befähigung, bereits vorhandene Produkte zu verbessern, ist zwar eine Grundforderung an ein Designstudium, darüber hinaus orientieren sich aber heute Studenten immer mehr an sozialen Problemen, die sich mit den Mitteln des Industrial Designs lösen lassen.

Im Rahmen dieser Schrift ist es nicht möglich, das Studium zum Industrial Designer in seinen verschiedenen möglichen Ausprägungen darzustellen; dies ist auch bereits an anderer Stelle geschehen (36, 37). Hier soll abschließend gezeigt werden, wodurch sich die neuen Aktivitäten der Studenten des Industrial Designs von den früheren Bemühungen unterscheiden und welche Bedeutung diese für die berufliche Praxis haben. Stichworte dafür sind die beiden Begriffe »technisches Design« und »soziales Design«.

In der Vergangenheit haben sich die Industrial Designer in der beruflichen Praxis und demzufolge auch die Studenten des Industrial Designs an den Schulen meist zu intensiv um konstruktionstechnische und produktionstechnische Aspekte der Produktgestaltung

185

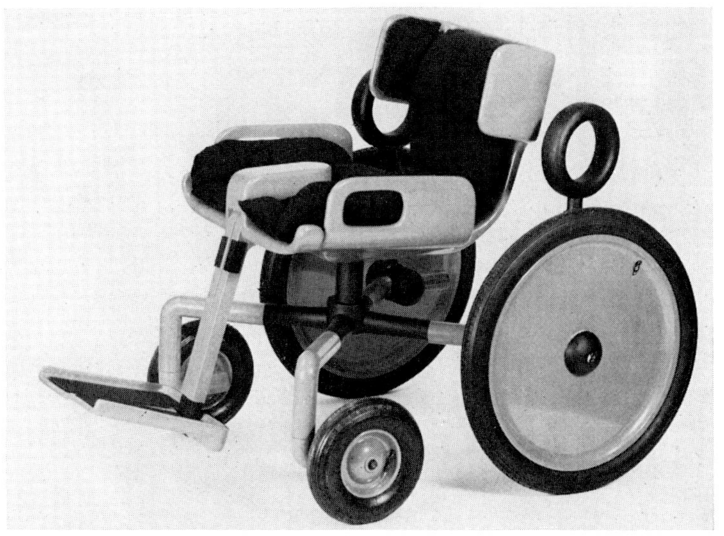

186

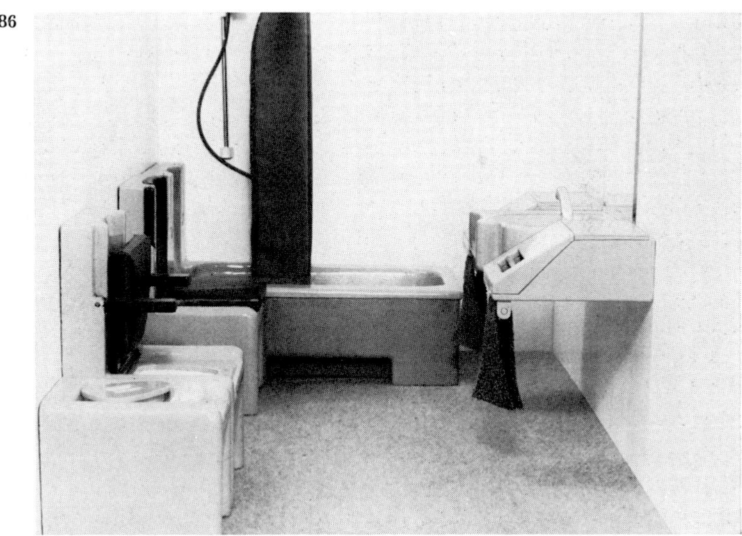

Neue Aktivitäten von Studenten des Industrial Designs im Hinblick auf »soziales Design«:

185 »Rollstuhl für Selbstfahrer«. (Braun-Preis '74: Auszeichnung) Designer: Jörgen Frey, Gesamthochschule Essen.
186 »Badezimmereinrichtung für Körperbehinderte im Rollstuhl«. Designer: Wolfgang Exner, Fachhochschule Bielefeld.

187

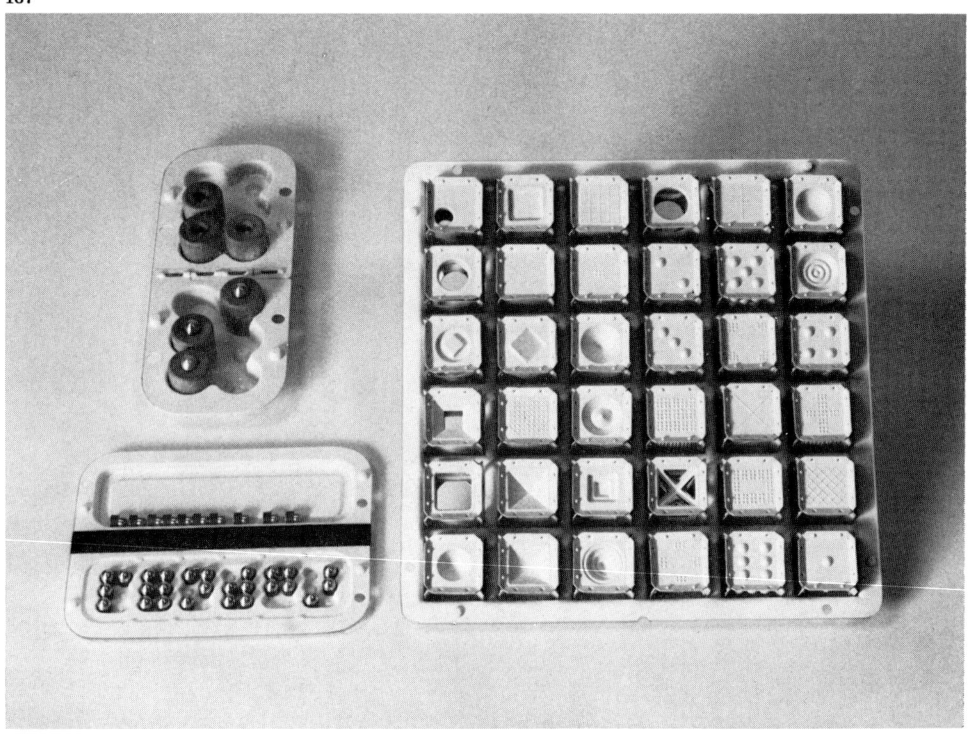

bemühen müssen. Dies führte zu einer intensiv produktorientierten Entwurfspraxis, bei der das Produkt im Mittelpunkt der Entwurfsabsicht stand. Dabei erhielten technische Aspekte zwangsläufig primäre Bedeutung. Diese Art der Gestaltung wird zu Recht als technisches Design bezeichnet. Die neuen Aktivitäten an den Design-Schulen, die hier durch einige Bildbeispiele belegt sind, sind dagegen an sozialen Problemstellungen orientiert. Bei diesen Designlösungen steht nicht das vorhandene Produkt im Mittelpunkt des Interesses, sondern das soziale Problem ist Ausgangspunkt der Überlegungen. Das Produkt ist lediglich ein Ergebnis zur Lösung des Problems. Diese Art der Gestaltung kann als soziales Design bezeichnet werden. Technisches Design ist produktorientiert und zielt auf die Verbesserung bzw. Weiterentwicklung vorhandener Produkte nach vorwiegend absatzwirtschaftlichen Kriterien. Soziales Design ist an sozialen Problemen

187 »Lernspielzeug für sehbehinderte Kinder«. (Braun-Preis '74: Auszeichnung) Designer: Károly Szabó, Kunsthochschule Budapest.
188 »Ultraschall-Schnittbildgerät für gynäkologische und Schwangerschaftsuntersuchungen«. Designer: Detlef Klein, Fachhochschule Bielefeld.
189 + 190 »Kopfschutz für Epileptiker« (alte Lösung, Neugestaltung). Designer: Klaus Honerlage, Fachhochschule Bielefeld.

188

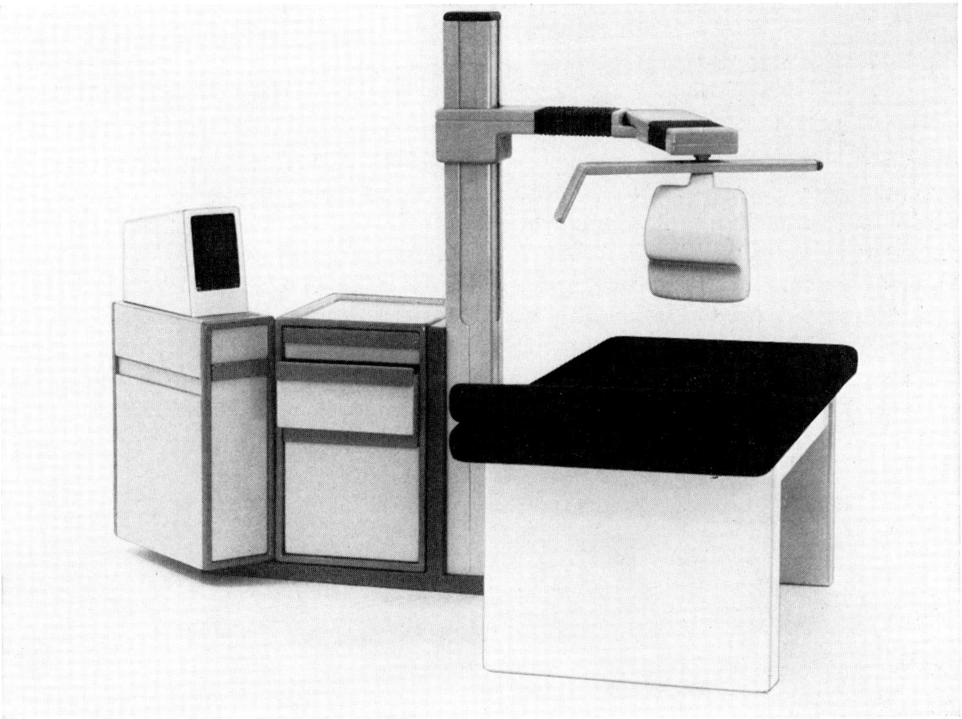

189

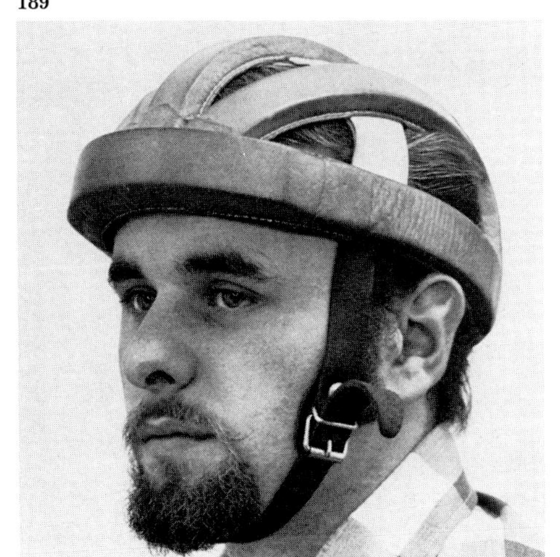

190

orientiert und zielt auf die Verbesserung von Lebensbedingungen benachteiligter Gruppen. Daher steht für den Designer hier das Problem der Benutzer im Mittelpunkt der Entwurfsabsicht.
In einer Zeit, die durch Überproduktion, Rohstoffverknappung, steigende Arbeitslosigkeit und zunehmenden Langzeitkonsum geprägt ist, kann es nicht länger Aufgabe des Industrial Designers sein, bekannte und in mehreren Ausführungen bereits vorhandene Produkte durch den Einsatz ästhetischer Mittel noch weiter zu differenzieren. Es ist wichtig, daß sich der Industrial Designer als Kreativer versteht, der nicht nur Produkte bis ins letzte Detail gut gestalten kann, sondern der darüber hinaus die Fähigkeit besitzt zu entdecken, was unsere Gesellschaft an sinnvollen Dingen nötig braucht.
Daher ist die eingeleitete Wandlung an unseren Design-Schulen von der Orientierung an technischen Problemen hin zu sozialen Problemen von großer Wichtigkeit und muß in Zukunft noch weiter entwickelt werden.

Anhang

Literaturhinweise

(1) David Krech/Richard S. Crutchfield:
»Grundlagen der Psychologie« Band 1
Beltz Verlag, Weinheim 1968

(2) Dennis Meadows u. a.:
»Die Grenzen des Wachstums«
Rowohlt Verlag, Reinbek 1973

(3) Alfred Kurella:
»Der Mensch als Schöpfer seiner selbst«
Aufbau-Verlag, Berlin (DDR) 1958

(4) Georgi Borisowski:
»Form und Uniform«
Deutsche Verlagsanstalt, Stuttgart 1967

(5) Bernd Löbach:
»Umwelterkenntnisse«
Buche Verlag, Bielefeld 1972

(6) Jan Mukarovský:
»Kapitel aus der Ästhetik«
Suhrkamp Verlag, Frankfurt 1970

(7) Jochen Gros:
»Erweiterter Funktionalismus und Empirische Ästhetik«
Selbstverlag, Hochschule für Bildende Künste, Braunschweig 1973

(8) Wolfgang Fritz Haug:
»Kritik der Warenästhetik«
Suhrkamp Verlag, Frankfurt 1971

(9) Alexander Mitscherlich:
»Die Unwirtlichkeit unserer Städte«
Suhrkamp Verlag, Frankfurt 1965

(10) Susanne K. Langer:
»Philosophie auf neuem Wege — Das Symbol im Denken, im Ritus und in der Kunst«
S. Fischer Verlag, Frankfurt 1965

(11) Wend Fischer/Karl Mang:
»Die Shaker«, Katalog zur Shaker-Ausstellung,
Die Neue Sammlung, München 1974

(12) Eric J. Hobsbawm:
»Industrie und Empire 1« Band 1
— Britische Wirtschaftsgeschichte seit 1750 —
Suhrkamp Verlag, Frankfurt 1969

(13) Hans M. Wingler:
»Das Bauhaus«
Gebr. Rasch & Co, Bramsche, und Verlag DuMont Schauberg, Köln 1962

(14) Dolf Sternberger:
»Hoppla wir leben — die 14 Jahre der Weimarer Republik in Bildern von Karl Arnold«
Fackelträger-Verlag, Hannover 1956

(15) Heide Berndt/Alfred Lorenzer/Klaus Horn:
»Architektur als Ideologie«
Suhrkamp Verlag, Frankfurt 1968

(16) Siegfried Kracauer:
»Die Angestellten«
Societäts-Verlag, Frankfurt 1930

(17) Ralf Dahrendorf:
»Über den Ursprung der Ungleichheit unter den Menschen« in:
Recht und Staat in Geschichte und Gesellschaft,
Heft 232, Tübingen 1961

(18) Vance Packard:
»Die geheimen Verführer«
Econ Verlag, Düsseldorf 1957

(19) Ludwig Leopold:
»Prestige — ein gesellschaftspsychologischer Versuch«
Verlag Puttkammer & Mühlbrecht, Berlin 1916

(20) Heinz Kluth:
»Sozialprestige und sozialer Status«
Enke Verlag, Stuttgart 1957

(21) Shulamith Kreitler:
»Symbolschöpfung und Symbolerfassung«
Reinhardt Verlag, München/Basel 1965

(22) Gui Bonsiepe:
»Design im Übergang zum Sozialismus«
Verlag Designtheorie, Hamburg 1974

(23) Raymond Loewy:
»Häßlichkeit verkauft sich schlecht«
Econ Verlag, Düsseldorf 1953

(24) Bernhard E. Bürdek:
»Design-Theorie« — Methodische und systematische Verfahren im Industrial Design —
Selbstverlag, Stuttgart 1071

(25) Siegfried Maser:
»Numerische Ästhetik«
Verlag Karl Krämer, Stuttgart 1970

(26) R. L. Gregory:
»Auge und Gehirn«
Kindler Verlag, München 1966

(27) C. G. Mueller/M. Rudolph:
»Licht und Sehen«
Rowohlt Verlag, Reinbek 1969

(28) Manfred Kiemle:
»Ästhetische Probleme der Architektur unter dem Aspekt der Informationsästhetik«
Verlag Schnelle, Quickborn 1967

(29) Werner Nehls:
»Die Heiligen Kühe des Funktionalismus müssen geopfert werden« und
»Revolution im Design? – ein Gespräch mit Werner Nehls« in:
Form, Nr. 43/1968, S. 4–9

(30) Siegfried Maser:
»Methodische Grundlagen einer Werttheorie«
in: »Arbeitsberichte zur Planungsmethodik 1«
Verlag Karl Krämer, Stuttgart 1969

(31) Jochen Gros:
»Empirische Ästhetik«
Selbstverlag, Hochschule für Bildende Künste, Braunschweig 1972

(32) Bernd Meurer / Gert Selle:
»Neue Wege an den Design-Ausbildungsstätten« – Kommunaldesigner, ein Vorschlag aus Darmstadt –
in: Werk und Zeit, Nr. 3/1973, S. 6

(33) Hermann Sturm:
»Design jetzt als obligatorisches Schulfach«
in: Form, Nr. 64/1973, S. 28–30

(34) »Kunst/Design, Musik, Textilgestaltung«
Lehrpläne für die Grund- und Hauptschule in NRW
Henn-Verlag, Ratingen 1973

(35) Ralf Dahrendorf:
»Die Zukunft der Freiheit«
in: Die Zeit, Nr. 3/1975, S. 3

(36) Odo Klose:
»Fachstudienführer Kunst/Kunsterziehung/Design«
Lexika-Verlag, Grafenau-Döffingen 1973

(37) Bernd Löbach:
»Industrie-Design an der Fachhochschule Bielefeld«
Fachhochschule Bielefeld, 1974

Namenverzeichnis

Personen:

Industrieunternehmen:

Institutionen: